中青年经济与管理学者文库

基于国家经济安全的政府审计制度建设研究

徐向真 著

中国财经出版传媒集团
中国财政经济出版社

图书在版编目（CIP）数据

基于国家经济安全的政府审计制度建设研究／徐向真著．—北京：中国财政经济出版社，2019.1

（中青年经济与管理学者文库）

ISBN 978-7-5095-8708-9

Ⅰ．①基… Ⅱ．①徐… Ⅲ．①政府审计-审计制度-建设-研究-中国 Ⅳ．①F239.44

中国版本图书馆 CIP 数据核字（2018）第 300400 号

责任编辑：潘　飞

中国财政经济出版社 出版

URL：http://www.cfeph.cn

E-mail：cfeph@cfeph.cn

（版权所有　翻印必究）

社址：北京市海淀区阜成路甲28号　邮政编码：100142

营销中心电话：010-88191537

天猫网店：中国财政经济出版社旗舰店

网址：https://zgczjjcbs.tmall.com

北京财经印刷厂印刷　各地新华书店经销

880×1230毫米　32开　11.75印张　272 000字

2019年3月第1版　2019年3月北京第1次印刷

定价：62.00元

ISBN 978-7-5095-8708-9

（图书出现印装问题，本社负责调换）

本社质量投诉电话：010-88190744

打击盗版举报热线：010-88191661　QQ：2242791300

策划人语

> 题记：一个人的精神成长史，取决于他的阅读史。只有阅读能最有效地培养精神生活习惯，而好的习惯又培养性格，性格决定人生。
> ——我们自豪，因为我们就是创造这精神产品的人。

选择了飞翔，总能看到蓝天；选择了远航，总能感受大海。人生不仅要作出选择，也要坚持住自己的选择。学会计、当编辑是我的意外选择。人说编辑是为人做嫁衣，可是这一选择我坚持了27年，苦在其中，乐在其中，也算是有声有色。每当我把一本本好书呈献给人们的时候，我觉得我是"富贵"的人：富，不是你身上的钱财，而是你心里的满足；贵，不是你地位的显赫，而是你被人需要的程度。

书海探寻，情怀永恒

我要说，做编辑我幸运，因为我不仅是第一个读者，可以对作品"品头论足"，也可以对作品"生杀予夺"；更重要的是，这是一个很高层次的平台，在多年与名家的交往和名著的"对话"中，深深地为他们的人格和才学所感动，被作品的精彩所吸引，这不仅使我"下笔如有神"，更使我的思想和灵魂也受到一次次洗礼和震撼，得到一次次升华。对于我的作者我的书，如数家珍，作者中不乏才学和为人同样过人的多位泰斗和"颜值高责任大"的众多才子佳人；策划的作品不仅立足专业还兼顾人文，也是情怀所在，专业加人文路才会更宽。

多年的体会是，作为一名编辑，起码要"三心二意"，即"责任心、细心、耐心"和"服务意识、创新意识"。要多策划一些有分量的拳头产品，用一个选题推动一个系统工程，用一个系统工程培养一个出版社品牌。给新入职编辑讲座时我做过一个比喻：编辑两项基本功，审稿——甚至要比博导审批学生论文还要全面、细致；选题策划——要像电影导演一样做"星探"，善于发现优秀作者和挖掘好的原创作品。记不得 27 年来我策划和编辑了多少书，组织和策划了一大批教材、业务培训用书、通俗读物、理论专著等，有的获得过国家、省部级各类奖项，有的以其填补空白、社会热点、风格新颖、开拓尝试等特点受到读者的欢迎。20 世纪 90 年代我开始自主策划选题，多年来每年都有新丛书问世。比如，21 世纪初内部控制研究在国内刚兴起时，策划了《现代内部控制丛书》，其中《企业内部控制管理操作手册》是我鼓励作者将自己饱含心血的经过长期钻研和实践并证明卓有成效的成果奉献付梓，使得更多的人能受益于此，这无疑是对我国内部控制理论探索和实践发展的一种贡献，内部控制选题至今还是热点。2013 年的《来去无尘——一位财政部长的生前事》所展现的吴波精神，与深入推进党风廉政建设相得益彰，得到中央领导同志的高度重视和重要批示。中央各大主流媒体纷纷连续报道，掀起了全社会学习吴波高尚情操的热潮。2014年至今的前沿选题《财务云丛书》等也越来越受到业界认可。

想是问题，做是答案

众所周知，目前的图书出版业在行业竞争和纸质图书受到严重冲击的情况下，出版人无不感到莫大的危机。在这种背景下，策划一套专业图书是颇感困惑的一件事，风险更大。但即使这样，我们也不能因噎废食、停滞不前，还要积极应对，继续发挥纸质图书的固有特质，挖掘出版内容和形式都精彩的原创作品，适应新形势下读者的更高需求。2017年，我们接受新的挑战，开启新的征程，又策划《中青年经济与管理学者文库》《当代税收名家丛书》《中国税务律师系列丛书》《现代管理实务丛书》《高等院校应用型会计人才精细化培养系列教材》等，继续为扶持学术研究和总结最新成果，在高端研究与专业知识普及和应用之间搭建一座座有益的桥梁。

每一个时代的经济环境不同，理论研究和实务探索所需要解决的问题也有所差别。当前我国不仅处于经济结构调整和供给侧改革的攻坚期，同时也处于大数据和互联网突飞猛进的变革期，矛盾叠加，风险交汇，市场环境和组织模式不断演变发展、推陈出新，经济、管理、财税等领域的新理论、新思想、新方法、新工具也层出不穷。乱花渐欲迷人眼，击水三千浪几何？这些领域的研究人员被时代赋予了更艰巨的责任，也面临着更高、更多元的要求，我们不仅要具备更广阔的学术视野，而且要有更严谨的学术思维。

输在犹豫，赢在行动

《中青年经济与管理学者文库》的作者，都是我国经济与管理领域的中坚力量,也是未来的大家。他们中有些人潜心从事理论研究,有些人则深耕在实务一线,但无论现实身份如何,视野全都没有被拘泥在"象牙塔"内。他们从不同视角对市场经济的不同要素进行细致审视,然后汇聚于"财经版"这面旗帜之下,相互碰撞,彼此激荡,力求在市场经济转型升级的关键时期留下最新鲜的"中国印记"。

这些经济与管理领域的中青年学者,就是我国市场经济发展的潜力与优势,他们的研究成果,不仅将引领市场经济的各个组成环节向更科学、更先进的方向发展,而且将成为我国政府和企业在未来经济世界扮演更重要角色的支点与动力。祝愿这些中青年学者能攀上更高的学术之山,走向更远的研究之路,也期待宏观、中观、微观各个层面的市场参与者都能从这套文库中得到切实的启发与指引,在全面深化改革、增强发展活力的关键时期,发挥正能量和积极作用,为经济社会发展增添新的动力!

如果您认可,如果您有意愿,欢迎您和您的朋友加盟我们的作者队伍!在中国财经出版传媒集团的"旗舰"下,中国财政经济出版社这"老字号",一定励精图治,谱写新的篇章。我们用"龙的精神,玉的品质"来助力您实现梦想!

策划人:樊清玉

邮箱:qingyuf@sina.com

2017 年春

摘 要

在国家经济安全范围逐渐扩大、内容不断丰富、要求日益提高的背景下，必须提升国家经济安全问题在国家治理中的战略高度。这也许是我国政府审计发展的重要时间窗口，需要理论研究者站在全球的视角，结合我国的实际情况，筹谋应对。本书以政府审计的基本理论为基础，采用理论分析、规范研究与实证研究并重的方法研究基于保障国家经济安全的政府审计的制度建设问题，主要包括以下内容。

第一，在对政府审计、政府审计制度、国家经济安全等概念进行界定的基础上，对审计制度建设、政府审计制度与国家经济安全等问题进行文献梳理。然后，阐述本书的研究内容与研究方法。

第二，对相关理论进行分析：保障国家经济安全的政府审计制度建设的理论基础，政府审计的理论基础,如受托责任理论、权力制衡理论与免疫理论;政府审计制度的理论基础,如制度变迁理论、审计制度比较理论;政府审计保障国家经济安全理论,如利益相关者理论、公共政策理论;治未病理论等。

第三,研究政府审计保障国家经济安全的内在特性与外在需求。内在特性主要是从政府审计发展历史、政府审计的支持理论、政府审计的实践与政府人员的特质等方面展开论述;外在需求主要是从利益相关方的需求以及政府审计信息的经济特质等方面加以说明。对政府审计保障国家经济安全的现状进行深入分析,同时梳理我国政府审计制度建设的主要成就,接着总结归纳已经在国家经济安全的主要方面行使保障职能的审计制度,并对保障效果评价的策略与方法进行了探讨,分析可以采用利益冲突协调的评价方法、模糊数学的评价方法和调查问卷法。本书采用了调查问卷法,并将问卷设计与问卷结果进行了分析与归纳。

第四,通过对保障经济安全的效果进行分析,发现审计制度建设是保障作用有效发挥的瓶颈,从而引入"治未病"理念,将"治未病"涵盖的"未病先防、既病防变、愈后防复"理念融入政府审计制度建设的"新"战略中,根据安全目标的不同设定(基本安全、一般性安全、安全驱动和系统安全),将审计制度建设分为四个阶段,即防止错弊阶段、监督阶段、监督服务阶段与复合目标阶段,指出前两个阶段是我国政府审计制度亟待补缺的区域,提出具体制度构建战略:未病先防战略、既病防变战略、愈后防复战略,并对每个战略划分层级进行深入研究,构建适用评价模型,方便对某方面的审计制度进行评价,确定其建设的阶段,明确其未来的建设方向。

第五,研究国家经济安全的八个重要方面,如财政安全、战略资源安全、金融安全、产业安全等涵盖的具体内容及对应的政府审计建设策略。再分别归纳这八个方面安全的现状,找到对应的政府审计制度建设与审计实践发展的策略。对于我国政府审计制度已经涉及的部分,如财政审计、金融审计等,根据已经建立的判别模型对政府审计制度进行经济安全保障评价,判定出审计制度建设所处的阶段,并提出相应的对策;对于我国政府审计制度较少涉及的部分,如信息安全审计,提出未来的制度建设思路。

第六,从成本效益的视角阐释保障经济安全的审计制度构建中还须重点考虑的内容,通过对审计成本的深入分析,确定某类政府审计能接受的审计制度复杂程度(包括能力、工具、时间等),按照审计制度的成本约束、安全诉求,找到可接受的审计效益、安全水平、成本区间,确定审计效益最优点、审计的安全保障程度,由此决定政府审计制度实际的复杂程度。

总之,本书旨在为政府审计部门进行制度建设规划、实现国家经济安全保障提供建设思路与评价依据。

第1章 导论 …………………………………………… （1）
　1.1　研究背景与问题 ………………………………… （1）
　1.2　研究的意义 ……………………………………… （4）
　1.3　重要概念界定 …………………………………… （4）
　1.4　研究综述 ………………………………………… （13）
　1.5　研究内容与研究方法 …………………………… （20）

第2章 保障国家经济安全的政府审计制度建设的理论基础 …………………………………………………… （22）
　2.1　政府审计的理论基础 …………………………… （22）
　2.2　政府审计制度的理论基础 ……………………… （26）
　2.3　政府审计保障国家经济安全的理论 …………… （32）
　2.4　"治未病"理论 ………………………………… （36）

第3章 国家经济安全与政府审计特性及问题分析 …… （41）
　3.1　政府审计的内在特性与外在需求 ……………… （41）

3.2 政府审计制度建设概况 …………………………（49）
3.3 政府审计制度主要问题分析 ……………………（57）
3.4 政府审计制度实施主要问题分析 ………………（65）

第4章 保障国家经济安全的政府审计制度构建 ………（70）
4.1 总体框架与思路 …………………………………（70）
4.2 具体制度构建战略 ………………………………（76）

第5章 保障财政安全的政府审计制度评价与构建 ……（129）
5.1 财政安全的基本内涵 ……………………………（129）
5.2 财政审计制度的评价 ……………………………（137）
5.3 财政审计制度的构建思路 ………………………（149）

第6章 保障战略资源安全的政府审计制度评价与构建 …（152）
6.1 战略资源安全的基本内涵 ………………………（152）
6.2 战略资源审计制度的评价 ………………………（166）
6.3 战略资源审计制度的构建思路 …………………（174）

第7章 保障金融安全的政府审计制度评价与构建 ……（179）
7.1 金融安全的基本内涵与内容 ……………………（179）
7.2 金融审计制度评价 ………………………………（182）
7.3 金融审计制度建设评价 …………………………（187）
7.4 金融审计制度构建策略 …………………………（193）

第8章 保障经济权力安全的经济责任审计制度
　　　评价与构建 ……………………………………（198）
8.1 经济权力安全的基本内涵 ………………………（198）

8.2　经济责任审计制度的评价 …………………………（202）
　　8.3　经济责任审计制度的构建思路 ……………………（218）

第9章　保障产业安全的政府审计制度的评价与构建 …（222）
　　9.1　产业安全的内容 ……………………………………（222）
　　9.2　产业安全审计现状与国外经验 ……………………（227）
　　9.3　政府审计需要相应进行的制度设计 ………………（229）
　　9.4　农业产业政策审计指标的实证分析 ………………（236）

第10章　保障经济信息安全的政府审计制度构建 ………（243）
　　10.1　经济信息安全概述 …………………………………（243）
　　10.2　经济信息安全审计现状与问题 ……………………（245）
　　10.3　信息安全审计制度评价 ……………………………（247）
　　10.4　政府审计需要进行的相应制度设计 ………………（252）

第11章　保障环境安全的政府审计制度构建 ……………（258）
　　11.1　环境安全审计的基本内涵 …………………………（258）
　　11.2　环境安全审计现状及发展 …………………………（262）
　　11.3　环境安全审计投入与产出 …………………………（264）
　　11.4　环境安全审计制度建设状况 ………………………（269）
　　11.5　环境安全审计制度的评价 …………………………（274）
　　11.6　保护环境安全的政府审计制度建议 ………………（281）

第12章　保障国有资产安全的审计制度评价与构建 ……（289）
　　12.1　国有资产安全概述 …………………………………（289）
　　12.2　国有资产审计制度现状 ……………………………（291）
　　12.3　国有资产审计制度建设评价与创新策略 …………（296）

12.4 利用 Rough – ANN 模型进行审计指标
       预警的案例 …………………………………… (309)

第13章 基于成本约束的政府审计制度决策流程 ……… (317)
  13.1 审计成本的内容 …………………………………… (317)
  13.2 审计成本与审计收益 …………………………… (324)
  13.3 审计制度最优效益决策流程 …………………… (327)

第14章 研究结论与展望 …………………………………… (330)
  14.1 研究结论 …………………………………………… (330)
  14.2 研究的局限性 …………………………………… (334)
  14.3 进一步研究的展望 ……………………………… (335)

参考文献 ………………………………………………………… (337)

致谢 ……………………………………………………………… (360)

第1章 导 论

1.1 研究背景与问题

1.1.1 研究背景

2012年,美国政府问责办公室(GAO)分析了政府审计的八大趋势,作为其制定工作计划的基础。这八大趋势包括安全威胁不断演进;急需解决财政可持续性问题以及债务带来的挑战;经济复苏以及就业增长恢复;全球相互依存、权力转移的动态变化;网络、虚拟化的影响不断增加;政府治理方面的角色变化等(基恩·多达罗,2013)。[1]GAO将安全问题摆在了未来工作的首位,并且认为,不管是财政可持续性,还是债务危机,不管是政府治理角色转化,还是技术进步与网络信息安全。都能和"安全"这个词联系上,或者说和"经济安全"密切相关。GAO由此确立了四大战略目标：保护人民利益，改善民生；维护国家安全，应对全球化挑战；促进联邦政府转型，建设问责政府；加强内部管理，实现价值最大化，把联邦审计署建成联邦典范机构。

全球化已经让每个国家无法独善其身，威胁和影响、机遇与挑战，是每个国家发展过程中必须经过的磨炼。因此，可以说美国GAO列举的一系列挑战也是我国现在或是未来面临的主要问题和威胁，无视不如正视，被动防御不如主动迎击。党的十八大报告根据我国新时代发展的阶段性特征，提出了更具明确政策导向、更顺应人民意愿的新要求。国家安全不仅成为初步富裕起来的国家和国民的迫切需要，而且也成为进一步不失时机地深化重要领域改革的基本保障。2014年4月，习近平主席在中央国家安全委员会第一次会议中提出："当前我国国家安全内涵和外延比历史上任何时候都要丰富……必须坚持总体国家安全观，以人民安全为宗旨，以政治安全为根本，以经济安全为基础……走出一条中国特色国家安全道路"，这进一步明确了我国国家安全观的概念和责任，并指出国家安全的基础是经济安全。在国家安全范围不断扩大和内容逐渐丰富的背景下，对国家安全的要求日益提高，因此必须提升其在国家治理中的战略高度。这也许是我国政府审计发展的重要时间窗口，需要理论研究者站在全球的视角，结合我国的实际情况，筹谋应对。

1.1.2 主要研究问题

第一，对保障国家经济安全的政府审计制度建设的理论基础总结分析：政府审计的理论基础，如受托责任理论、权力制衡理论与免疫理论；政府审计制度的理论基础，如制度变迁理论、审计制度比较理论；政府审计保障国家经济安全的理论基础，如利益相关者理论、公共政策理论;"治未病"理论等。

第二,对政府审计保障国家经济安全的现状分析。梳理我国政府审计制度建设情况,找出目前已经在行使保障职能的审计制度,评价保障效果,提出改善的途径和方向,论证其可操作性;发现目前审计制度建设与执行过程中的问题并分析原因。

第三,"治未病"理念嵌入下的政府审计制度建设与创新。"治未病"理念包含三个层次:一是未病先防,强调预警与扶正;二是既病之后防其传变,强调阻断与控制;三是愈后防止复发及后遗症的产生,强调锁定病灶,除邪务尽。对应的审计制度建设可以形成动态政府审计制度三战略:首先是未病先防战略,要在威胁国家经济安全的因素发作前设置预警机制,同时这种机制应该有利于培养更多的优质资源而不是被动防治;其次是既病防变战略,如果发现威胁因素已经起作用,应该设置相关政府审计制度,及时防止类似的问题发生或是更大问题的出现;最后是愈后防复战略,如果经济安全已经遭受损失,审计制度应该启动减损措施,把损失降到最低,并对可能遗留的问题进行监控和评估[2],找到责任人,问责到底。

第四,对保障国家经济安全的政府审计制度建设的评价分析。以国家经济安全主要方面为例,探讨"治未病"理念嵌入以后,就政府审计制度建设规划问题,找出制度建设路径和评价标准,验证其对于保障国家经济安全的预防改善作用,使其成为国家经济命脉的"守护神",让政府审计从传统监督功能逐步转向监督—服务—系统功能,防微杜渐,预防为先,进而大大提高对国家经济安全的保障作用。

1.2 研究的意义

研究意义主要有以下四点:

第一,丰富审计制度建设创新依据。将国家经济安全作为主要的战略目标去建设政府审计制度。

第二,将治未病理念嵌入审计制度建设中,有利于审计活动从监督型到监督服务型发展,实现对国家经济安全保障的升级。治未病的理念将防御与治理结合起来,符合目前审计职能逐步拓展的发展趋势。

第三,有利于更加明确政府审计保障国家经济安全的具体内容,将审计的监督服务进行过程化控制。

第四,提高审计人员素质,提升政府审计的活力。有利于审计人员在新的理念指导下,执行审计活动,完成审计职能。"是故圣人不治已病治未病,不治已乱治未乱""上医治未病"等理念的植入,便于从历史的角度,确认政府审计的经济作用,提高各个利益相关者对审计的重视以及审计人员、审计机构、审计制度制定者的重视[3],增加政府审计的良性需求。

1.3 重要概念界定

1.3.1 政府审计

(1) 审计的本质

审计是社会经济发展到一定阶段的产物,在生产力低下的原始社会形态下是不存在审计的。最早的审计出现在奴隶社会，在那个阶段剩余产品出现了，产生了管理剩余产品的需要，随之就产生了委托代理人，因此审计最初的目的是为了保护财产的安全和完整。

我国的审计大约产生于西周时期，其主要标志是主持审计工作的"宰夫"的出现。西方的审计同样也出现在奴隶社会阶段的古罗马、古希腊。Audit 一词就来源于当时审计人员采取的"听证"形式。当然，在奴隶社会阶段由于经济不发达，剩余产品数量有限，所以审计只是一种附属的工作，很多情况下是和会计合二为一的。到了封建社会，随着生产力水平的提高，审计的规模也相应扩大了，在我国的封建社会阶段，审计在制度和审查力度方面都要比国外发达。但现代审计却诞生于西方，随着所有权和经营权的进一步分离，审计作为现代管理的一部分，无论是在理论和实践方面都发生了深刻的变革，需要重新认识它的本质。[4]

目前理论界对审计本质的阐释主要有三种角度：第一是从审计方法、职能的角度，第二是从审计作用的角度，第三是结合方法、职能与作用来解释审计的本质，由此产生了"查账论""方法过程论""经济监督论"和"经济控制论"等理论。

本书认为，审计通过提供审计信息，满足广大利益相关者决策的需求，这种决策可能是查账（看看账表是否公允客观）；也可能是为了更好地完成投资者与管理者之间的契约；甚至可能是为了社会公平，比如对希望工程捐款使用情况的审计，从这个意义上来说，审计是一个信息系统或者说是一个决策支持系统，这个系统：

①处于一定的环境中，在一定目标的指引下，并按自身的内在规律运行，这种规律是能为人们所认识，也是人们所必须遵循

的（审计环境与审计目标）；

②审计人员在信息系统中能够充分发挥其主观能动性，对系统的运行起着重要作用（审计手段创新的源泉）；

③该信息系统中原始信息的取得、加工，审计信息的生成、储存、传递均应遵循一定的规范（审计制度）；

④该信息系统是为利益相关者的决策服务的（决策者博弈的工具）。

和一般的信息系统观点不一样，这个决策支持系统是不能自我驱动、自行平衡的。审计绝大部分情况涉及多个利益相关人，审计活动或审计实践受一定制度环境下审计利益相关人的多次博弈驱动。它运行的制度规则在更为复杂的多层博弈中产生，并且手段受当时技术水平、理论创新的影响，因此应该历史地、辩证地去看它产生的信息质量。即使是针对这样的系统产生的信息，各个利益相关者的取舍也不尽相同，因此它的经济后果是否能够提高信息的可信度或是否能够优化资源分配都是未知的。

（2）政府审计

关于政府审计的概念，学界同样存在不同说法。[5]归纳起来，主要观点可以归纳如表1-1。本书认为政府审计作为一种特殊类型的审计，具有一般审计的系统特征，属于如下系统：第一，它属于政府审计利益相关者系统。现代政府审计利益相关者主要包括审计委托人、被审计人、审计人。第二，它属于审计系统。与现代审计系统中的内部审计和注册会计师审计不同，政府审计代表的是国家意志，可以履行宏观调控职能甚至参与国家治理，充当国家经济安全卫士。第三，属于国家经济监督协同系统。国家经济监督系统通常有可能涉及财政监管、税务监管、金融监管、食品药品监管等，政府审计是这个监督系统中重要的一个方面。此外，当政府审计拥有行政权限时，它归属于政府执法系统，专司公共经济监督之职。在我国政府审计实践中，政府审计又常常参与维护党纪、考核干部的工作，因此也可以认为其属于组织辅助系统，是治国治党系统的重要组成部分。

表1-1　　　　　政府审计概念主要观点汇总表

政府审计的本质	基本观点
国家职能	强调是国家的一种重要职能
国家工具	维护政权的工具
民主监督	代表民众，实行监督
权力制衡	对政府的各项权力进行制衡
财政监督	对财政活动进行监督
宏观调控	是宏观调控的重要手段
行政执法	是一种行政执法行为
国家治理	是国家治理的工具
免疫系统	是国家运转"免疫系统"的主要组成部分

1.3.2　政府审计制度

（1）审计制度

目前国内外对于审计制度的相关研究很多，但是关于审计制度的概念并没有达成共识。一般来说，目前有三种关于制度的定义为人所熟知。第一种观点认为制度是一种组织、一种机构。第二种观点认为制度是一种规则，认为制度是管束人们行为的一系列规则，这些规则涉及社会、政治及经济行为。诺思认为，制度是一系列被制定出来的规则、守法程序和行为的道德伦理规范，它旨在约束追求主体福利或效用最大化利益的个人行为。第三种观点将制度看作是一种博弈的均衡。斯考特认为，当行为当事人处于一种重复博弈状态时，一个群体的所有成员的行为就具有一种规律性，当且仅当这种规律性是真实的并且是共享性的知识的时候，它就是制度。[3]

审计制度如果按照这三种定义方法分别定义的话，可以进行如下的表述：

①审计制度就是审计组织和审计机构；

②审计制度是一系列被制定出来的用于审计活动的规则、程序和道德规范，它旨在约束追求主体福利或效用最大化的审计活动相关各方的行为；

③审计活动相关各方处在一种重复博弈状态时，其各方所有成员的行为具有一定的规律性，只有这种规律性是真实的并且是各方共享的情况下，它就是审计制度。

（2）政府审计制度

在定义审计制度的基础上，既然认可政府审计是按照审计主体进行分类的一种重要类型，本书结合诸多前人研究尝试也给政府审计制度下一个三维度的定义：

第一个维度：政府审计制度就是政府审计组织和政府审计机构。

第二个维度：政府审计制度是一系列被制定出来的用于政府审计活动的规则、程序和道德规范，它旨在约束追求主体福利或效用最大化的政府审计活动相关各方（可以从政府审计活动涉及的内部各个主体和政府审计利益相关者两方面来考虑）的行为（显性规则）。

第三个维度：政府审计活动相关各方处在一种重复博弈状态时，其各方所有成员的行为具有一定的规律性，只有这种规律性是真实的且是各方共享的情况下，它才是政府审计制度（显性规则和隐形规则）（严汉平，2004；赵达君，2006）[6,7]。

1.3.3 国家经济安全

(1) 安全的含义

据《汉语大词典》(2005年版)中的释义,"安"有安全、平安之意,与"危"相对;"全"有保全、完整之意。"安全"的含义有两个:一是指平安的、无危险的,用以描述某种状态;二是(作为动词)指保护、保全。《现代汉语辞海》(2003年版)中对安全的解释是:没有危险,不受威胁,不出事故。

在英语中,安全(security)主要指安全的状态,另外还有维护安全的含义。《韦伯词典》(1986年版)认为安全还有保障、保证、担保的含义。法语中的"安全",是指不存在危险、没有恐惧、没有不确定性的一种状态,还包括进行各种保护从而获取安全这种状态采取的手段。

(2) 国家安全的含义

1947年美国出台的《国家安全法》是最早以"国家安全"为名的法律,世界强国诸如俄罗斯、美国、日本、英国等国的政府部门均展开了国家安全方面的研究。

国家安全是一个不断扩展的历史概念。按照马斯洛的需求理论,个人的需求分为生理需求、安全需求、社交需求、尊重需求、自我实现需求,那么社会公众或是国家的安全需求也可以有类似的分类,在最初的阶段,能满足基本要求即可[5],之后才扩展到以国家利益为核心的综合"安全"观。

(3) 国家经济安全的含义

对国家经济安全的研究可以追溯到20世纪60年代,大致可以归纳为以下3种观点:①将经济安全作为国家安全的基础,视为国家安全的子范畴,削弱经济力量会对军事安全和政治安全产生重大影响,从而间接威胁到国家安全[Sime(1979)、Hudson (1996)[8] 和 Barry BuZan (1997)[9]]；②将经济安全视为国家安全的最高目标与核心部分 [Jia En Franco Pozzi (1990)[10]、Sameul Huntington (1996)[11]、Holsen 和 Waelboeck (1972)[12]]；③把经济安全视为经济全球化的产物，认为其超越传统的国家安全范畴 [Kapstein (1992)[13]、Vincent Cable (1995)[14]、Emest May 和 Max Manwaring (2003)[15]]。

经济安全概念第一次被提出是在1980年日本发布的《国家综合安全报告》中。从此，有关国家经济安全的研究内容逐步成为研究的焦点，但是对于其概念，研究者进行了广泛的争论，大致可以归纳为如下4种观点：

第一，国家经济安全是一种状态。可被理解为：经济主权独立、有效地作用于经济事务，构建理想的经济秩序，保障国家利益处在无损的状态。

第二，国家经济安全是一种能力。国家经济安全从本质上来讲是指一国经济的适应能力和竞争能力，在整体上有稳固基础、健康运行、持续增长的自主性。而世界其他地区或国家发生了经济危机，也有能力让其自身经济不受到重创或是具备尽快复原的能力。综合国力弱是最大的经济不安全，因此，要保障国家经济安全，必须提高国家的经济实力和综合国力。

第三，国家经济安全是一种保护行为。国家经济安全就是合理获取经济利益并有效地保护本国经济不受侵害或威胁，其实质在于对国家经济利益的维护和拓展。

第四，国家经济安全是一种发展。国家经济安全应包括：经济发展的内外因素；经济发展的基本路径手段；经济安全的保障程度和经济安全的最终成果。一国的经济能否保持可持续发展是国家经济安全的最基本的一条衡量标准。

（4）国家经济安全的主要内容

国家经济安全主要包括财政安全、金融安全、产业安全、战略资源安全和经济信息安全等方面,其核心是财政安全与金融安全。经济信息安全、经济权力安全是其安全载体(对信息与对人),产业安全、国有资产安全、战略资源安全、环境安全是其基本内容。

①财政安全。所谓财政安全,就是一国财政基本处于稳健增长的平衡状态,不存在引发财政危机的机制、问题,拥有能持续支持经济社会发展的状态或能力。

从我国经济运行的现状来看,财政安全的因素主要包括财政收入安全、财政支出安全、国债安全、地方债安全等。

②金融安全。金融安全指货币资金融通的安全和整个金融体系的稳定不受重大侵害的状态或是能力。金融安全与金融风险是一个问题的两个方面,因为金融具有很强的外显性,一旦风险积聚,造成的危害不只是针对经济安全,甚至可能触及政治安全,这就形成金融危机——金融安全被破坏以后的一种极端情况。政府维护金融安全主要通过两种路径,第一是对金融进行有效监管,第二是形成金融风险处理储备,这种处理储备除了必要的资金积累,还有制度与人才的积累,因为金融风险存在是常态,如何及时有效地监控风险,并将危害及时化解或是降低至可以接受的低水平才是维护金融安全的正途。而政府审计具有的特点使其成为金融安全监管的主要手段,同时也可以对风险处理提供有效的支撑。

③产业安全。国家产业安全主要是指一国产业各部门能够保持协调发展,保持国际竞争力,保障国内产业在国内及国际市场上的可持续发展不受威胁的状态和能力。产业安全的内容是十分庞杂的,可以将产业安全分为国内产业安全和国际产业安全,当然国内产业安全还可以进一步分为各个区域的产业安全。而每一

部分的产业安全,又可以依据产业的不同,细分为农业产业安全、钢铁产业安全甚至棉花产业安全等,目前许多研究也多围绕某些具体的领域进行。另外,可以根据某种活动的类型进行定义,比如涉外并购活动中的产业安全。还有的是对某特殊类型的产业打包进行归纳和研究,比如战略新兴产业安全。

④战略资源安全。战略资源安全是指一国拥有稳定可持续的自然资源,在数量和质量上足以满足国家运行、经济和社会发展的正常需求。20世纪70年代,第一次石油危机导致日本学者开始关注本国的生存空间和经济安全问题。[16]到了80年代,美、日等国相继产生了一系列深入探讨战略资源安全问题的研究成果。20世纪90年代,战略资源安全问题引起了越来越多的关注,战略资源安全的概念已被逐渐纳入众多国家的国家战略或政府政策之中。

⑤经济信息安全。经济信息的安全程度,是国家综合实力的集中体现。经济信息安全主要是指保持国家经济发展的相关信息保持不受危害,不威胁到国家经济安全的状态或能力。可以把经济信息安全按照其可能存在危害的途径,分为经济信息系统的安全、经济信息系统人的安全与外部安全。也可以根据经济信息涉及的范围,分为国家级的经济信息安全、地区级或行业的经济信息安全与特定组织或特定人的经济信息安全。

⑥国有资产安全。国有资产安全主要是指国有资产处在安全、不受侵害的状态。主要包括三个层次的内容:资产的安全完整;针对资产的占有、使用、收益的各项重大决策的科学性和合理性;以及保障国有资产保值增值,防止国有资产的损失与浪费。

⑦环境安全。从可持续发展的角度来说,环境安全是指在现阶段和可预见的未来,环境状况对人民的生产和生活不产生威胁

的状态。环境安全问题是由于环境质量变差和自然资源的减少和退化对经济基础构成的威胁，如水土流失导致土壤荒漠化、耕地面积不断缩减，水污染等削弱了环境可持续发展的能力。

⑧经济权力安全。经济权力安全是指经济权力运行正常、能够保证经济健康持续发展的一种状态或是能力。基于人的本性，任何权力都容易被滥用，而权力的滥用是造成腐败的最主要原因。经济权力涉及国家经济安全，进而影响政治安全，必须建立制度，让经济运行安全。我国领导人一直都在强调：要加强对权力运行的制约和监督，把权力关进制度的笼子里。要保障经济权力的安全，就必须辅之以行之有效的制度约束。审计自从诞生之日起，就肩负着反腐倡廉的历史重任，具有反腐败的法定职责。

1.4 研究综述

1.4.1 审计制度建设

站在最近三十年的观点来考察审计制度，可以说，与此相关的对于审计法规、审计准则等的研究取得了丰硕成果。国外有关审计的研究比我国要早，但最初却集中于审计概念体系，即解释审计是什么、包括什么等，对于制度层面的讨论并不多。

我国的审计制度是以《宪法》为核心，以《审计法》为母法并辅之以《注册会计师法》、国家审计准则、独立审计准则和内部审计准则，以《会计法》《税法》《公司法》《破产法》《证券法》和企业会计准则（制度）等为主要审计依据的法制体系。其中，《宪法》（有关条文）、《审计法》和《注册会计师法》、国家审计准则、审计准则和内部审计准则规范审计主体，其他法律法规则规范审计客体。追溯对于审计制度的研究，我国审计界自20世纪80年代才开始了从市场角度的研究，但当时较多地集中于本质、职能、作用等个别理论问题，并未形成系统化理论。进入20世纪90年代，情况大有改观[3]，产生了形式多样的有关审计制度的研究成果。

主要的观点综括如下：

第一，讨论审计制度的约束对象。比如谢志华（2008）[17]认为，审计制度要走向制衡，提出为防范审计组织的作假行为必须由原先的对审计组织的再监督转为制衡，对政府审计应采取行政制衡，对内部审计应采取自我制衡。

第二，讨论审计制度的制定者。尤其是集中在对于国家审计的制度制定者的探讨上，学者们提出了不同的主张。有学者认为，我国的审计署应归属于全国人大常务委员会领导，这是典型的建立立法模式国家审计的观点（逢翼，陈林，2008）[18]；有学者提出所谓的建立"一府三院"的国家审计体制的设想；还有学者认为我国国家审计体制可以改为审计机关接受政府领导，向人大和政府同时报告工作；有学者提出"双轨制"审计体制改革的方案。

第三，审计制度的内容以及有关审计制度内容的横纵向比较研究。杨涛（2008）[19]认为，独立审计制度包括正式规则、非正式规则和实施机制。张娜（2008）[20]认为目前的审计制度无法发挥公正评价公共受托经济责任的作用，而成为保护地方主义、局部利益的工具。审计制度的比较研究，主要包括对于澳大利亚、英国、日本等国家的审计体系包括审计制度的介绍以及对于我国建设审计制度的启示等。于玉林（2004）[21]认为，目前关于审计法规体系所包括的内容，审计学界和审计实务界还存在各种认识，需要认真进行研究。

第四，审计制度的制定原则与改进路径。有学者提出审计制度建设中应遵循契约平等原则，注重审计的独立性；遵循成本－效益原则（孙永军，2009）[22]；注重审计制度的合理性等。还有学者认为相对于市场经济国家而言，我国独立审计制度的建立面临着更为独特的社会环境，需要采取不同的应对政策（龙小海，2007）[23]。有学者通过引入奖励这一变量，构造了上市公司、会计师事务所与监管部门的三方博弈模型（朱建红，2006）[24]。还有学者认为，市场理性是市场主体的个体理性和社会理性博弈的结果（王善平，朱青，2007）[25]。在信息不对称的条件下，审计师的经济理性与道德理性、个体理性与社会理性的冲突直接表现为审计师的机会主义行为，使独立审计制度失陷。

第五，审计制度的处罚力度与审计质量。有学者认为，过低的法律风险和较低的诉讼成本是造成目前审计质量较低的重要原因（刘峰，许菲，2002）[26]；谢志华（2008）[27]则认为赔偿不到位是我国独立审计还存在作假的主要原因，无限责任是社会对事务所组织形式的理性选择。

1.4.2 政府审计制度与国家经济安全

国外尚无研究直接探讨政府审计与经济安全的相关话题，但是有涉及经济安全具体内容的研究，比如涉及金融安全的研究集中于金融风险与金融危机领域，如金融风险度量与管理（Borio, 2003; Patra, 2012）[28,29]、金融风险传染研究（Kodres and Pritsker, 2002; Gallegati et al., 2008）[30,31]及金融危机预警模型研究（Abiad, 2003）[32]等。而从政府审计角度展开的研究成果屈指可数，主要集中在政府绩效审计的研究（Funnel, 2010）[33]、政府审计质量的研究（Hayes, 2009）[34]以及各国政府审计经验介绍（Lima, Magrini, 2010）[35]。

国内对国家经济安全从政府审计的视角进行研究是最近几年才展开的，主要观点如下：

第一，政府审计视角的国家经济安全的内涵。在政府审计领域内，国家经济安全应侧重于财政安全、金融安全、国有资产安全、治理经济腐败、经济信息安全等内容（陈英姿，2009）[36]。还有学者认为国家经济安全的内涵是指在世界经济分工演进的趋势中，一国应当通过加强自身体制和机制的建设，使该国经济在参与国际经济大循环的过程中能够具备足够的应对外界因素变化和抵御外来风险冲击的能力。

第二，政府审计为什么可以保障国家经济安全？比如蔡春等（2009）[37]认为政府审计从审计历史层面、理论层面、法律层面、国际经验层面以及现实层面五个方面维护国家经济安全，张庆龙、谢志华（2009）[38]从审计本质、政府监管和制度均衡三个方面论述了政府审计维护国家经济安全的根据。近年来，国际局势风云变化，经济竞争日益激烈，经济安全已经成为国家安全的核心，而政府审计作为维护国家经济安全的"免疫系统"必须承担起这一职责。政府审计维护国家经济安全应实现防御功能、稳定功能、监视功能三个基本功能。例如，在维护金融安全方面，政府审计的作用机理得到了详细的探讨，着力点在于监控系统性风险，在宏观层面表现为促进宏观经济平衡发展，微观层面表现为促进微观金融机构的稳健运行（蔡利，2013）[39]。基于连续审计的内涵、系统性风险的特征、我国政府审计的信息化建设是政府审计监控系统性风险的基本依据（蔡利，何雨，王瑜，2013）[40]。

第三，政府审计在哪些领域实现维护保障作用？有学者认为应该从四个方面入手：财政安全、金融安全、国有资产安全、民生安全，从而有重点地确定审计范围，防范相关风险。李健等

(2009)[41]建议从九个方面入手保障经济安全。立法型审计体制是当前世界各国的共同选择,我国审计署隶属于国务院,难以保障其独立性和权威性,应将其划归人大直接管理(田冠军,葛继远,2013)[42]。与政府审计功能相对应,维护国家经济安全应安装审计"监视器"以监视国家经济运行中的重点环节并建立一道审计"防火墙"以防御国家经济运行中的潜在风险,另外,完善政府审计"稳定器"的稳定功能以降低已存在风险带来的损失(周兰,李惠,2013)[43]。具体来说,政府审计应关注经济安全变化,实施动态预警。另外,对于政府审计职责范围内的事应按照相关法律法规处理好,找到相应对策,探索切实可行的政府审计方案,为我国经济安全保驾护航(张勇,2013)[44]。

在金融安全方面,基于维护金融安全的目标,有学者提出了政府审计创新的初步设想(蔡利,2013)[39]。建立重点领域、配置连续审计参数、持续跟进以及后续反馈是连续审计在政府审计监控系统性风险中的实施路线(蔡利,何雨,王瑜,2013)[40]。

在维护财政安全方面,政府审计功能的发挥能够维护财政安全,防范财政风险(左敏,2011)[45]。公共财政安全将是政府审计的主要目标之一(叶笃鳌,2011)[46]。政府审计效能在一定程度上可以提高财政资金运行的安全性(韦德洪,2012)[47],不同时期的媒体关注可以影响财政资金运行安全(蒲丹琳,王善平,2011)[48]。政府审计的揭示功能和抵御功能可以有效地降低地方政府财政风险,提高财政安全程度(刘雷,2004)[49]。树立政府审计维护财政安全的审计理念,完善政府审计结果利用机制是提高地方政府财政安全程度,保障国家经济安全的重要途径。

第四,实现的方法:有学者指出,在强化财政审计、金融审计、国有企业审计、社保基金审计与经济责任审计,维护国家财政安全、金融安全、产业安全、社会类经济安全与权力运行安全的同时，应着力推行资源环境审计、制度合理性审计、政策执行效果审计以及信息安全审计等以维护国家资源环境安全、制度与政策安全以及信息安全。另外还有学者建议进行预警与监控系统的设计，通过引入嵌入理论、协同理论等理论成果，系统探讨了政府审计在服务国家治理中的作用途径，如管理协同理论的运用为组织和开展政府审计管理协同提供了理论指导（王会金，2013）[50]，还有学者研究了政府审计与其他治理主体的协调配合规律（张立民，2014）[51]。在与其他审计类型结合方面，发挥不同审计主体优越性是政府审计未来发展的重要途径。社会协同是国家审计"免疫系统"功能发挥的基础条件（戚振东，王会金，2011）[52]实现审计主体的多元化，促进社会治理更加公开、公平、公正是我国实现国家良治的主要目标。如何进行审计资源整合范式的军队审计管理创新成为政府审计新的发展途径。

第五，其他：横纵向比较研究，比如对于澳大利亚、英国、日本等国家的审计体系（包括审计制度）的介绍以及对于我国建设审计制度的启示等。关于审计制度的制定原则与改进路径，有学者提出了审计制度建设中应遵循契约平等原则、注重审计的独立性、遵循成本—效益原则、注重审计制度的合理性等。

上述研究成果对于保障国家经济安全产生了积极的推动作用，但是相对于保障日益增长的国家经济安全的需要还存在巨大的差距。主要问题是：第一，研究过多集中于国家经济安全的内容以及政府审计为什么能保障国家经济安全，缺少进一步研究政府审计保障国家经济安全的具体措施。第二，没有从战略的角度进行政府审计制度建设，不能明确提供政府审计活动指南。第三，审计制度框架的系统研究不健全，审计制度的推出缺乏可持续性。

相对于我国来说，国外的政府审计从发展体制至具体审计制度来说都相对更为完善。借鉴国外的优秀成果是我国政府审计制度建设的必经道路。总的来说，国外政府审计准则以下方面值得我国政府审计思考和运用：

一是与公民建立合作关系的价值。最高审计署通过专门机构及时认真处理公民的请愿与请求，与公民建立了合作关系。这不但为审计署工作提供动力，而且帮助审计署发现审计线索，如一些与公民生活息息相关的资源、环境安全问题。这也是对审计伦理与审计文化反思的结果（David Satava Cam，2006；Andre's Guiral，2010）[53,54]，虽然政府审计基于一个以规则为基础的框架，但倡导道德与文化在促进政府审计发展及社会民主化方面亦是重要的途径。

二是重视战略性管理。审计署根据审计准则在那些能够施加最大积极影响的领域开展审计工作，同时，审计工作应当考虑被审计单位活动发生的前后情况。因此，审计工作脱离了早期的控制和鉴定性审计，正向合作和对话基础审计发展。例如，德国政府审计对即将出台的决策提出旨在规避潜在风险的前瞻性的建议，有效地维护了经济安全或社会稳定。

三是效益审计的广泛性和深刻性。以美国为例，其绩效审计涉及的被审计部门和机构可以分成行政部门、国际组织、特殊领土等六类，涉及的专题非常广泛，包括经济发展、能源、金融市场与制度、国土安全、自然资源与环境等三十多个。完善的绩效审计准则为美国政府审计发展提供了重要基础，也是我国目前完善审计制度的重要借鉴。而绩效审计报告信息是增强政治责任的重要途径，降低了信息的不对称（Claudio，2006）[55]。

1.5 研究内容与研究方法

1.5.1 研究内容

第一，在对重要概念如政府审计、政府审计制度、国家经济安全进行界定的基础上，对审计制度建设、政府审计制度与国家经济安全进行文献梳理。然后，介绍本书的研究内容与研究方法。

第二，对相关理论进行分析：保障国家经济安全的政府审计制度建设理论基础，如受托责任理论、权力制衡理论与免疫理论；政府审计制度的理论基础，如制度变迁理论、审计制度比较理论；政府审计保障国家经济安全的理论，如利益相关者理论、公共政策理论；"治未病"理论等。

第三，研究政府审计保障国家经济安全的内在特性与外在需求。首先，对政府审计保障国家经济安全的现状进行深入分析。其次，梳理我国政府审计制度建设的主要成就。再次，总结在国家经济安全的主要方面已经行使保障职能的审计制度，并对保障效果评价的策略与方法进行了探讨。最后，分析可以采用的利益冲突协调的评价方法、模糊数学的评价方法和调查问卷法。本书采用了调查问卷法，并将问卷设计与问卷结果进行了分析与归纳。

第四，通过对保障经济安全的效果进行分析，发现目前审计制度建设是保障作用有效发挥的瓶颈。本书首先引入"治未病"理念，将"治未病"理念涵盖的"未病先防、已病防变、愈后防复"融入政府审计制度建设的"新"战略中，根据安全目标的不同设定（基本安全、一般性安全、安全驱动和系统安全），将审计制度建设分为四个阶段：防止错弊阶段、监督阶段、监督服务阶段与复合目标阶段，并指出前两个阶段是我国政府审计制度亟待补漏的区域。接下来，提出具体制度构建战略：未病先防战略、既病防变战略、愈后防复战略，并对每个战略划分层级进行深入研究。最后，构建出适用的判别模型，方便对某方面的审计制度进行评价，确定其建设阶段，明确其未来的建设方向。

第五，关注国家经济安全的八个重要方面，包括财政安全、战略资源安全、金融安全、经济权力安全、产业安全、经济信息安全、环境安全，研究其涵盖的具体内容及对应的政府审计建设策略。分析我国经济安全审计的现状，找到对应的政府审计制度建设与审计实践的发展策略。根据已经建立的判别模型对政府审计制度进行经济安全保障评价，判定出审计制度建设所处的阶段，并提出相应的对策；对我国政府审计制度较少涉及的部分，如信息安全审计，提出未来的制度建设思路。

第六，从成本与效益的视角阐释保障经济安全的审计制度构建工作中还应该重点考虑的内容，通过对审计成本的深入分析，确定某类政府审计能接受的审计制度复杂程度（涉及能力、工具、时间等），确定审计制度的成本约束、安全诉求，找到可接受的审计效益、安全水平、成本区间、确定审计效益最优点、审计的安全保障程度，由此确定政府审计制度的实际复杂程度。

1.5.2 研究方法

本书拟在调查研究，收集材料，翻译、整理国外有关资料的基础上，综合运用历史分析法、实证方法、价值分析法、比较研究法、典型案例分析法、个别访谈法、数据统计分析法等诸多方法，同时借用经济学、管理学、哲学等相关学科的理论和方法，对经济安全目标导向下的政府审计制度展开全面、系统、深入的研究。

第2章 保障国家经济安全的政府审计制度建设的理论基础

2.1 政府审计的理论基础

2.1.1 受托责任理论

受托责任是一种普遍存在于利益相关者之间的关系，受托责任之所以产生，最初是由于财产所有权和经营权的分离。在中国最早提出受托责任理论的是杨时展教授，他认为受托责任是由于委托关系的建立而发生的，委托关系建立后，被委托人就应该以最大的善意，最严格地按照当事人的意志来完成委托人所托付的任务（杨时展，1990）[56]。在美国，审计署将受托责任定义为受托管理并有权使用公共资源的政府和机构向公众说明他们全部活动情况的

第2章 保障国家经济安全的政府审计制度建设的理论基础

义务;加拿大审计公署则认为是对授予的某项职责履行义务并作出回答(邢文龙,袁建,2011)[57]。对于受托责任,目前国内外尚未形成统一定义,但究其本质,是一个融合受托人、委托人、契约责任、报告、行为于一体的建立责任、解除责任的过程。

受托责任是政府审计产生的前提,在国家治理中,政府作为代理人接受社会公众的委托,依法合理管理公共资源、使用公共财产,在保证使用效率的同时定期向社会公众报告责任的履行情况。然而由于委托人和代理人之间存在信息不对称,逆向选择和道德风险会损害信息缺失方利益,为了有效监督公共受托责任的高效、全面、合法履行,必须有相应的部门对其进行监督管制,政府审计正是基于此种情况应运而生。国内学者普遍认为受托责任是审计产生的理论基础与根本推动力量,并且审计因受托责任的产生而产生,又因受托责任的发展而发展(杨时展,1997)[58]。受托责任参与政府审计演进经历了三个阶段:受托财务责任阶段、受托管理责任阶段、受托社会责任阶段。

作为公共受托责任的初级阶段,受托财务阶段主要聚焦受托资产的使用状况与安全合法,该阶段的主要目标是以价值为导向,检查政府和相关机构对公共资源的使用是否遵循合法、合规和忠诚性。受托管理阶段的出现是伴随公共资源支出规模的日益扩大而走向舞台的,公共资源与民众生活息息相关,如果仅局限于财务阶段,民生工程就无法保障,为了维护民生保障民生,政府就必须将职能转型于公共资源的使用效率和效果上来。再者,新公共管理运动的兴起也弱化了财产管理责任,受托各方更具文化底蕴和企业家内涵,关注重点转向资源使用和决策领域,对资源和决策的经济性、效率性、效果性从主观上使受托管理责任内涵更加脱颖而出。随着经济的发展、社会的进步,自然灾害、温室效应、收入不公、两极分化等环境和社会问题日益突出,政府开始意识到一味强调经济发展速度是不可取的，负的外部效应要求政府承担更大的社会责任，同时社会公众对良性和谐生态环境的要求，迫切希望政府采取措施及时发现、解决和整顿社会问题。基于此种现实受托管理责任已无法满足社会发展的需要，受托社会责任应运而生，受托社会责任阶段是政府存在的高级形式，是对受托管理阶段和受托财务阶段的拓展和升级。政府审计作为受托责任的产物和受托责任相生相随，在受托责任的演进历程中，政府审计也依次经历了对财务的经济监督阶段，对公共资源的控制阶段和对社会问题的免疫阶段。

2.1.2 权力制衡

通俗地讲，权力是人或组织对他人的控制力和影响力。人类经济生活的安全有序运行需要有相应的权力机关来监督和约束，权力过大或过小在影响国民生活质量的同时也损害着一国政府的形象。社会发展到一定阶段就会对相应的权力提出新的要求，最理想的状态是各种权力在相互制衡的同时和谐有序运转。合理的分权是社会高效运行的必然要求，缺乏制衡机制就会使各部门自行其是，唯我独尊，最终进入一种无序状态，政府审计作为一种监督和防范机制除了发挥基本的经济监督作用以外，也是一种保障民主、权力制衡的手段，其意义包括两个方面：

一方面，市场主体存在的目的在于经济价值的最大化，在追求经济利益的过程中，市场主体往往会忽视社会责任，从而给社会及周围群众带来负的社会效应，如空气污染、水污染、噪音污染等，这些负的社会效应在影响人们正常生活的同时也损害了人们享受良好生活环境及生态安全的权益。相较而言，政府具有较大的权威性，而作为个体的公民对市场主体这种无责任的行为无能为力，这就需要有一个专门的监督机构来审查公共环境的生态性和公共资源的效益性，以规范市场主体的行为。政府审计通过立法和约束使市场主体有所为有所不为，同时，市场主体合理有效的生产经营反过来推动政府向前发展，这种政府与市场主体以及市场主体之间相互博弈的结果最终保障了公共环境及资源的效益性。

另一方面，政府对公共环境及资源的审计实际上就是对权力在经济领域中的错用、滥用的审查和确认过程。政府依法对企业及相关部门机构的财务收支及经营活动的真实性、合法性进行审计有助于推动民主政治的发展，有助于保障国家赋予人民的权益。国家赋予政府以权力来行使各项职能，政府就应该不负使命，企业和相关机构权力过大会以牺牲人民利益为代价来获取自身利益最大化，过小则会使资源及社会效率低下，这些都不符合效用及福利最大化的原则，政府审计能通过审查企业及相关部门来约束和监督其行为，使其真实、合法经营，最终落实到为人民谋福利，建立廉洁、务实的政府审计上来。

2.1.3 免疫理论

免疫存在于社会生活的方方面面，对政府而言，其审计的本质也是免疫，免疫是一种预防、清除和修补的过程（时现，李善波，徐印，2009）[59]。免疫理论是对审计认识的升华，政府审计的免疫功效创新、发展与延续，深化了审计的内涵。审计的免疫职能规范着市场中利益相关者的行为，在营造诚信的市场经济氛围的同时，提高着市场和政府效率，弥补失灵。

在社会主义市场经济条件下，政府审计的免疫职能能够促使政府更早地感知市场运行中的风险，并辨别其危害程度，以及时准确地运用其法定权力来抵御这种危害，最终达到保障市场经济安全、健康高效运转的目的。政府审计的免疫职能具体体现在如下方面：

其一，从宏观的视角看，国家赋予政府专门的职能去监督审查，即政府审计具有法律的效力。法律是由国家强制力保证实施的行为规范的总和，任何违反、触犯法律的行为都将受到法律的制裁，作为合法主体的本能反应是随时规避这种行为，简言之，法律的强制性会促使各部门规范自身的行为，做到真实、合法、诚信经营。

其二，从微观的视角看，随着社会的进步、科技的发展，公众的民主意识在逐步增强，人民越来越重视自身权益。政府审计的最终目的在于维护民主，然而市场不可能按照理性的状态高效运行，失灵现象一直存在，如失业、生态环境恶化、贫富差距扩大、区域经济发展不协调等都是关乎民生的基本问题，"水能载舟，亦能覆舟"，民生问题得不到保障国家何以能长治久安？要解决这些问题，政府须承担起更大的责任，政府责任的强化及人民期望的增加潜移默化地促使公共资金及公共资源使用者重视效率和效果，以对全体公众负责。

2.2　政府审计制度的理论基础

2.2.1　政府审计制度变迁理论

"制度变迁是指制度的替代、转换与交易过程，是一种制度框架的创新和被打破的过程。"对于制度变迁发生的原因，学者们有各种各样的阐述，其中以道格拉斯·诺思的观点最为引人认同。他认为，"制度变迁的成本与收益之比对于促进或推迟制度变迁起着关键作用。"其他学者也有类似的见解，这些阐述虽然各有不同，但其基本思想是一致的[60]，即制度变迁的动因是由于内外条件的变化引起的新的对潜在或长远利益的追求。

任何制度变迁都存在成本，只有人们预期的潜在收益大于变迁成本时，制度变迁才能发生。万物都是运动的，社会经济关系的变化会使原本合理的制度随着时间的推移逐渐变得不合理，原本有益于社会经济发展的制度逐渐变成阻碍人类社会进步的桎梏。在这种情况下，人们唯一的选择就是改变现有的制度，抛弃其不合理成分，创造合理的新制度，实现对制度的重新建构。而新的制度在社会经济关系发生改变后同样会逐渐变得不再合理，从而需要人们再对其进行改造和变革。制度变迁就在这样的循环中不断进行。

制度变迁一般存在诱致性制度变迁和强制性制度变迁两种类型。诱致性制度变迁往往具有渐进性、自发性和自主性的特征。强制性制度变迁是指由政府等国家机关通过法律或政令等方式来推动制度改变的变迁模式。

世上没有百分之百正确的完美理论，经典的制度变迁理论同样也不例外，存在对制度界定的不确定、对制度变迁模式的简化和缺失、对制度环境的忽视等问题。但它仍不失为一种先进的理论，而且，通过对其他理论的援引，也可以最大限度地弥补其不足。

对政府审计制度的变迁的探讨是审计理论研究的重要课题，目前我国理论界对政府审计制度变迁的研究亦比较分散。具有代表性的有环境决定论、受托责任论和利益协调论，这三种学派主要对审计制度变迁的内涵、影响因素、变迁形式和规律作出了解释（见表2-1）。

表 2-1　　审计制度变迁主要学派观点分析

项目	环境决定论	受托责任论	利益协调论
主要代表人物	赵彩霞、李齐辉、陈宋生	秦荣生、蔡春、蔡利	吴联生、章显中、马曙光
主要观点	各国的政治、经济制度和文化背景决定审计制度	审计制度基于经济监督的需要而产生和发展	审计制度以利益冲突与协调的结果为基础
优点	抓住制度变迁的表象和主要外在因素	抓住审计一个关键性的前提——受托责任	洞察审计制度利益协调机制和结果的本质
局限性	忽略了人的因素的影响，没有真正找到环境和制度变迁的内在作用机制	无法解释审计制度的变迁及其内在动力、一般过程及其规律	没有研究不同时期、不同利益相关者如何进行冲突协调和具体发挥了多大的作用

要把握政府审计制度变迁的内涵，首先就必须认识政府审计制度的实质。我国政府审计制度从古发展至今有数千年的历史，从历史过程的视角可以总结政府审计制度的产生模式。它是一个诱导性变迁和强制性变迁相结合的动态的混合变迁过程（谢晓燕，2009）[61]。所谓政府审计制度变迁，就是一种政府审计制度向另一种政府审计制度的替代、转换和交易的过程（马曙光，2005）[62]。对审计制度变迁内涵的解释在很大程度上反映了学术界对理论理解的广度和深度。可以看到，目前理论界对于审计制度变迁主要从形式和过程解释了其内涵，而对其变化的原因与规律却需要进一步的探讨。

对审计制度变迁影响因素的研究是审计制度变迁研究的主

体。在研究影响审计制度变迁的因素时，不同学派学者给出了不同解释。如环境决定论学派把审计环境视作决定审计制度变迁的关键因素（赵彩霞等，2010）[63]。而受托责任学派则认为不断深化公共受托责任观念是政府审计变迁不懈的动力（秦荣生，2004；蔡春，蔡利，2012）[64,65]。利益协调论学派坚持审计制度变迁源自审计域秩序。虽然各个学派均对审计制度变迁的影响因素作出了合理的解释，但依然存在着很大的认识局限。如环境决定论虽然认识到环境的变化对审计制度的影响，但是它没有考虑到人对审计制度变迁的影响，它较多地把客观环境与审计制度联系在一起，缺少对意识形态影响的研究。受托责任论虽然在现代政府审计中研究较多，这和我国向西方审计经验学习有着重大关系，但是它很难解释我国的政府审计制度的历程，如奴隶制时期的政府审计制度。另外，它还忽视了受托责任关系形成过程中的利益冲突与协调的过程（吴联生，2003）[66]。利益协调论对政府审计制度的解释是审计理论界的创新，如提出了"审计域秩序"的概念。它看到了审计制度变迁的作用实质，却没有研究不同时期，不同利益相关者如何进行冲突协调及具体发挥了多大的作用（李齐辉，2001）[67]。总的来说，对审计制度变迁的影响因素可以概括为两大类：一是物质形态因素，如技术进步、收入水平、价格变化等（陈宋生，余新培，2005）[68]（陈宋生，郭颖，2006）[69]；二是意识形态因素，如认知深化、偏好、文化等（许莉，郑石桥，2012）[70]（樊纲，1996）[71]（欧阳华生，余宇新，2009）[72]。

了解了影响审计制度的变迁因素，而这些因素又是如何作用于审计制度变迁，也就是审计制度变迁的过程和形式，对于这个问题的研究，学者们主要从审计准则的制定着手进行了深入的探讨。审计准则的制定过程是一个制度变迁的过程（熊未平，2009）[73]，也是一个利益协调的过程（彭洁流，2012）[74]。可以看到，目前学术界对于审计制度变迁的一般过程还缺乏探讨，主要就审计制度变迁的形式来进行研究。这一方面是因为审计制度变迁的难以触摸性，另一方面，更深层次的原因是对审计制度内涵及规律的探讨不足。

学者们还深入探讨了政府审计制度变迁的深刻规律，如社会收入分配相对公平与审计制度变迁的时间具有重要关系（欧阳华生，余宇新，2009）[72]。审计制度变迁具有渐进性和周期变化的规律性特征（马曙光，2005）[62]，遵循动态性、有效性、渐进性等原则（许莉，郑石桥，2012）[70]。

2.2.2 政府审计制度比较理论

我国政府审计制度虽自古就有，但是新中国成立尤其是改革开放以来，我国特有的政治、经济及社会背景形成了特色较为鲜明的审计制度。政府型审计模式是目前我国的选择，我国审计制度同时调整审计主体和客体的关系（李齐辉，2001）[75]。我国审计机关同时对人大和政府负责（王羚，2012）[76]，而国外有些国家如澳大利亚审计署由议会直接领导。现在，我国民主法制进一步深化，审计制度不断重视群众的作用，积极采取不同的方式促进审计主体的多样化。

从美国审计制度的特点中，可以看到审计项目对重大法规具有重要影响（陈宋生，郭颖，2006）[69]。澳大利亚政府审计中审计与政府的关系是合作大于监督（胡蓓蓓，2013）[77]。日本政府审计范围随着行政权的扩张而扩大，对行政有效性和政策绩效的审计比重越来越大，其审计报告非常重视数据的整理与统计，这对我国政府完善审计报告内容具有重要启示。但是日本绩效指标的固定化和审计者过分关注从属关系亦对日本政府审计的发展产生严重不利的影响（傅世春，2008）[78]。

第2章 保障国家经济安全的政府审计制度建设的理论基础

另外，对于各国审计长的研究是各国审计制度特色的重要体现。而我国还没有对审计长的任免、薪酬、独立性等方面作出具体法律规定（闫菲，2009）[79]，这明显暴露出我国政府审计制度的严重缺陷。从表2-2可以看到，各国的审计长制度具有鲜明的本国特色，其规定也很具体，而且对审计长的考核和评价亦是审计制度的重要组成部分。

表2-2 各国审计长制度比较

项目	中国	加拿大	澳大利亚	印度	以色列	南非
任命	总理提名，全国人大决定，主席任命	总督委任	部长推荐，被总督任命	由总统签署委任状任命	由议会无记名投票选举产生	各党派推举，总统认可，国会批准
任职年限	没有明确规定	任期10年	任期10年	每届任期6年	任期一届为7年，只任一届	任期固定在5至10年，不能连任
辞免	没有明确规定	参议院和众议院可建议总督免职	审计长可以向总督提交辞呈以辞职	可以随时向总统提出书面辞呈，申请离任	非经议会2/3多数票表决通过，不得免职	在以书面形式的请求下，总统可以允许其离职
薪酬	没有明确规定	与最高法院法官相同	由薪酬特别法庭决定	与最高法院法官相同	相关法律规定，或由议会决定	由审计委员会决定
其他	没有明确规定	不得再次担任此职	不得再次被任命为审计长	卸任后不得在印度联邦政府担任其他职务	—	—

2.3 政府审计保障国家经济安全的理论

2.3.1 政府审计特性理论

按照审计主体不同,审计分为政府审计、内部审计和社会审计三种。与内部审计、注册会计师审计相比,政府审计具有鲜明的特征,具体体现在审计目标、审计标准、审计接受的资源程度、审计的时间、经费来源和发现问题的处理方式等方面(如表 2-3 所示)。政府审计的特色首先是由于政府是合作广度最大的集体,因此无论是项目的立项还是审计实施的过程均必须考虑这一点。另外,政府受到有限规模的限制(吴联生,2003)[66],因此在审计技术开发、审计资源整合方面必须加大力度探讨和研究。

表 2-3　政府审计、内部审计和社会审计特征对照表

项目	政府审计	内部审计	社会审计
审计目标	政府经济活动的监督与评价	对企业经营活动提供监督评价依据	确定是否存在重大错报
审计标准	审计法和相关审计准则	内部审计准则	注册会计师法和审计准则
接受的自愿程度	强制性	管理层强制实施	自由选择
审计时间	定期或不定期	定期或不定期	每年年报审计一次
独立性	强	较弱	较强
问题处理方式	强制更改	由管理层决定	没有强制性
经费来源	政府财政	公司自身	审计客户

审计组织的相关特性是提高审计绩效的条件（范颖，2010）[80]。在总结我国政府审计特点时，可以看到：我国政府审计制度具有大众性，审计的目标是为大众利益服务。审计朝着高效发展，不断提高审计效率。另外，由于审计关系人具有机会主义倾向，需要对审计行为进行约束。总之，政府审计的这些特性，对审计制度提出了更高的要求，如审计人员的独立性、审计过程的科学性及审计结果的透明性等。

2.3.2 公共政策理论

有学者提出，对公共政策的研究必须建立在动态的平台上（Tufte，1978）[81]，其实质是权力分配，政府通常针对某一严重的社会问题进行政策投入，这一行为往往具有短期性。而公共政策研究的核心在于通过对政府适当行为的描述来寻求公共选择的规律（魏凤春，2005）[82]。政府审计机关应强化政府的公共责任，从意识形态重视审计（牛爱丽，2005）[83]。另外，提高政府绩效是政府审计的基本目标之一（温美琴，胡贵安，2007）[84]，因此，应不断深化公共政策的理解与认识，促进政府审计的长足发展。在这一方面，西方公共政策理论模型及其方法论的发展为我国公共政策理论研究提供了重要的参考和借鉴，主要可以借鉴的模型如表 2-4 所示。

表 2-4　　西方公共政策审计模型借鉴与分析

	阶段启发模型	多源流分析模型	倡导联盟模型	间断性均衡模型	政策网络模型
代表人物	Andrew	John Kingdom	Paul Sabatier	Baumgartner	刘宜君（中国台湾）

续表

	阶段启发模型	多源流分析模型	倡导联盟模型	间断性均衡模型	政策网络模型
内容	确立了一个框架来分析不同类型的政策制定	把政策过程看作由三组行为者和过程构成	每一个联盟都包括来自有共同的政策信念的不同机构的行动者	描述美国的政策过程特别是立法的变化,关注政策议程如何变化	重视正式与非正式制度和结构对政策制定及治理的作用
评价	太过简单,它只是对特定的政策领域和问题进行研究的一种初级方法	当三种源流汇集在一起时,政策窗口被打开	如果分歧过大,集团间的信仰体系中无法形成妥协,政策改变就不大可能出现(卓晓宁,周海生,2010)[85]	是对"阶段"方法的进一步发展	在解释政策结果或政策领域是如何塑造网络结构时,这种方法就发挥不了作用(查尔斯·蓝伯,2006)[86]

值得注意的是,政策网络可以通过促成多元主体对话与互动机制,从源头上预防政策冲突的发生(蔡英辉,2012)[87]。但在我国目前尚处于适用性研究阶段,在建立健全适合我国国情的政策网络前,必须认真评价我国政府审计制度的现状,不断深化对我国审计制度漏洞的理解。

在我国公共政策领域,一个突出的问题是地方政府间因追求政绩而引发的不良竞争(蔡英辉,周义程,2007)[88],这导致了我国严重的资源浪费和损失。另外一个问题是中央政策统一和地方政策落实偏差(周雪光,2009)[89],这给政府审计在执行中造成了严重的障碍。

2.3.3 利益相关者理论

在20世纪60年代,斯坦福大学研究小组针对企业关系研究提出了利益相关者的概念(付俊文,赵红,2006)[90]。此后,利益相关者理论不断发展,影响经济管理学的各种理论,对审计学界亦有着重要的意义(见表2-5)。审计各利益相关者与审计行为的密切程度不同,直接利益关系的群体为主要利益相关者,反之为次要利益相关者(詹海明,2008)[91]。

表2-5 利益相关者理论对政府审计的影响

影响方面	影响内容	说明
审计本质的认识	政府审计的本质应是政府审计所特有的属性	审计的本质是评价,而政府审计的本质就不仅仅是评价,还有监督制约作用和建议作用(李德文,2002)[92]
审计目标的解释	政府审计在实现审计目标上有先天优势	政府在理论上代表了社会绝大多数人的利益,为最广泛的群众服务(黄波,2008)[93]
审计对象的影响	政府审计在代表大多数利益相关者的利益方面具有先天优势	一是因为政府审计具有强制性,二是因为政府审计独立性最强,三是因为政府审计逻辑上代表了最广大社会公众的利益
对审计规范的影响	制定审计规则的人应该是能代表最广大的利益相关者利益的人或机构	政府要重视审计规范的制定
对审计报告的影响	提高审计透明度	向谁负责,审计报告就应该报告给谁

根据"利益相关者"理论的解释,"双重领导"在我国的存在不利于审计发挥其经济监督职能,对政府审计的理论与实务发展都构成了严重的阻碍。因此,"垂直管理"的审计制度选择成为众多学者探讨的重要方向。因为这种制度安排可以减少体制改革带来的较大震动(许莉,郑石桥,2012)[70],对我国政府审计完善功能、积极促进社会经济发展具有重要意义。另外,为了保证审计利益相关者的利益,还必须严格加以规范。因此,必须建立结构、核心能力及协调治理机制,使利益相关者在互动中形成和谐关系和共赢的格局(赵华,贾丽娜,2007)[94]。

2.4 "治未病"理论

2.4.1 "治未病"理论溯源

"治未病"是人们为了生存,在与外界环境作斗争的实践中总结出来的。该理念最早出现在两千多年前成书的《黄帝内经》中,该书第二篇《四气调神大论》提出了"圣人不治已病治未病,不治已乱治未乱",认为病后治疗等于"渴而穿井,斗而铸锥"(申瑞华,2005)[95]。敦煌石窟中保存有一幅《殷人熏火防疫图》,描绘了殷人熏火防疫的情景。"治未病"的思想包括健康状态的养生保健、偏离健康还未患病时的及时救治、疾病的防传防变以及缓解期的救治。

此后,历代医家通过不断的实践和总结,不断丰富发展"治未病"的内涵。例如,孙思邈提出了"上工治未病,中工治欲病,下工治已病",正是对此种理念的阐述。总之,"治未病"思想贯穿于防病治病的全过程。现代社会不断发展,防病的重要性得到越来越多的关注,"治未病"的思想时至今日也愈发显示出它的光辉。

2.4.2 "治未病"理论的主要内容

"未病"主要包括两种状态,一种是个体阴阳平衡、气血调和且又不受病邪侵害健康的状态,即"无病";另一种是处于发病或转变的前期状态,早期症状不易被察觉的"亚健康"状态,即"欲病"。"治未病"的主要内容包括"未病先防,既病防变,愈后防复"三大主题。

(1)未病先防,治在未病之先

人们在没有患病的时候,要积极预防疾病的发生(庞国明,2008)[96]。中医以"正气内存,邪不可干"的论述强调重视体质的内在因素,提出"饮食有节,起居有常,不妄作劳"的养生之道。另一方面要求人们"顺应天时,天人合一",积极消除致病因素,保证不发病或虽发病亦不重。"未病先防"正是与现代"预防为主"的新医学模式相吻合。自20世纪中期,美国就开始重视行为和环境对人类健康的影响,并开展了大量的健康教育活动,其结果是国民高血压、脑卒中、糖尿病发病率大大降低,人均预期寿命较之前增加10岁,而费用仅为同一时间医疗费用的10%。

未病先防的优势在于三个方面:

第一,事半功倍。未病先防观体现的是一种扩大化的或者说是广义的前馈控制的理念。未病先防观不仅涵盖了提前介入、开始控制、进行约束的理念,还更进一步包含扶持正确的、目前还没引起广泛关注的活动,去为这些活动提供进一步发展的空间和能量,因此,在效果上比单纯的前馈控制要好得多,等于在提高机体免疫力的同时,及时对可能存在的病症加以预防。

第二，威慑作用。未病先防观的引入还可以帮助加强政府审计的威慑作用。目前审计对象的发展是日新月异，舞弊的手段也不断升级，限于政府审计对象扩大化、手段高科技化等特点，风险导向审计的模式必然要占领审计实践战场，也就是说，我们没有能力也没有必要消灭每一个敌人，但是应该将造成的危害降到一个可以接受的低水平。这时，如何降低审计风险或者如何减少审计对象的投机行为应该是考虑的重要问题之一。以经济责任审计为例，作为"从源头上遏制腐败的有效手段"，如果能按照未病先防观的理念去制定科学的确定审计对象的制度，让审计对象对于何时将自己纳入经济责任审计范围的具体时间和内容基本无从了解和预先准备，对有舞弊企图的审计对象，这种制度设计就可以起到一定的威慑作用，减少其投机的可能，因为他会认为此项行动的成本太高，可能刚刚有些苗头就被扑灭了，以此提高审计质量和扩大审计成果，从而保障国家的经济安全。

第三，破窗效应。任何一种不良现象的存在，都在传递着一种信息，如果对这种现象不闻不问、熟视无睹，就会纵容更多的人"破窗"。如果政府审计的制度体系，是一个偏重于事后亡羊补牢的系统，就会产生这种制度的"破窗"，促使相关的人员产生贪念。未病先防观从源头开始"抑恶扬善"，就相当于对有可能出现的破损的"窗户"进行加固和定期维护，杜绝"小奸小恶"，从而抑制破窗效应的产生。必要的时候甚至可以"小题大做"，这样才能防止有人效仿，积重难返。

（2）既病防变，治在发病之初

"既病防变"主要的含义是要积极采取措施预防疾病加重。一般来说，疾病的转变是由表入里、由轻变重、由简单到复杂的过程，因此，在政府审计的过程中必须掌握问题的发展规律及其可能的转变途径，做到早期诊断，在小问题演化为大问题之前将其有效治疗（文佳，马才妮，2009）[97]。应用"既病防变"的优势主要体现在两个方面：

第一，离散和连续相得益彰。既病防变观体现的是一种扩大化的或者说是广义的过程控制（或是事中控制）的理念。过程控制的形式是多样的，比如离散控制方式，将整个过程中关键部分和风险点找出来，主要在这些点到来的时候进行控制。还有一种对应的概念，就是连续控制状态，也就是在整个过程中连续地，不随时间有剧烈变化地进行各种控制变量的配置。既病防变对于这两者是兼容并包的，一旦发现病变或是小病，应该视具体的情况采用离散或是连续的控制方式，或是将两者结合起来进行积极的治疗。一般而言，对于熟悉的情况或是变化不大的情况，可以主要采用离散的控制手段；对于新情况或是变化巨大的情况，应该主要采取连续的控制手段。

第二，事实与趋势相联系。既病防变是在疾病已经开始发作的时候，采取措施遏制病情的发展和传变，这时采取的措施是以事实为依据，根据现实情况反馈的信息，作出适时的应对。同时，这种应对是结合了对未来病情发展趋势的预测进行的，可以在疾病在表面或是小微时设置"防火墙"，将其隔离，并根据情况使其弱化或是一举歼灭。如果说未病先防是科学的体检和锻炼，但是基本不开药方的话，既病防变就是开小药方、隔离治小病、防止小病迁延成大病。

（3）除邪务尽，病愈防复

所谓"愈后防复"，就是指在病愈或病情稳定之后，要注意预防复发。尤其病人初愈后较为虚弱，因此，在康复过程中应做到除邪务尽。

病症也有路径依赖。有些病症可能治疗和阻断是相对容易的，但是如果不能找到病症的诱发原因，病人的生活环境与生活习惯没有改变的话，很可能会经常复发，就好像疾病找到了进入人体的捷径，屡病屡犯。愈后防复思想提示对已经重新找到的"未病"状态不能掉以轻心，因为此时你正处在元气大伤、破绽百出的情况，疾病还会卷土重来，要根据你的身体情况、疾病的特点，有的放矢地做到亡羊补牢，将短板加长，防止再次复发。这其中涉及很多细致的辨析体制，是一个找到病灶、针对病灶、集中火力歼灭的过程。

第3章

国家经济安全与政府审计特性及问题分析

3.1 政府审计的内在特性与外在需求

国家经济安全内容繁多，责任重大（张庆龙，谢志华，2009）[38]，如何维护国家经济安全是各国政府必须面对的现实挑战，各个国家和地区都会充分利用本国的资源，运用多种手段维护经济安全。这些手段包括加快产业结构调整转型，大力发展高新技术产业，增强竞争力；适应金融全球化的潮流，合理安排外资，提高利用效率，加快和完善金融监管，防止因投资结构不合理和金融投机而造成的金融危机；在资源问题上，开源与节流并重，走资源消耗低的集约型的可持续发展的道路等。而政府审计维护国家经济安全是政府审计自身职能的内在要求，可以从政府审计发展的历史、政府审计存在的主要理论支持、政府审计的实践等层面进行进一步的阐释。[5]

3.1.1 内在特性

（1）政府审计发展历史与维护经济安全职能

我国的政府审计源远流长，或者说我国的审计实践就发端于政府审计，因为不管是以《周礼》为相关线索，认为审计是始于西周，通过在天官冢宰之下设有"宰夫"之职，来执行审计监督的职能的观点；还是以司马迁《史记·夏本纪》结束语中的"会稽者，会计也"为依据，认为我国早在夏禹时代就产生了以会稽为标志的审计萌芽，这些观点指向的审计实践主要是政府审计活动。君王往往针对当时国家或地区存在的重大问题，直接安排专题性很强的审计活动。在官吏任用和监察方面，进行类似财政财务审计和经济责任审计的活动。比如，据史料记载，西周时期，有人打着周王的旗号，胡作非为，中饱私囊，严重威胁国家经济安全，周宣王为此亲自召见毛公（"三公"之一），要求毛公亲自安排审计事宜，自此，问题得到了一定的控制。

其后的秦汉时期建立的"上计"制度则用来审查监督财政收支有无错弊，并用以评价官吏的业绩；唐代设置"比部"用来对中央和地方的财税收支实行定期的审计监督，及至宋代设立了"审计院"，出现了中国古代第一个以"审计"命名的机构，至明清审计功能被弱化；辛亥革命后，北洋政府于1914年设立了审计院，颁布《审计法》，而南京国民政府于1920年设立了审计院，后又改为隶属于监察院的审计部；在新民主主义革命时期，中央苏区和革命根据地也都成立了审计组织，颁布了审计法规以实施审计监督工作。在我国，可以说审计的发展历史就是政府审计的发展历史。

在非常长的历史阶段里，政府审计都包括财政审计、绩效审计、专项审计等内容，行使监督权、鉴证权和评价权，被置于国家权力制约框架之中，从根本上是国家意识的体现，是国家权力的体现。其审计对象正是构成对国家经济安全造成主要威胁的因素，由此可见，政府审计就其发展历史而言，一直和国家利益紧密相连，其作用对象对国家经济安全起到直接或是间接的重要作用。

（2）主要理论支持与维护经济安全职能

解释政府审计存在依据的理论主要包括产权理论、保险理论、契约理论、信息不对称理论和受托责任理论等。其中受托责任理论是目前审计界最被广泛接受的理论，该理论认为，审计的产生和发展是在财产所有权与管理权相分离、多层次管理分权体制形成的经济责任关系下，基于经济监督的需要而产生和发展起来的（秦荣生，2008；刘家义等，2008）[98,99]，审计是因受托责任的发生而发生的，也是因这种受托责任的发展而发展（杨时展，1990）[56]，政府审计是随着国家活动中经济责任关系的形成，为了促使经济权力的承担者更严格地履行经济责任而诞生（姚世忠，1990）[100]。这正说明了政府审计本身就是维护国家经济安全的"利器"之一。随着大众对受托责任的要求提高，受托责任关系也日趋复杂，可以分为基本层次也就是完成合规性的财务显性审计，更高层次的应该是基于效率性的绩效审计，最高层次是和社会安全、经济均衡发展等国家战略性目标一致的目标-效果式审计。经济安全是国家发展的基石和重要战略，因此，其必然也应该成为政府审计的重要着力点之一。

（3）政府审计的实践与维护经济安全职能

前审计长李金华曾提出了政府审计战略的两大重点："审计

这双眼睛要看什么,一个是维护经济安全,一个是关注政府效率。"目前,对于大多数与"维护国家安全"相关的组织或是个人,都可以安排直接的政府审计从而排除"安全隐患",还能起到教育引导作用。

政府审计通过对预算执行情况、决算及预算外资金的管理和使用情况进行审计,维护财政安全;通过对金融机构的财务收支进行审计,维护金融安全;通过对国有资产的保值增值情况进行审计,维护国有资产安全;通过对党政领导干部及企业领导人进行任期经济责任审计,维护权力运行安全;通过对经济活动起重要作用的经济信息进行审计,维护经济信息安全;通过对环境项目等进行审计,维护环境安全。

比如,审计部门迅速介入的抗震救灾资金物资审计、新农合资金、新农保资金以及节能减排等审计项目,均事关国家安全,通过结果公告、公开审计发挥"群众监督"作用。例如,2010年以来,中央电视台、新华社、人民日报、光明日报等中央主要媒体对审计项目的跟踪采访报道,及时公开审计进展情况,都收到很好的效果。而这些只有政府审计能够做到。

(4) 政府审计的组织构建与维护经济安全职能

维护国家经济安全的责任重大,而政府审计在人员配置和组织构建方面有独有的优势。

①政府审计机关的行政级别高。以我国的政府审计机构——审计署为例,审计署是国务院组成部门之一,直接受国务院总理领导。审计长是审计署的行政首长,受国务院委托负责全国人大常委提出中央预算执行和其他财政收支情况的审计工作报告、审计发现问题的纠正和处理结果报告。相较于其他保障手段,政府审计机关的行政级别高,不仅便于协调不同的部门展开工作,而且便于审计结果的及时反映和有效落实。

②内设机构与经济安全的内容相对应。审计署拥有 21 个内设机构：办公厅、政策研究室、法规司、电子数据审计司、财政审计司、税收征管审计司、行政政法审计司、教科文卫审计司、农业审计司、固定资产投资审计司、社会保障审计司、资源环境审计司、金融审计司、企业审计司、外资运用审计司、境外审计司、经济责任审计司、国际合作司、人事教育司、机关党委、离退休干部办公室。还有 20 个派出审计局，这些部门与国家经济安全的主要内容形成对应关系。比如金融审计司可以对应金融安全，财政审计司可以对应财政安全。

③驻各地审计特派办能够密切关注我国各地的经济情况。审计署有 18 个特派办，分别是京津冀特派员办事处、太原特派员办事处、沈阳特派员办事处、哈尔滨特派员办事处、上海特派员办事处、南京特派员办事处、武汉特派员办事处、广州特派员办事处、郑州特派员办事处、济南特派员办事处、西安特派员办事处、兰州特派员办事处、昆明特派员办事处、成都特派员办事处、长沙特派员办事处、深圳特派员办事处、长春特派员办事处、重庆特派员办事处，其所在地均为各区域的政治、经济中心和交通枢纽，是国家审计署在各地的"眼睛"，这些"眼睛"能帮助审计署掌握地方经济安全的异动，这种组织设计是其他部门无法比拟的。

④政府审计人员的素质较好，有助于完成保障经济安全的任务。我国政府审计实施人员主要属于国家公务员系统，近年来都是通过面向全国公开招考的形式选拔录用人才。录用的大部分是审计、财经等相关专业的优秀大学本科、硕士或是博士毕业生。审计署 2011 年、2012 年的人员构成情况如下（见表 3－1）：其中 2011 年中共党员 2586 人，占比高达 84%，2012 年中共党员为 2763 人，占比增加，变为 87%；本科以上学历层次的 2011 年

占比达到93%，2012年增加为95%；具有中高级职称的人员2011年占比达到59%，2012年增为64%。以上数据显示，审计署录用人员的素质逐年提高。

表3-1　　审计署2011年、2012年人员构成情况

分类	分类指标	2011年人数（人）	2011年百分比	2012年人数（人）	2012年百分比
性别	男	2032	66%	2079	65%
	女	1025	34%	1103	35%
政治面貌	中共党员	2586	84%	2763	87%
	民主党派	20	1%	25	1%
	共青团员	187	6%	101	3%
	群众	264	9%	293	9%
年龄	30岁以下	679	22%	736	23%
	31—40岁	1126	37%	1179	37%
	41—50岁	830	27%	823	26%
	51岁以上	422	14%	444	14%
学历状况	博士研究生	101	3%	87	3%
	硕士研究生	1124	37%	1339	42%
	本科	1610	53%	1592	50%
	专科及以下	222	7%	164	5%
专业技术资格	高级资格人员	421	14%	470	15%
	中级资格人员	1369	45%	1564	49%
	初级资格人员	93	3%	109	3%
	其他	1174	38%	1039	33%

资料来源：审计署相关统计资料。

第3章 国家经济安全与政府审计特性及问题分析

省级政府审计部门的人员配置情况也基本类似，以山东省审计机关为例，从2007年到2011年，尽管审计人员总量上变动不大，但是年龄结构、学历结构和专业结构均逐步得以完善和优化。

首先是年龄结构的优化。2011年与2007年相比，30岁以下人员的比例由19.52%提高到23.84%；51岁以上人员的比例由10.36%下降为8.57%。其次是学历结构的完善。2007年研究生学历以上人员的比例为2.78%，2011年为6.10%，总体学历水平不断提升。第三是专业技术水平的逐步提高。拥有中级专业资格人数2007年为2035人，2011年为2215人；拥有高级专业资格人数2007年为848人，2011年为907人。在专业方面，法律类、工程类、计算机类专业人员数量增长较快，2011年分别比2007年增加35人、172人和51人。

从审计署和山东省审计机关审计人员情况的初步分析可以看出，我国政府审计人员的数量近年来增加不多，但是结构和专业水平均有优化，也看出国家和省级的审计人员的总体水平存在差异，具有综合性才能的审计人员数量偏少，高端人才也比较稀缺，致使目前阶段政府审计的基础工作还是处在账项审计，制度基础审计和风险导向审计没有得到推广。

国外的情况也基本类似，但是审计人员的综合素质以及后续培训的内容都更加丰富。英国国家审计署对招聘人员进行培训，课程涵盖会计学、审计学、统计学、经济学和法学等。GAO员工招聘要求严格，目前的员工有3000人左右，专业包括管理学、经济学、法学、社会学、信息科学、公共管理等多个领域。

3.1.2 外在需求

政府审计保障国家经济安全的外在需求主要表现在为政府各

级部门和相关利益方提供决策支持，并且由政府审计提供的信息具有较好的信誉和准公共产品特性。

（1）相关利益方需要政府审计为其提供决策支持

政府要有效地行使监管国家经济安全的职能，最关键的是整合政府的各个职能部门，建立良性循环的国家经济安全决策机制，增强社会公众对维护国家经济安全行为的认可程度，并形成监督机制、优化政府职能部门履行经济安全监管职能的资源配置整合机制，防范其中可能发生的道德风险和由于信息不对称造成的社会交易成本显著提高。政府审计是政府经济监督与服务职能的着力点，政府职能变化处在适应国家治理要求不断变革的阶段，这必然要引起政府审计的变革。政府审计在这个过程中，要逐步从监督型向监督－服务型发展，也就是说在巩固监督职能的基础上，为政府各级部门和相关利益方提供服务，这种服务主要是提供一种决策支持。比如，2012年、2013年，审计署组织的对各个城市债务平台的审计，详细地掌握了各个城市融资、负债情况，对于政府把握未来的货币政策、财政政策提供了有力的支持。

（2）政府审计提供的信息具有适当的特性与声誉

消费的排他性和竞争性是判断公共物品和私人物品的两个标准，同时具有这两个标准特性的，就是私人物品，如果两个特性都没有，就是公共物品。由此可见，政府审计提供的信息可以让很多人受益（尽管有部分政府审计信息没有详细公开），且使用不需要提供额外的代价，不具有竞争性，因此判定政府审计具有公共物品的属性。进一步来看，政府审计有时具有特定的目标，有时还涉及国家安全和机密，此时涉及的信息并非所有公众都能拥有。对于此部分信息，可以界定为具有一定排他性的准公共物品。

2013年，审计署全年发布审计结果公告32期，涉及百余个项目和单位的审计结果，在网上发布的同时，还向人大、政协、地方政府等赠阅。在主要媒体刊发审计宣传稿件 4000 多篇，各网站转载审计稿件 3 万多条。另外，我国政府审计机关本身也拥有相关的专业媒体，目前审计署办有《中国审计报》《中国审计》和《审计研究》等杂志；地方审计机关基本都有自己或是联合编辑的地方性审计杂志。这些媒介为审计机关和社会公众提供了很好的平台去认识审计工作，了解审计动态，也是很好的保障国家经济安全的宣传站。截至 2012 年底，《中国审计》相关论文中讨论审计与经济安全的论文达 96 篇，《审计研究》中有 47 篇，《中国审计报》中有 31 篇。比如在《中国审计报》中发表的论文《维护国家经济安全是审计工作的最高战略目标》《审计维护国家财政安全的几点思考》和《维护经济安全　关注民间借贷》等。以这样的体量和影响力提供准公共产品的样本并不是很多，而且这些信息基于上面提到的政府审计的内在特点，其信息质量有一定保障，具有较好的外部信誉。这些报告有的本身就涉及经济安全，有的间接帮助其他部门和机构去保障经济安全。

总之，维护经济安全是一项系统工程，需要多部门协作，公共产品的特性和较好的信誉，让政府审计在维护经济安全的系列活动中（刘家义，2010）[101]，成为大家瞩目的焦点和希望所在。

3.2　政府审计制度建设概况

3.2.1　我国政府审计制度的发展历史

我国政府审计制度的发展经历了四个主要历程：

第一，奴隶制社会的政府审计制度。我国政府审计制度起源于西周王朝,此时,由于生产力的不断发展,出现了私有财产。一方面,奴隶制王朝征收贡赋,需要对贡赋的收入多少进行记录、计量;另一方面,最高统治者实行分封,并把资产和事务委托给当时的官员管理,出现了受托经济责任。所以,为了强化王权、监督活动、考核官员,政府审计制度由此产生。在当时,政府审计制度成为官计制度。

第二,封建制社会的政府审计制度。我国经历了长达两千多年的封建王朝,在此期间,王朝更替及封建土地所有制形态不断变化,导致政府审计制度呈现出强弱反复的变化。但在此期间,宋代建立的"监审合一"的审计制度一直贯穿到清朝末期。所谓"监审合一",就是审计部门集行政监督者和财政审计者于一身,并直接对君主负责。这种审计制度的最终目的是加强王权、维护专制统治。[102]

第三,民国时期的政府审计制度。民国时期的政府审计制度建设正处在由古代向近现代转变的关键时期,从辛亥革命开始,全国各省份就纷纷开始建立比较正规的政府审计机关,制定了比较健全的审计法规,充分展示出民族资产阶级渴望整顿财政、实现民主的愿望,但由于封建传统仍禁锢着中国人民的思想,所以很多努力大都流于形式,没有起到真正的经济监督作用。

第四,中华人民共和国成立后的政府审计制度。中华人民共和国成立之初,未建立专门独立的政府审计机构,直到党的十一届三中全会以来,由于改革开放的不断深入和经济的迅猛发展,一些违法犯罪活动也日趋猖獗,随着广大人民群众对政府审计制度的广泛认同,也为了加强经济监督和行政管理,我国现行政府审计制度于1983年基本确立,可归属于行政型审计制度,即在行政领导的指导下开展审计工作。

我国政府审计制度第一个维度的内容包括审计模式、组织结

第3章 国家经济安全与政府审计特性及问题分析

构的设置、审计机关的领导体制及上下级关系、审计人员管理制度等。

①审计模式。我国的审计模式可以归属于行政模式,在行政型模式下国家的最高审计机关隶属于政府,作为政府的一个职能部门,对政府负责并报告工作,但我国的特殊之处在于:审计机关在总理领导下,对总理负责,但同时也接受人大的监督,并且受总理委托,向全国人民代表大会常务委员会做工作报告(阎金锷,1994;刘家义,2009)[103,104]。

②我国审计机关的组织结构。我国审计机关是国家行政机关的组成部分(赵彦明,1994)[105],审计机关分为国务院和地方两级。如图3-1所示。

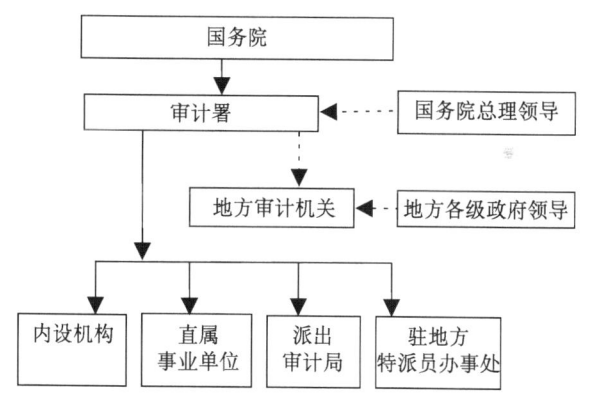

图3-1 我国政府审计的组织机构设置

③审计机关的领导体制。由图3-1可以看出,我国地方各级审计机关实行双重领导体制,在本级行政首长和上一级审计机关的领导下,负责本行政区域内的审计工作,对本级人民政府和上一级审计机关负责并报告工作,审计业务以上级审计机关领导为主(郭振乾,1994)[106]。

④审计人员管理制度。根据《中华人民共和国国家审计准则》，审计机关应当建立和实施审计人员录用、继续教育、培训、业绩评价考核和奖惩激励制度，确保审计人员具有与其从事业务相适应的职业胜任能力，如规定市、县级人民政府审计机关从事审计业务工作的专业人员不得低于总人数的 70%，审计机关内设机构负责人应按有关规定实行竞争上岗和岗位交流等。各地方审计机关人事制度应不断完善，必须做到客观、公平、公开（陈邦柱，1994）[107]。

根据新制度主义的观点，也就是上文中列示的第三个维度的政府审计制度去考察其保障国家经济安全的作用应该是最全面的，但是限于本书的篇幅，这次讨论主要集中在第二个维度的制度领域，也就是正式制度领域，即国家或是地方政府颁布的政府审计的法律法规、机构设置、权力安排等内容。

3.2.2 政府审计制度三十年的发展沿革

表 3-2 列示了 1983—1999 年，我国政府审计制度的建设情况。

表 3-2　1983—1999 年我国政府审计制度的建设情况

时间	具体法规
1983 年	国务院颁布《国务院批转审计署关于开展审计工作几个问题的请示的通知》在当时起到了政府审计法规的作用，该《通知》就审计机关的任务、职权、领导关系等问题作了相关规定
1985 年	国务院颁布《国务院关于审计工作的暂行规定》，并配套出台了《审计署关于内部审计的若干规定》《审计工作试行程序》等制度

第3章 国家经济安全与政府审计特性及问题分析

续表

时间	具体法规
1987 年	国务院颁布《国务院关于违反财政法规处罚的暂行规定》以及《违反财政法规处罚的暂行规定试行细则》
1988 年	国务院颁布《中华人民共和国审计条例》
1989 年	审计署颁布《中华人民共和国审计条例施行细则》,并颁发配套法规、规章,包括《审计署关于加强审计执法的若干规定》等
1994 年	第八届全国人民代表大会常务委员会第九次会议通过并颁布《中华人民共和国审计法》,并相继出台15个审计准则
1999 年	国务院颁布《中华人民共和国审计法实施条例》

表3-3主要列示了2000年到2010年我国主要的审计制度。

表3-3　　2000—2010年我国主要的审计制度

时间	具体法规
2000 年 1 月	《中华人民共和国国家审计基本准则》 《审计机关审计处理处罚的规定》 《审计机关审计听证的规定》 《审计机关审计复议的规定》 《审计机关审计项目质量检查暂行规定》
2000 年 8 月	《审计机关审计方案准则》 《审计机关审计证据准则》 《审计机关审计工作底稿准则(试行)》 《审计机关审计报告编审准则》 《审计机关审计复核准则》
2001 年 8 月	《审计机关专项审计调查准则》 《审计机关公布审计结果准则》 《审计机关审计人员职业道德准则》 《审计机关审计档案工作准则》 《审计机关国家建设项目审计准则》

续表

时间	具体法规
2003年2月	《审计署关于内部审计工作的规定》
2003年11月	《审计机关审计重要性与审计风险评价准则》 《审计机关分析性复核准则》 《审计机关内部控制测评准则》 《审计机关审计抽样准则》 《审计机关审计事项评价准则》
2004年2月	《审计机关审计项目质量控制办法（试行）》
2006年2月	《关于修改中华人民共和国审计法的规定》
2010年2月	新修订的《审计法实施条例》

2011年9月，审计署公布新修订的《中华人民共和国国家审计准则》，同时废止了28项审计准则。

2012年12月8日，中共中央办公厅、国务院办公厅印发了《党政主要领导干部和国有企业领导人员经济责任审计规定》。

2012年12月，财政部、监察部、审计署联合印发《中央金融企业负责人职务消费管理暂行办法》。[108]

2014年7月，七部委下发《党政主要领导干部和国有企业领导人员经济责任审计规定实施细则》。

各省市也根据国家法规，结合本地实际制定了相应的地方审计法规：以安徽省、山东省为例，截至2013年底，安徽省出台了《审计监督条例》《安徽省地方金融机构财务审计暂行规定》《安徽省党政领导干部和国有企业领导人员任期经济责任审计暂行办法》《安徽省股份制企业财务审计暂行规定》《安徽省乡镇审计暂行规定》《安徽省预算执行情况审计监督暂行办法》《安徽省社会保障资金审计监督办法》等。山东省出台了《山东省审计监督条例》《山东省党政主要领导干部和国有企业领导人员经济责任审计实施办法》《山东省内部审计工作规定（山东省人民政府令第 220 号）》等。

3.2.3 行使保障职能的审计制度梳理

维护国家经济安全是一项系统工程，政府审计是其中重要的一环。首先，在宏观方面，政府审计部门可以着眼于战略层面，利用其通过专项审计掌控的信息资源，以及政府审计人员与组织的工作优势，监测可能威胁国家经济安全的各种因素，及时作出预警；对于严重威胁国家经济安全的部分，可以启动快速反应机制，协同其他部门作出反应将威胁造成的损失降到最小，向政府提供不同类型和层次的审计综合报告、分析报告，支持其设计维护国家经济安全的决策。

其次，是着眼于微观实践的具体审计行为和审计制度建设对国家经济安全的维护。比如，政府审计识别、揭示被审计单位存在的违法违规、经济犯罪和腐败等问题，并在职权范围内对被审计单位进行处理。尤其是通过财政审计、金融审计等工作，评估经济政策的执行情况，促进国家宏观经济政策的落实，发现隔离经济安全隐患，将其定向清除、并在制度方面进行建设性的导向。

下面概述已经在行使保障功能的审计制度。

2006 年修订的《审计法》中，在"总则"部分第一条就明确提出"为了加强国家的审计监督，维护国家财政经济秩序……根据宪法，制定本法"，其中，维护国家财政经济秩序，保障国民经济健康发展正是国家经济安全的实质所在。这条规定从政府审计存在的意义和目标方面，强调了安全的重要性，所有的政府审计活动都要围绕这个目标进行，从宏观层面给出了法律依据。另外，与原法相比，修订后的《审计法》提升了审计部门权限（钟审，2006）[109]。主要表现在审计部门有权要求被审计单位提供更多资料，检查被审计单位财政收支、财务收支电子数据及其管理系统，封存有关资料以及违反国家规定取得的资产。另外，还有权提请其他相关部门诸如公安、监察等机关予以协助。

2010年的《中华人民共和国审计法实施条例》（以下简称《实施条例》）对于审计监督的内容进行了较为详细的论述。主要包括八个方面的内容：（1）财政部门批复预算的情况、本级预算执行中调整情况和预算收支变化情况；（2）预算收入征收部门依法征收预算收入情况……（8）法律、法规规定的其他预算执行情况。

上述这些内容主要是和国家经济安全中的财政安全对应，着眼于预算执行情况。

《实施条例》第三章第十八条规定："审计署向国务院总理提出的中央预算执行和其他财政收支情况审计结果报告……"

《实施条例》第十九条规定：国有资本占控股地位或者主导地位的企业、金融机构是政府审计的监督服务重点，包括：国有资本占企业、金融机构资本总额的比例超过50%的或比例虽在50%以下，但国有资本投资主体拥有实际控制权的。

《实施条例》第二十条规定，政府投资和以政府投资为主的建设项目，包括全部使用预算内投资资金、专项建设基金等，审计机关对以上提到的建设项目的总预算、年度预算、概算的执行情况等依法进行审计监督；进行审计时，可以对直接有关的设计、施工等单位取得建设项目资金的真实性、合法性进行调查（高志明，2010）[110]。

上述这些规定有助于维护国有资产安全和金融安全，审计实践中就出现了三峡工程、汶川灾后重建等项目。

《实施条例》第三章第二十三条规定:"审计机关可以……对预算管理或者国有资产管理使用等与国家财政收支有关的特定事项,向有关地方、部门、单位进行"专项审计调查"。而专项审计涉及的范围广泛,为后续展开的维护战略资源安全、信息安全等审计活动提供了契机。

自 2011 年至今,制度建设比较活跃的区域集中于经济责任审计,各省基本都出台了经济责任审计实施办法,并且军队的经济责任审计也逐步完善,2014 年,七部委联合出台了《党政主要领导干部和国有企业领导人员经济责任审计规定实施细则》,将保障权力运行安全的经济责任审计制度建设推向了一个阶段性的高点。

3.3 政府审计制度主要问题分析

3.3.1 分析思路

(1) 对政府审计制度进行分析评价的必要性

随着我国经济发展和审计活动领域的拓展,经济安全和风险控制等问题不断出现,政府审计制度的建设速度也越来越快,但是制度的推出绝不代表问题的结束,如何评价政府审计制度、审计制度保障效果,也应该引起我们的关注和思考,否则,就会大大降低审计这种控制手段的效果。[111]

简单地说,审计制度的分析评价是考核、检查正在进行的或已完成的一项审计制度的运行情况,对收集到的数据信息进行分析、处理、评价,全面地对过去的工作进行反思并吸取经验,为今后的制度制定、修订、监督提供经验和教训。

从目的与分析角度来看，审计制度的评价可分为多种形式，比如对基于经济安全审计制度的成本、效益评价，制度的影响评价，制度的持续能力评价，制度的实施过程评价，制度的后评价等。

（2）基于利益冲突协调的评价分析思路

政府审计制度高质量地保障经济安全，其特征就是使利益相关者的利益得以在制度标准范围内得到协调和保护。

假定利益相关者的利益冲突与协调之前的经济安全利益安排为（I_1，I_2，…，I_n），实施审计后利益相关者的经济安全利益现实表现为（Q_1，Q_2，…，Q_n），

令 $\psi = \sqrt{\dfrac{\sum_{i=1}^{n}(Q_i - I_i)^2}{n}}$，

那么，审计制度质量函数 $y = f(\psi)$，$\dfrac{dy}{d\psi} < 0$。

ψ 表达的是向量（I_1，I_2，…，I_n）和向量（Q_1，Q_2，…，Q_n）之间的平均距离，它代表实施这项审计制度后利益相关者的经济安全利益现实表现与他们通过利益冲突与协调之后的利益安排的偏离程度。

决定 ψ 值的因素有两个：一是审计者与不同利益相关者的"亲密程度"，二是执行审计制度的有效性。假设第 i 种审计关系安排下，审计者与利益相关者的"亲密程度"为（C_{i1}，C_{i2}，…，C_{in}），执行审计结果的有效性为 P_i，

令 $\varphi_i = \sqrt{\dfrac{\sum_{j=1}^{n}(C_{ij} - \bar{C}_i)^2}{n}}$，$\bar{C}_i = \dfrac{\sum_{j=1}^{n} C_{ij}}{n}$，

又令 $\psi_i = h(P_i, \varphi_i, \varepsilon)$，且 $\dfrac{d\psi_i}{dP_i} < 0$，$\dfrac{d\psi_i}{d\varphi_i} > 0$，

第3章 国家经济安全与政府审计特性及问题分析

那么,最优的审计关系安排 t,它满足 $\psi_t = \min(\psi_i)$。达到最优或是接近最优安排,就表明这项审计制度就审计者和审计利益相关者的制度性关系安排是比较合理的。

这种思路应该是理论上最优的评价安全保障效果的方法,但是在实际的评价过程中,难度非常大。首先是由于就某项审计制度而言,其涉及的利益相关者数量庞大,基于重要性的不同,还需要对于不同的个体进行权重的分配,上面的模型对此进行了省略,但即使是这样,找到 $(I_1, I_2, \cdots, I_n)$ 或是 $(Q_1, Q_2, \cdots, Q_n)$,都涉及庞大的工作量。另外,对于亲密程度和有效性的度量理论上需要真实的、专业的判断,这些都是阻碍用基于利益相关者的方法评价制度效果的原因。

(3)基于模糊数学的评价方法

在对政府审计制度的评价中引入模糊数学的方法完全是因为审计制度的内容丰富,动态性较强,但是很多情况下显得似是而非。

假设对某项审计制度建立如表3-4关键指标体系,并确定了相应的评价赋值:

表3-4　　　　审计制度评价指标体系

权威性评价		独立性评价		执法力度		备注
指标	评价赋值	指标	评价赋值	指标	评价赋值	表中的指标包含下限不包括上限
>80%	90	>70%	85	>80%	85	
50%—80%	70	40%—70%	65	60%—80%	75	
<50%	50	<40%	45	<60%	55	

假设采用综合模糊评价法进行评价,依然不改变最初设立的指标,用它构成因素集 U(权威性评价,独立性评价,执法力度),设立的评语集为 B(好,一般,差)(当然,也可以分为

多个级别,每个因素可以采用不同的评语,这样便构成一个评语矩阵);与此相关的向量为 C (260, 210, 150)。

根据调查,对上述各因素的关注程度,可以用一个模糊向量 A (0.5, 0.3, 0.2) 来表示,也就是对关键业绩指标的关注权重。这样就构成了模糊评价的全部条件,可以进行如下的评价:

假设某项审计制度是由国家直属机构(比如财政部/审计署)直接制定的,无须太多努力和投入就可以实现最低80%的权威性,但此项审计制度只实现了82%,采取专家评价法或是社会听证法等获得的数据表明只有20%的评价"好",分别有40%的评价为"一般"和"差",即 (0.2, 0.4, 0.4),用同样的办法,对独立性和执法力度进行了评价,分别得到两个向量 (0.2, 0.3, 0.5)、(0.4, 0.2, 0.4),于是我们得到了如下的模糊关系矩阵:

$$R = \begin{pmatrix} 0.2 & 0.4 & 0.4 \\ 0.2 & 0.3 & 0.5 \\ 0.4 & 0.2 & 0.4 \end{pmatrix}$$

根据以上资料,可以得到综合模糊评价的结果为 B = (0.24, 0.33, 0.43),这一结果表明,有57%的人认为此项审计制度介于"好"和"一般"之间,但更接近于一般;而有76%的人则认为介于"一般"和"差"之间,但更接近于"差"(有时需对综合模糊评价结果作归一化处理),这就是评价结论。当然,这一办法的实施,有赖于评价者的公正意识和评价能力,而且更适合评价单项制度的保障效果,对于政府审计的总体评价比较难于实现。

(4) 基于调查问卷的保障评价与政府审计问题分析

为了了解当前我国政府审计对国家经济安全的保障效果,笔者征集政府审计相关领导、专家和实务工作者对保障效果的意见和建议,特设计了《关于当前政府审计对国家经济安全的保障相关问题的调查问卷》,于 2012—2013 年进行了问卷调查。调查采用随机抽样的方式,共发放问卷 600 份,回收 480 份,剔除无效问卷,得到有效问卷 444 份,有效回收率为 74%。本次问卷的调查对象包括山东主要城市如济南、青岛、潍坊、莱芜等,还包括天津、北京、四川、贵州等地的政府审计干部、审计实务工作者、审计教研专家以及与政府审计密切联系的被审计单位财会人员、高级管理人员等,他们是政府审计的执行主体、评估参与主体。其中,年龄最大的 65 岁,最小的 23 岁,多数人在 30 岁以上,有 236 人,占 53%,有较丰富的政府审计相关经验,其中 138 人拥有研究生学历,192 人拥有本科学历,整体学历层次较高,符合对政府审计进行专业调查的基本条件。

调查问卷设计了 19 道选择题、3 道开放性的问答题,选择题采取的是让被调查人选择其认可的该问题的不同程度,采用的是类似李克特量表的设计思路,选项包括完全同意、基本同意、基本不同意和完全不同意 4 个选项。下面将分别就每个题的调查结果进行简要的分析和述评,在分析过程中一方面将调查数据的基本情况进行展示,另一方面对以上涉及 4 点量表的问题对应的 4 个答案,按照同意程度由高到低的顺序,分别赋分 5 分、3.75 分、2.5 分和 1.25 分,然后根据每个答案的权重,得出每个相关问题的分值,从而便于比较。本次问卷调查采用内部一致法,用 cronbach 进行信度检验,得出的总的信度大于 0.9,且每个问题的信度均大于 0.8,表示调查结论可信,比较理想。以下的分析主要依据此次问卷调查展开。

3.3.2 基于问卷调查的保障效果评价

(1) 问题一:我国政府审计制度建设是科学的、民主的、有效的。

首先是对于我国政府审计制度建设的总体评价，被调查者较为认同近年来我国政府审计制度建设的成果，该问题得分4.11分，换算为百分制为82.27分。

(2) 问题二：保障国家经济安全应该成为政府审计的基本目标之一。

正确认识政府审计对于国家经济安全的意义和作用，是进行效果评价的思想基础。该问题得分4.69分，换算为百分制为93.90分。

(3) 问题三：有必要加强制度建设，以增强政府审计对国家经济安全的保障作用。

问题四：有必要加强政府审计人力资源建设，以增强政府审计对国家经济安全的保障作用。

问题五：有必要加强组织建设，以增强政府审计对国家经济安全的保障作用。

问题三到问题五，分别从制度建设、人力资源建设、组织建设三个方面调查政府审计目前需要强化的方面。

99%的被调查者完全或基本同意要强化制度建设和人力资源建设，98%的被调查者完全或基本同意要强化组织建设，才能增加对国家经济安全的保障作用，显示了被调查者对于制度建设、人力资源建设和组织建设迫切性的共识。这三个问题得分分别为：4.76、4.77和4.71，换算为百分制为95.2分、95.35分和95.19分。

(4) 问题六：当前的政府审计制度对于财政安全的保障效果好。

问题七：当前的政府审计制度对于国有资产安全的保障效果好。

第3章 国家经济安全与政府审计特性及问题分析

问题八：当前的政府审计制度对于金融安全的保障效果好。

问题九：当前的政府审计制度对于战略资源（石油、粮食等）安全的保障效果好。

问题十：当前的政府审计制度对于产业与市场安全的保障效果好。

问题十一：当前的政府审计制度对于环境安全的保障效果好。

问题十二：当前的政府审计制度对于经济信息资产安全的保障效果好。

问题十三：当前的政府审计制度对于经济权利安全的保障效果好。

问题六到问题十三是从国家经济安全的几个主要方面，调查政府审计对其的保障效果如何。

81%的被调查者完全或基本同意政府审计对财政安全的保障效果好；76%的被调查者完全或基本同意政府审计对国有资产安全的保障效果好，但是同时有2%的被调查者完全反对；73%的被调查者完全或基本同意政府审计对金融安全的保障效果好，但是同时有1%的被调查者完全反对；72%的被调查者完全或基本同意政府审计对战略资源安全的保障效果好，但是同时有1%的被调查者完全反对；72%的被调查者完全或基本同意政府审计对战略资源安全的保障效果好，但是同时有1%的被调查者完全反对；71%的被调查者完全或基本同意政府审计对产业与市场安全的保障效果好，但是同时有1%的被调查者完全反对；72%的被调查者完全或基本同意政府审计对战略资源安全的保障效果好，但是同时有1%的被调查者完全反对；只有63%的被调查者完全或基本同意政府审计对环境安全的保障效果好，但是同时有4%的被调查者完全反对；72%的被调查者完全或基本同意政府审计对信息安全的保障效果好,但是同时有 1% 的被调查者完全反对;65% 的被调查者完全或基本同意政府审计对信息安全的保障效果好,但是同时有 3% 的被调查者完全反对;72% 的被调查者完全或基本同意政府审计对经济权利安全的保障效果好,但是同时有 1% 的被调查者完全反对。

以上八个方面的认同率最高的是政府审计对于财政安全的保障作用,最低的是对于信息安全与产业安全的保障作用。八个方面得分分别为:财政安全保障效果 4.71,百分制为 94.19 分;国有资产安全保障效果 3.84,百分制为 76.89 分;金融安全保障效果 3.77,百分制为 75.44 分;战略资源安全保障效果 3.72,百分制为 74.42 分;产业安全保障效果 3.68,百分制为 73.55 分;环境安全保障效果 3.71,百分制为 74.13 分;信息安全保障效果 3.55,百分制为 70.93 分;经济权利保障效果 3.72,百分制为 74.4 分。按照由高到低的顺序为:财政安全、国有资产安全、金融安全、战略资源安全、经济权力安全、环境安全、产业安全、信息安全。

3.3.3 问题分析

第一,政府审计的基础工作受肯定,但是距离公众对它的总体期望有差距。我国的政府审计的工作是得到肯定的,但是得分低于 85 分,所以笔者进行了进一步访谈,发现基本不同意的被调查者主要的反对意见集中于调查问卷问题描述的三个词:科学、民主、有效。这部分被调查者认可政府审计的工作成绩,但是认为距离高标准的科学、民主、有效还有一定距离。

第二,政府审计在保障国家经济安全方面被寄予厚望,但是现状不令人满意。认可保障国家经济安全应该成为政府审计的基本目标之一,这几乎成为审计工作者的共识,但是笔者进一步追问，对现在的保障效果是否满意，又得到了较多否定的回答。

第三，审计制度建设、审计人力资源、审计组织被认为有很大的提升空间，被调查者对这三者的认同感基本一致，认为政府审计保障国家经济安全，弥合期望差距，这三方面尤其需要强化。而制度建设也许是最迫切的，或者是审计制度的建设对其他两个方面会有很大的带动作用。

第四，对于国家经济安全的几个主要方面，政府审计的保障作用都没有让被调查者比较满意，但是，其中财政安全保障效果被认为相对最好。因此，审计制度建设要区分不同的类型，有针对性地进行设计。

总之，政府审计被赋予了保障国家经济安全的使命，而现实情况令人不满意，需要改进的问题很多，制度建设尤为迫切，但是应该针对不同的保障内容，并考虑现状去进行审计制度的设计与构建。

3.4 政府审计制度实施主要问题分析

3.4.1 问卷调查结果

（1）问题十四：当前的政府审计制度的权威性高。

问题十五：当前的政府审计制度的独立性高。

问题十六：当前的政府审计制度的执行力度强。

问题十四到问题十六主要是调查政府审计制度的两个特性和制度的执行力度。

77%的被调查者完全或基本同意政府审计制度具有较好的权威性，但是同时有2%的被调查者完全反对。只有63%的被调查者完全或基本同意政府审计制度具有较好的独立性，有6%的被调查者完全反对。63%的被调查者完全或基本同意政府审计制度具有较好的执行力度，有3%的被调查者完全反对。以上三个问题在同意或基本同意的选择者中，基本同意的比例更大，加上总体比例不高，说明被调查者对于政府审计的权威性认可度，要明显高于独立性和执行力度，这同时也说明了在独立性和执行力方面，政府审计需要改善的空间还很大。这三个题得分分别是：权威性3.79，百分制75.73分；独立性3.5，百分制70.06分；执行力3.52，百分制70.35分。

（2）问题十七：当前的政府审计重视事后控制。

问题十八：当前的政府审计重视事中控制。

问题十九：当前的政府审计重视事前控制。

问题十七到问题十九主要是调查当前政府审计的侧重点主要集中在事后、事前还是事中。

92%的被调查者完全或基本同意政府审计重视事后控制，有2%的被调查者完全反对；61%的被调查者完全或基本同意政府审计重视事中控制，有5%的被调查者完全反对；47%的被调查者完全或基本同意政府审计重视事前控制，有11%的被调查者完全反对，42%的被调查者基本反对。由此可以看出目前政府审计工作主要着重于事后控制，事中控制较少，事前控制最少，甚至有不小比例的被调查者认为没有事前控制。这三个问题分别得分：事后控制4.08，百分制为81.69分；事中控制3.52，百分制为70.35分；事前控制3.19，百分制为63.81分。

（3）三个开放性问题的调查结果

第二十题：当前政府审计实施经济安全保障作用最大的瓶颈是什么？

对于这个开放性的问题，被调查者给出的答案是多样的，主要集中在六个方面：一是政府审计受行政干预强，独立性较差；二是认为目前对政府审计的财政资金支持不足；三是认为审计制度建设得不完善，尤其体现在审计公告制度上；四是传统审计观念的束缚，让审计活力没有被激发出来；五是审计理论研究落后，不能很好指导其发挥保障作用；六是相应标准制定得不健全、不完善。

第二十一题：据您所知，目前政府审计薄弱的环节是什么？

对于这个开放性的问题，被调查者给出的答案也是多样的，主要集中在六个方面：第一，审计执行环节力度不够，组织力差；第二，过度看重任务，而轻视审计目标的完成；第三，对政府资金使用效率、公费私用的监管、重大贪污案件的审计不足；第四，缺乏审计后效果评估机制，大大削弱了审计效果；第五，社会管理过程中监督环节显得无力或不健全；第六，专业审计人员人力不足和政策理解力不够。

第二十二题：要想更好实施保障经济安全的功能，政府审计亟待解决的问题是什么？

此问题的答案主要集中在以下八个方面：第一，加强政府审计人员教育和培训，提高审计工作人员的整体综合素质；第二，健全内部法律环境，完善相关制度，加快构建政府审计准则体系；第三，转变审计观念，要充分认识到目前政府审计目标层次化、丰富化的必然发展趋势；第四，建立现代化的审计管理体制和机制，加强信息化审计建设；第五，健全政府监管制度，加强审计监督；第六，克服现行审计人事管理缺乏活力、激励措施欠缺的缺陷，保持审计队伍应有的活力；第七，积极推进审计结果公告制度；第八，规范政府采购行为，加强预算支出管理，遏制腐败现象，维护公平竞争的市场经济环境，从而维护经济安全。

3.4.2 问题分析

（1）审计制度制定得再完美，如果既不权威也没有执行力，实施过程还缺乏独立性，其保障效果也不会理想。通过调查发现，制度的执行力、独立性与权威性总体水平不高，其中执行力和独立性的得分更不理想。通过进一步访谈，发现基本不同意、完全不同意的调查者主要的反对意见集中在以下几个方面：

①现有的政府审计制度内容过于宏观，缺少细致的操作规范，因此需要审计部门、审计项目组和审计人员大量的主观判断，而不同项目组、不同的人员组合对制度的理解是有偏离度的，所以容易造成制度本来的设计初衷是好的，但是执行起来力度不够的情况。

②制度的建设要考虑制度环境、制度资源，我国各个区域之间经济发展水平差距很大，教育水平也参差不齐，而审计工作是一项有难度的综合性的工作。审计署有条件集合很多知名院校毕业的审计工作人员；但对于一个西部的小城市来说，集合优势人力资源的可能性是很小的，这也造成了在一个地方，执行某种制度难度不大，但是对于一些区域而言，难度很大、周期更长的情况。

③总体而言，我国的审计制度建设相对经济发展是滞后的，但是审计工作依据的很多制度建设却又是部分超前的，比如，对于内部控制的法规制度，我国的内控规范是在借鉴发达国家法规建设经验的基础上，进行细化与升华，不仅涵盖财务控制，还包含经营控制，对于实际使用的大型企业还尚需时间消化完善，对于政府审计来说，评价判断起来也同样具有难度，这部分制度增加了日常审计的工作量，但具体到审计收益，可能度量起来难度极大，因此，是否适应目前我国的经济发展阶段，是值得商榷

的。针对这些部分的执行力度明显较弱,就不难理解了。

(2)以往的政府审计是严重偏重于事后控制的,事中控制较少,事前控制基本罕见,在这一点上,被调查者是基本认同的。通过访谈,很多审计工作者认为事后控制已经相对完善,事中控制缺乏制度建设,至于事前控制到底要控制什么,很多人没有概念,但是审计实践又使他们感觉确实有必要在事前进行一部分工作。

第4章

保障国家经济安全的政府审计制度构建

4.1 总体框架与思路

政府审计要达到保障经济安全的目标需要突破很多瓶颈。前文已经分析过诸如审计特性（独立、权威等）优化、审计制度建设、审计人才的培养等都有可能成为制约政府审计保障作用的桎梏，其中制度建设矛盾显得尤为突出。因为制度的改变与优化可以影响到审计特性的改善与审计人才的培养，加上特性的发挥与审计人才的培养是更长期复杂的事项，因此制度的完善是可以先行一步的，基于这样的思考，审计制度的建设与完善应该是其保障经济安全目标实现的基础与保障，也是本书的重点所在。

第4章 保障国家经济安全的政府审计制度构建

治未病理念是具有中国传统思想渊源的战略,是具有中国智慧的风险管理理念,其"未病先防、既病防变、愈后防复"正好暗合了政府审计各个阶段的工作和现实要求,也切中了调查问卷中制度建设的要害,比如缺乏事中、事前控制,审计观念缺乏更新,审计问责不力等。

4.1.1 经济安全诉求框架

政府审计制度的创新是持续的,但是在某一个具体的时段,能采取的只能是某些策略的组合,而这些组合对于具体的审计制度是具有战略意义的,会形成某种风格延续数年。经济安全是目前政府审计的主要着眼点之一,但并不是唯一,而且在既往的审计制度建设实践活动中,对此进行的创新往往是在完成其他目标的同时附带进行的,基于路径依赖的考虑,如果不建立基于经济安全视角的创新策略组合的话,对于政府审计在保障经济安全方面目标的实现是没有益处的。分别就某一阶段或是某一层面进行制度强化和革新,对于政府审计的实践活动具有积极意义,但是针对不同的政府审计类型和现阶段面临的不同问题以及我们的资源情况,选择进行不同的策略组合,将使政府审计资源的配置更具经济性和效率性。

因此,必须建立一个全面模式,在此基础上去甄别在具体的审计领域、不同的审计目标下,应该进行的策略选择。

回到起点,看政府审计的目标,政府审计目标主要历经了防止错弊—监督—监督服务—复合目标(如在本书"引言"中论及的美国国家问责部门提到的未来着力的方向)的历程,在这个任务体系的演进中,安全性在其中的位置是逐渐上升的。因此,可以将不同阶段的任务中涵盖的"安全性"单独抽离出来加以分析,将不同阶段的审计目标以及安全诉求对应的制度建设级别分别设为一级、二级、三级、四级,并把它们定义为基本安全、一般性安全、安全驱动和系统安全,且对应不同的审计任务(见表4-1)。

表4-1 审计目标与安全诉求对应表

级别	审计目标	安全诉求
一级	防止错弊	基本安全
二级	监督	一般性安全
三级	监督服务	安全驱动
四级	复合目标	系统安全

4.1.2 安全诉求与审计制度匹配思路

防止错弊阶段对应的安全诉求是基本安全。这个阶段对应的审计制度设计,主要着眼于能够对大的危害经济安全的行为建立基本的标准,设置"免疫系统"的底线。在"治未病"理念中体现的事前、事中和事后控制的策略,主要采纳的是事后控制的策略。同时对于临界状态设置警示指标,正如我国政府审计30余年发展的状况显示的那样。但是"基本安全"并不意味着没有有力的措施,否则就不能防错止弊。目前在两个方面亟待加强:第一是确定病源,也就是对审计结果加以合理运用;其次是除邪务尽,去除病根,也就是审计问责机制的建立。就我国政府审计的实践而言,以上两方面正在进行中,有些方面介入的时间较长,比如财政审计,而有些方面也许还没有开始,比如,信息安全审计。

监督阶段对应的安全诉求是一般安全。这个阶段对应的审计制度设计,主要着眼于在能应对大的危害经济安全的行为的基础上,对安全隐患进行全过程的一般性的监控,对于"免疫系统"

的运行不断进行调整和控制，使其处在"灵敏"状态。在"治未病"理念中体现的事前、事中和事后控制的策略中，主要采纳的是因所监督事项不同而对应的一般性的控制策略，同时事前、事中和事后的临界状态都会有对应的警示指标，兼顾事前的"预警"与"扶正"，事中的"阻断"与"早期介入"以及事后的"确证"与"除邪"。在这个阶段，这些制度是因某一类事项而起的，且各个阶段的控制无法根据审计面对的具体对象进行调整，以实现对审计资源更加有效的配置。在大部分政府审计力量强大的国家，已基本实现对这种一般安全审计制度的建设和实施，这也正是我国目前在审计制度建设方面积极探索的方向，但是这毕竟是一般防御阶段，类似一个药方，也许可以控制很多危害情况的发生，将风险降到一定的水平，但是其整合审计资源、科学判断的能力还有待强化。

　　监督服务阶段对应的安全诉求是安全驱动。这个阶段对应的审计制度设计，主要着眼于在进行全过程的一般性的监控基础上，优化"免疫系统"的"基因"，使其不仅"灵敏"，而且能整合资源和各种部门的需要，提供除了审计基本关系中涉及的当事人以外的利益相关者有用的决策建议，以便于这些部门进行安全防御。在"治未病"理念中体现的事前、事中和事后控制的策略中，主要采纳的是因安全防御需要不同而对应的更具变动性的控制策略。在这个阶段，这些制度是因安全驱动而起的，对各个阶段的控制，强调在指标特征出现时根据审计面对的具体对象进行调整，让审计资源在整个安全防御系统中实现更大的效益。目前，美国的 GAO 的制度建设和反应机制更加强调国家的安全需要，由此派生更多的审计事项，并在更大范围内体现审计自身的防御性，和对于其他防御体系的服务支持性。我国未来在某些审计领域可以尝试进行这样的制度设计，这是一般安全的升级版,可以表现为更灵活的制度组合设计和更加"缓释"或是"锚定"性的审计资源社会效益最大化。

复合目标阶段对应的安全诉求是系统安全。系统安全的基本准则就是在构建系统的阶段就开始考虑安全性的问题(李佩,2013)[112],从而采取相应的措施,并且将系统安全活动贯穿于系统整个生命周期,直到该系统完成其历史使命为止。按照系统安全的观点,没有绝对安全的事物,任何活动都存在风险因素。这个阶段对应的审计制度设计,主要着眼于在优化"免疫系统"、整合审计资源和利益相关者需要的基础上,利用系统观进行规划,找到各项审计活动和其他相关活动的内在联系,对政府审计体系进行重新整合,整合其与其他安全防御机关的相互关系,在审计成本、多方博弈的框架体系中进行基于安全的审计制度寻优。在这个阶段,审计制度建设更加具有弹性和能动性,具有自主学习和自主修复的功能,这是在国家存在阶段,目前可以设想的比较理想的审计制度构架,不仅能完成安全的预期目标,对于更多社会需求与期望的满足程度也达到顶峰,应该是未来政府审计在其生命周期的鼎盛阶段应该积极寻求的。

经过以上的分析,可以初步按照战略管理的思路总结出在政府审计的每一个阶段应该完成的建设任务和对应的战略,详见表4-2。

表4-2 审计目标—安全诉求—创新战略对应表

审计目标	安全诉求	"治未病"理念的应用层次	创新战略
防止错弊	基本安全	愈后防复战略为主	审计结果的充分应用;审计问责制的完善

续表

审计目标	安全诉求	"治未病"理念的应用层次	创新战略
监督	一般性安全	未病先防战略+既病防变战略+愈后防复战略	审计预警战略的设立；审计扶正制度的倡导与推广；审计隔离制度；审计早期介入制度；审计结果的充分应用；审计问责制的完善等
监督服务	安全驱动	安全驱动	监督阶段的创新战略；审计免疫体系优化制度；审计资源整合制度；审计安全驱动制度等
复合目标	系统安全	系统安全	监督服务阶段的创新战略+审计系统评价制度+审计安全协同制度+审计制度寻优制度等

因为复合目标阶段是未来审计制度在大公共管理框架下有机整合的产物，因此，讨论这个阶段的制度设计理论性高于现实性，因此本书将其省略，放在后续研究中展开。监督服务目标是未来努力的方向，但是在审计制度体系、运作机制没有更大改革的前提下，目前也很难具备操作空间，本书主要讨论前二个阶段涉及的审计制度创新的具体战略，结合"治未病"理念，将其分为三个大的部分，分别是未病先防战略、既病防变战略和愈后防复战略，对每一个战略，再提出若干子战略以及对应判别模型、判别标准，从而对现实中亟待解决的审计制度分地区、分领域强化设计创新提供依据和支持。

4.2 具体制度构建战略

4.2.1 未病先防战略

"未病先防"主要的含义是防病于未然，包括两个方面，首先，对应审计制度建设要在危害经济安全的因素发作前设置预警机制，其次，这种机制应该有利于培养更多的优质资源，即所谓的扶正抑邪，是主动的防治，而不是被动防治。

目前绝大部分审计制度设计是在问题出现以后找出漏洞，比如离任审计，尽管将离任审计涉及的范围逐渐扩大，已经涉及乡镇基层领导干部，但是如果仅仅是亡羊补牢的话，很多贪腐浪费行为一旦形成，国家损失巨大；而如果将离任审计的时间提前，比如在三年前，就采取异地抽调审计人员由相关机构随机抽取适当比例的人员作为审计对象的话，就把控制点提前了，可以形成良性的减损机制，并依据抽查情况来确定下一步的审计关键点。当然，还有重大工程项目的审计，对于劳动保障情况的审计等关系民生且数额巨大、风险性高的审计，应该在"未病先防"的统御下加强其事前控制的审计活动，并将结果尽快公告，便于培植"正气"，以使"邪不干正"，达到防患于未然的目的，从而为经济安全这个战略目标保驾护航。

我们可以从"未病先防观"的两个主要方面——"预警"和"扶正"，进行相关的政府审计制度设计。

（1）预警战略

传统的审计工作有其一定的工作程序，其中，主要的路径设计集中于中段，对于前段审计路径的设计往往是不予重点着力

第4章 保障国家经济安全的政府审计制度构建

的，这种情况可以看成是一种在长期审计投入不足情况下形成的"路径依赖"；另外还可以这样解释，因为审计制度建设主要发生在实质性程序阶段，其他阶段的规定和约束相对要少，审计工作主要是应对制度设计密集的区域，所谓"好钢要用在刀刃上"，其他方面自然可以节约资源。预警类审计中很重要的制度设计就是提倡审计路径前半段的设计，主要包括两个大的体系：

第一个体系是直接切入单个实质审计活动应该采用的预警措施，包括审计预警指标评级体系的构建和完善、审计预警信息平台的整合、审计预警的人员组织和管理、审计预警报告等内容；第二个体系不是针对单个活动，而是针对系统本身的缺陷，这个活动主要体现在对于各项经济活动依赖的制度环境进行审计，即政策审计活动中，政策审计的预警作用体现在对一系列类似活动中都依赖的政策进行评价，从总体上了解政策效果。下面针对经济安全的内容，就第一个体系具体的制度设计进行分析。

①审计预警指标评级体系的构建和完善。审计预警指标的重点可以包括：全国人大和相关政府部门本段时间的主要"着力点"；关系我国民众切身利益的大额支出领域；相关部门中长期规划涉及的重要领域；以往已经发现的主要高风险领域等。

当然，这些预警指标或"警示区"不可能涵盖所有的可能发生的问题，对于以往的高风险领域，也可能随着监督防范手段的提高，进入低风险水平领域。因此，以上这四个部分，是需要进行动态更新的。

②审计预警信息平台的整合。预警的最终目的是为了促使相关部门、组织甚至是个人采取适当措施降低经济风险，因此，对在政府审计中发现的哪怕是苗头性的问题，也有必要及时以专题报告、审计公告等形式迅速向相关部门提交预警报告，必要时可

建议召开专题会议通报。可以建立与财政、国资等部门沟通和交流的信息平台,也可以召开多方联席会议,对可能出现的关键风险点进行分析研究,提出解决问题的备选办法(陕西省审计厅课题组,2010)[113]。就未来的审计事项和安全需要,达成信息合作沟通框架协议,并实施良好,体现协同防御的效果。

③审计预警的人员组织和管理。对审计预警人员组织和管理的关键之一在于,甄选能够胜任防范国家经济安全风险的审计预警工作、具有一定职业道德并能在工作中保持谨慎和质疑态度的工作人员,并把他们配置到合适的位置,包括预警主管、预警采集人员、预警处理人员和预警对策制定人员等。不同的岗位需要具备不同的业务知识、专业技能,要注意这些人员是否具有培养潜质。关键之二在于,对遴选出来的审计预警人员进行培训,比如对于预警主管应强调战略思维和协调能力的培养;预警信息采集人员应该具有敏锐的观察力,善于见微知著;预警处理人员要善于运用计算机和网络技术,精于数理分析与挖掘,以确定相关风险所处的级次,并进行同一级次内处理轻重缓急的排序。

④审计预警报告。发布审计预警公告,等于实质上扩大了现有的审计公告范围。预警报告既要揭示预警过程中发现的具体问题,还要揭示可能带来的不良后果的苗头性问题。这就类似于天气预报——可以预报当天的情况,也可以对未来的走势给出合理的预期,从而防微杜渐,加强公众对经济社会运行的关注和监督,通过社会舆论和新闻媒体对发现的涉及民生的热点问题进行宣传,在问题源头上发出预警,减少对经济社会运行的不良影响。

(2)扶正战略

扶正是一种主动的防治措施,是培植被审计对象的"正气",提高其抗病能力,以助其获取"审计免疫力"、保持安全健康的过程,主要体现在审计文化建设、审计人员能力提升、审计教学科研繁荣等方面。当然扶正的内涵不单单限于政府审计内部的提升,还指运用其他灵活的措施"刺激"政府审计的肌体良性成长,比如最近采用的审计任务外包、聘请特约审计员等制度的演化和创新。

①审计文化建设。审计文化就像一条纽带发挥着桥梁的作用,积极向上的审计文化能将审计目标(包括保障经济安全的目标),转化为审计工作人员的审计精神、审计思想、审计准则及职业责任感,并且规划成为审计的规章制度,最后服务于社会。审计文化的建设并不直接作用于某一次具体的审计实践活动,但是会对审计工作发挥着潜移默化的作用,是培植"正气"的主要来源,而"正气"被培植起来,政府审计工作会有更加良好的工作基础和更低的社会成本,受到越来越多的关注和支持。

政府审计文化建设所树的"正气"主要体现在四个方面：

第一,自我凝聚能力。审计文化是一种审计组织宗旨的具体体现,它又集中反映在审计人员群体行为里。它就像一只无形的手,把审计人员的追求和组织的追求紧紧联系起来,从而形成一种团队的整体力量,审计人员能在完成组织目标的过程中实现自己的社会价值。事实证明,在审计工作中,内部进行合理分工,齐心协力,发挥团队合作精神,才能获得更多的成果,其成果更是很好地诠释着审计文化的凝聚力作用。

第二,自我激励能力。审计文化是一种精神支柱,是激励全体工作人员奋发向前的动力。人的能力是有限的,但潜力是无限的,当一个人的潜力被充分挖掘出来时,那么他的能力也是相当可观的,先进的审计文化环境有利于培养人员的创造力和形象力，从而形成一个团队的战斗力，实现组织目标，提高工作效率。

第三，自我协调能力。任何的工作行为过程中多少都会产生问题和矛盾，审计工作中就需要具有协调机制作用的审计文化，它有利于各方面的关系保持和谐，形成一种相互信任、相互帮助的文化氛围。

第四，自我约束能力。政府审计工作是社会工作的一个重要成分，必须遵守国家的法律和法规。除此之外，为了更好地实现目标还得制定必要的管理制度来约束审计人员的行为，这既是大家的共识也是审计文化的重要内容。它规定了审计人员应该如何做，怎么去做，什么可以做，什么不可以做，一旦触犯了纪律该怎么处理等，因此它对审计工作人员具有很好的约束作用。

②审计人员能力提升。审计工作是由具体的审计人员的努力完成的，审计人员的素质和能力是最为重要的审计资源要素，因此提升审计人员的能力，能够使其承担难度越来越大的审计任务，完成保障经济安全的目标。审计人员的能力分为职业道德和业务能力两大方面。

在职业道德方面，审计署前审计长刘家义在2012年全国审计工作会议上曾总结出"责任、忠诚、清廉、依法、独立、奉献"十六字，较好地揭示了我国审计人员的核心价值观，也就是职业道德的精髓所在。

业务能力方面，主要体现在优化知识结构、强化专业技能两大方面：

第一，优化知识结构。英国的审计人员基本都是会计师，辅之以其他学科专长的研究人员。波兰的最高审计机关中的审计人员具有经管、社科、农学方面的学位和专长。我国现有审计人员中 2/3 以上是财会类专业,对于计算机、经济学、法律等专业知识了解较少。优化人员结构,招聘大量其他专业的人员只能是一个长期的人才发展规划,将现有的政府审计人员的知识结构通过多种形式的培训、实习、讲座进行优化是目前的策略,给知识结构不断优化的审计人员以更多的工作机会和更大的奖励,将有助于现有审计群体有动力主动更新自己的知识结构。政府审计人员的专业知识主要包括审计知识、会计与财务知识、财政税收与金融知识、政策与法规知识、行政管理知识、信息技术知识等内容,依据保障国家经济安全的审计目标还应该增加有关安全方面、风险管理方面的内容。

第二,强化专业技能。专业技能指在专业环境中用来合理、有效应用专业知识和体现专业品质的各种能力,对此各国专业机构有自己的认识(见表 4-3)。

表 4-3　　　各国专业机构认定审计人员应具有的专业技能

专业机构名称	对专业技能的认定
加拿大注册会计师协会(CGA)	计划、分配、计量、资源管理、监督、沟通交流、组织与战略、团队领导与建设、员工训练等
美国注册会计师协会(AICPA)	职能性胜任能力、个人胜任能力和广泛的视野能力等
国际会计师联合会(IFAC)	智力技能、个人技能、技术和功能技能、交流和交际技能、组织和商物技能等

一般而言,政府审计人员的专业技能主要包括人际能力、决策能力、学习能力和创新能力等几个方面。

如果将这两个方面分成两个大的维度,可以将审计人员的能力情况分成图 4-1 所示的四个象限组合:低能力—低道德、低能力—高道德、高能力—低道德和高能力—高道德。这四种情况除高能力—高道德以外，其余三种情况均须进行业务能力和职业道德水准的提升。

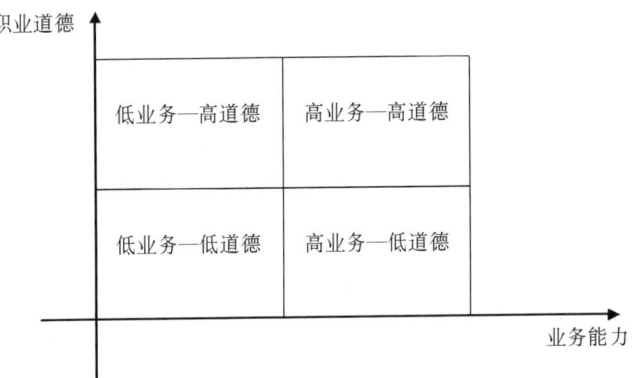

图 4-1　审计人员能力组合示意图

其中低能力—低道德可以从两种路径提升自己的能力，第一种是首先提升职业道德，演化为低能力—高道德，然后再提高业务能力，最终达到高能力—高道德；第二种是首先提升业务能力，达到高能力—低道德，然后再提高道德能力，最终达到高能力—高道德。

低能力—高道德或是高能力—低道德，可以通过提升业务能力或是职业道德，达到高能力—高道德。主要的培养路径如图 4-2 所示。

③审计教学科研繁荣。无论是审计文化建设或是审计人员能力提升，都离不开以审计教育、科研工作的繁荣为基础，因此加强审计主干课程，尤其是审计教学改革研究显得尤为重要。[114] 但是目前承担主要审计教研任务的大学中存在很多问题，对于审计教研的繁荣发展造成阻碍。

第4章 保障国家经济安全的政府审计制度构建

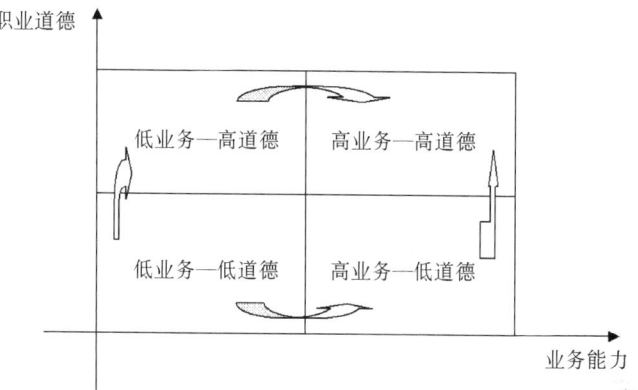

图4-2 审计人员能力培养示意图

第一，促进审计教学改革的一般性措施。

首先，审计教学方法的改革。应该制定政策鼓励大学审计教学采取多种教学方法，比如，使用多媒体教学、模拟教学、案例教学以及互动教学法等。另外，可以采用流程图和相关文字叙述来讲解审计报告。在审计课程中增加一些自主学习内容，有可能解决在有限时间内无法讲授太多内容的困境。还可以利用审计风险模型来提升学生们的分析和批判能力。

其次，审计教学内容的改革。审计实务工作者建议在大学审计教学中增加单项审计案例和审计项目群案例，适当加强对学生安全意识的培养，可以适当引进专家系统和人工智能等新兴审计技术，但不必在本科阶段的教学中将其放在突出的地位。可以适当增加关于欺诈以及反欺诈技术的相关内容，同时，还应该增加签证服务等相关内容。另外，还应与时俱进地引入最新内容，比如，《萨班斯法案》要求审计人员对被审计单位的内部控制作出评价，这就必然要求学生理解内部控制及其相关内容和信息系统，审计教学必须将此部分内容进行整合与补充。

最后，审计教材建设的改革。审计教材的时效性相当强，目前我国的会计准则、注册会计师执业准则等政府审计的各项规定都是动态更新的，内容跟原来相比都有很大的变动，并且都还在不断更新完善中（田钊平，2008）[115]。为适应教学目标，满足社会对审计人才的需要，就必须对教材的内容随时进行更新和补充。除此之外，还应该在课堂教学中使用辅助材料和案例。

第二，繁荣审计教学科研的长期措施。以上谈到的都是我国教学改革的短期措施，可以在短期内组织精兵强将来更新教材或是采取多种多样的教学方法，但是真正能使我国大学审计教学效果有质的改变的长期措施还是要靠审计教学科研的加强。目前可以从以下几个方面着手进行：

首先，加强审计教学平台的搭建。当前审计类专业期刊本身数量就较少，权威期刊《审计研究》《审计与经济研究》还是双月刊，每年刊登不了多少研究成果，这其中教学研究文章甚是稀少。审计学专业教师要想在权威期刊上发表文章，难度极大，投到其他经管社科类期刊，大多又以该学科较小、较专业被拒之门外。教师为了职称、岗位等，不得不转而研究其他方面的内容，形成了明显的"橘子市场"现象，恶性循环，导致审计教学研究的平台越来越少，跟不上时代的要求。要扭转这种局面，首先要争取更多的期刊愿意提供平台，原来优质的审计类期刊要争取扩大平台，比如可以将《审计研究》办成月刊，比如几个省可以联合推出新的审计类期刊或是研究中心。

其次，加大对审计教学研究的资助。一般来说，教研经费相对于科研经费是匮乏的，而审计学的科研经费与教研经费都比较少，以国家社科基金为例，每年数千个项目被立项，但是真正属于审计研究的屈指可数，省级立项也不多。审计署每年的立项数大都低于10项，而进行审计学教学的高校多达数百所，仅审计

第4章 保障国家经济安全的政府审计制度构建

硕士的培养单位就有数十家，可谓僧多粥少。山东省自2011年开始在山东省社科项目中单列"会计"专项项目，审计学科研也受到一定程度的带动，但是除审计署或是省级审计学会每年个位数的面向社会的招标项目，国内就没有资助体系专门对审计研究进行资助了，因此，非常有必要加大力度。

④其他措施。

第一，聘请特约审计员。某省审计厅从1998年开始，先后聘任了三届二十余名特约审计员，目前聘任的九名特约审计员，分别来自民革、民盟、致公党、九三学社、工商联等八个民主党派或具有无党派身份，有着广泛的社会影响力，他们利用自身的工作条件与优势向社会广泛宣传审计，影响和吸引更多的群众关注审计工作，产生了良好的社会效果（张晓蕾，1996）[116]。另外，特约审计员的专业涵盖教育、法律、经济、金融等各学科，具有一定的政策水平、专业水平和工作经验，为有效发挥民主监督作用提供了前提条件。

该厅定期组织特约审计员参加审计队伍建设、预算执行审计专题座谈会，让特约审计员及时知悉有关审计工作的政策和业务知识，进一步提高其开展审计业务工作的能力。同时，组织特约审计员赴省内外审计机关学习考察，交流做好特约审计员工作的经验。为确保特约审计员工作有序开展，该厅研究制定了《××省审计厅特约审计员工作管理办法》，形成了特约审计员参与审计活动、继续教育等制度，使特约审计员工作有章可循（周竟，2014）[117]。厅办公室作为负责特约审计员日常事务的专门机构，负责该管理办法的执行，结合审计中心工作，认真制定特约审计工作年度计划，并在组织活动时提前通知特约审计员，以便他们安排好自己的工作，其认真细致的工作态度赢得了特约审计员的称赞。

第二，审计业务外包。政府审计人员及审计资源有限，很难做到对众多审计对象的一一监督，这就难免会出现审计监督的空白。[118]从整体素质上来说，也不能满足国家对保障经济安全的审计要求。举例来说，我国中央一级预算单位约有上百个，每年预算执行审计的约为一半；下级单位更是不足两成。由于目前中央审计力量不足，有不少中央单位自审计署成立以来，还从未接受过政府审计部门的审计。由此可见，审计人员数量严重不足，政府审计工作量远远超出政府可以承受的工作能力。

2011年7月3—4日，广西注册会计师协会第四次会员代表大会在南宁召开，探索建立财政性资金、公共服务项目社会审计制度，逐步扩大政府购买社会审计服务范围；[119]2013年1月17日，吉林省政府网站发表了《关于规范政府购买注册会计师服务的建议及答复（95号）》的提案。

某省审计厅2012年10月聘请外部人员参与对该省高校优势学科建设工程一期项目绩效审计、临海高等级公路建设项目概预算执行情况跟踪审计，这样既可以缓解政府审计任务重、专职审计人员相对过少的情况，也可以将外部专家的优势与政府审计人员的经验结合起来，产生协同效应、鲶鱼效应、监督效应，通过外部专家的知识外溢，让政府审计正气集聚。

（3）判断模型与评价标准

有必要建立相应的指标体系，帮助判断某一类型的政府审计的制度发展进程，并对其未来的长期短期的制度建设目标做到心中有数。

判别方法采用模糊综合评价，该方法将一些边界不清、不易定量的因素定量化，从而实现综合评价。下面具体介绍一下该模型的建立。

①建立评价指标集合。指标分为三个层次，其中第一层次是

未病先防战略,第二个层次由两个综合指标组成分别是预警指数和扶正指数,第三个层次分别有两组,各由4个指标概括,如图4-3所示。当然还可以进一步扩展到第四个、第五个层次,但是限于本书的篇幅就不再赘述。

②建立或是采纳一定的评价体系。评语集是对于可能出现的结果各种情况的汇总,比如,对于指标的评语集为 $v = (v_1, v_2, v_3, v_4, v_5) = \{优秀,良好,中等,较差,极差\}$。

③确定权重集。一级指标的权重为 $w = (w_1, w_2, w_3, w_4)$;第i级指标的权重集为 $w_i = (w_{i1}, w_{i2}, w_{i3}, \cdots, w_{ij})$。对于指标体系各个指标权重的确定,可以按照下面的思路进行:

首先,对于比较常规的项目,可以采取专家赋权方法,比如,可以选取有经验的审计人员、项目组负责人、外聘专家等组成专家团队参与评分,依据他们的经验判断对各个审计指标进行赋权。

其次,要是碰到更为复杂的情况,为了避免由于赋权者非智力因素影响,得到更能反映客观要求的权重,采取了熵权评价方法(杨惠敏,付萍,2005)[120]。

④建立判断矩阵 X。

$$X = \begin{bmatrix} x_1 \\ x_2 \\ \cdots \\ x_m \end{bmatrix} = \begin{bmatrix} x_{11} & x_{12} & \cdots & x_{1n} \\ x_{21} & x_{22} & \cdots & x_{2n} \\ \cdots & \cdots & \cdots & \cdots \\ x_{m1} & x_{m2} & \cdots & x_{mn} \end{bmatrix}$$

⑤多级模糊综合评判。首先进行一级模糊综合评判,根据计算出的指标权重,结合已经建立的判断矩阵,运用模糊运算法则,得到因素 U_i 对评语集 V 的隶属向量 S_i。

$$S_i = W_i \times X_i = (W_{i1}, W_{i2}, \cdots, W_{ij}) \times \begin{bmatrix} x_{11} & x_{12} & \cdots & x_{1n} \\ x_{21} & x_{22} & \cdots & x_{2n} \\ \cdots & \cdots & \cdots & \cdots \\ x_{m1} & x_{m2} & \cdots & x_{mn} \end{bmatrix}$$

进行二级模糊综合评判，得到总的评价向量 A。根据模糊向量单值化原则，得出综合评价结论：$A = W \times S$。

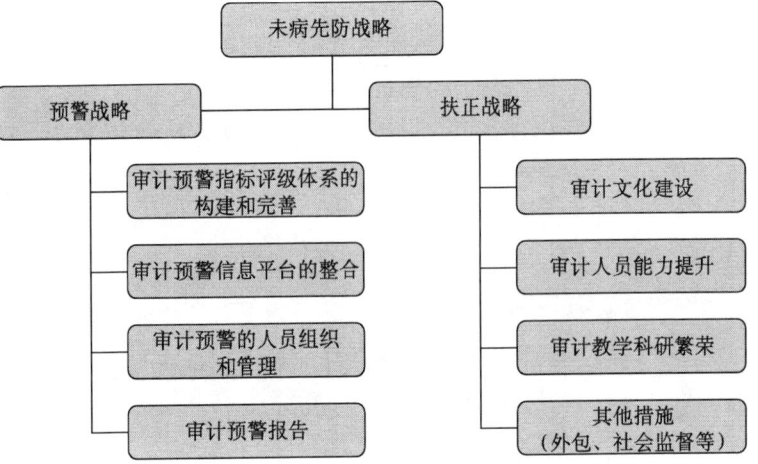

图 4-3　未病先防战略

模型构建程序如下：

分别得到的指标权重如表 4-4 所示（其中一级权重保留一位小数；二级权重保留两位小数）：

第4章 保障国家经济安全的政府审计制度构建

表4-4　　未病先防战略评价指标权重

一级指标	权重	二级指标	二级权重	一级权重占比	百分制分值
U_1	0.6	U_{11}	0.35	0.21	21
		U_{12}	0.25	0.15	15
		U_{13}	0.25	0.15	15
		U_{14}	0.15	0.09	9
U_2	0.4	U_{21}	0.30	0.12	12
		U_{22}	0.25	0.10	10
		U_{23}	0.25	0.10	10
		U_{24}	0.20	0.08	8

赋分标准可参考表4-5。

表4-5　　未病先防战略评价赋分标准

第一层次	第二层次	第三层次	赋分标准参考
未病先防战略	预警战略	审计预警指标评级体系的构建和完善程度	①预警指标体系科学、完善，体现安全性的需要，并实现动态更新，赋分等级优秀； ②预警指标体系基本完成，关注主要风险点，兼顾安全性的需要，指标体系有更新，但是不及时，赋分等级中等； ③预警指标体系不完整或是没有预警指标，几乎不能体现安全性的需要，几乎没有更新，指标陈旧，赋分等级极差。 介于①和②之间的界定为良好，介于②和③之间的界定为较差。

续表

第一层次	第二层次	第三层次	赋分标准参考
未病先防战略	预警战略	审计预警信息平台整合程度	①与相关部门就未来的审计事项和安全需要，有信息合作沟通框架协议，并实施良好，体现协同防御的效果，赋分等级优秀； ②与相关部门就未来的审计事项和安全需要，有经常性的沟通活动和信息渠道，但是还不构成合作框架，能在某些活动中实现共同防御，赋分等级中等； ③与相关部门就未来的审计事项和安全需要，几乎没有沟通，合作也是很少，赋分等级极差。 介于①和②之间的界定为良好，介于②和③之间的界定为较差。
		审计预警的人员组织和管理程度	①审计机关中设有专门的预警部门，有专职管理人员，业务人员可以熟练地使用预警模型和信息库，内部治理健全，赋分等级优秀； ②审计机关中设有专门的预警部门，没有专职管理人员，有业务人员可以使用预警模型和信息库，内部治理较为健全，赋分等级中等； ③审计机关中没有专门的预警部门，几乎没有专职管理人员，业务人员对预警模型和信息库的使用基本不熟练，谈不上内部治理，赋分等级很差。 介于①和②之间的界定为良好，介于②和③之间的界定为较差。

续表

第一层次	第二层次	第三层次	赋分标准参考
未病先防战略	预警战略	审计预警报告程度	①经常性发布预警报告，向社会揭示苗头性问题以及任其发展可能带来的不良后果，从心理上、舆论上起到预防作用，震慑作用良好，赋分等级优秀； ②有发布预警报告，向相关单位、部门揭示苗头性问题以及任其发展可能带来的不良后果，有一定预防作用，赋分等级中等； ③几乎没有预警报告，有的话也是面向特定部门或上级领导，预防作用有限，赋分等级极差。 介于①和②之间的界定为良好，介于②和③之间的界定为较差。
	扶正战略	审计文化建设	①审计监督氛围建设良好，在凝聚力、激励力、协调力和约束力方面形成良性循环，安全意识成为审计重要的文化符号，赋分等级优秀； ②审计监督氛围建设有相关制度设计，在凝聚力、激励力、协调力和约束力方面进行相关设计但并未形成良性循环，安全意识受重视，但没有成为文化符号，赋分等级中等； ③对审计监督氛围建设几乎没有相关规定，在凝聚力、激励力、协调力和约束力方面疏于设计与引导，安全意识淡薄，赋分等级极差。 介于①和②之间的界定为良好，介于②和③之间的界定为较差。

续表

第一层次	第二层次	第三层次	赋分标准参考
未病先防战略	扶正战略	审计人员能力提升	①有较完善的制度保障审计人员职业道德和业务能力两大方面得到不断提升，满足安全需要，拥有不断升级的内容框架，并且根据不同审计人员的能力与职业道德素养的组合进行滚动式的后续教育，赋分等级优秀； ②有制度保障审计人员职业道德和业务能力两大方面得到不断提升，满足基本安全需要，拥有内容框架，有滚动式的后续教育设计，赋分等级中等； ③几乎没有制度保障审计人员职业道德和业务能力两大方面提升，不能满足安全需要，职业道德与业务能力的内容框架陈旧、单一，后续教育缺少针对性且数量很少，赋分等级极差。 介于①和②之间的界定为良好，介于②和③之间的界定为较差。
		审计教学科研繁荣	①有对审计教学科研活动、审计师资培养、审计科研活动平台进行支持、评价的体系，有保障审计教研活动与实践相联系的平台设计，赋分等级优秀； ②对审计教学科研活动、审计师资培养、审计科研活动平台进行支持、评价的制度很少，有平台但是没有资源或相反，缺乏保障审计教研活动与实践相联系的平台设计，赋分等级中等； ③几乎没有对审计教学科研活动、审计师资培养、审计科研活动平台进行支持、评价的体系，几乎没有保障审计教研活动与实践相联系的平台设计，赋分等级极差。 介于①和②之间的界定为良好，介于②和③之间的界定为较差。

第4章 保障国家经济安全的政府审计制度构建

续表

第一层次	第二层次	第三层次	赋分标准参考
未病先防战略	扶正战略	其他措施（外包、社会监督等）	①有聘请特约审计员，有审计活动外包等长效机制，并形成良性互动，赋分等级优秀； ②有聘请特约审计员，有审计活动外包等制度，尚未形成长效机制和良性互动，赋分等级中等； ③几乎没有聘请特约审计员，没有审计活动外包等活动，也没有这方面的设计规划，赋分等级极差。 介于①和②之间的界定为良好，介于②和③之间的界定为较差。

然后再根据所评价的不同类型的审计制度，分别进行评价，具体评价见以后章节。

4.2.2 既病防变战略

"既病防变"主要的含义是要积极采取措施预防疾病加重。一般来说，疾病的转变是由表入里、由轻变重、由简单到复杂的过程。因此，在政府审计的过程中必须掌握问题的发生、发展规律及其可能转变的途径，做到早期诊断，有效治疗，在小问题演化为大问题之前将其有效治疗。

既病防变观体现的是一种扩大化的或者说是广义的过程控制（或是事中控制）的理念。过程控制的形式是多样的，比如离散控制方式，将整个过程中关键部分和风险点找出来，主要在这些点到来的时候，进行控制。还有一种对应的概念，就是连续控制状态，也就是在整个过程中连续地，不随时间有剧烈变化地进行各种控制变量的配置。既病防变对于这两者是兼容并包的，也就是一旦发现病变或是小病，应该视具体的情况，采用离散或是连续的控制方式，或是二者的结合进行积极的治疗。一般而言，对于熟悉的情况或是变化不大的情况，可以主要采用离散的控制手段；对于新情况或是变化巨大的情况，应该主要采取连续的控制手段。

既病防变是在疾病已经开始发作的时候，采取措施遏制病情的发展和传变，这时采取的措施是以事实为依据的，根据现实情况反馈的信息，作出适时的应对，同时这种应对是结合了对未来病情发展趋势的预测进行的，可以在疾病处在表里或是小微时，设置防火墙，将其隔离，并根据情况使其弱化或是一举歼灭。如果说未病先防是科学的体检和锻炼，但是基本不开药方的话，既病防变就是开小药方、隔离治小病、防止小病迁延成大病。

可以从"既病防变"阻断隔离防传播和有效治疗除小病这两个方面进行相关的政府审计制度设计。首先，对应审计制度建设就是要在危害经济安全的因素已然发生作用的情况下，设置隔离-阻断机制，其次这种机制应该在防止问题传遍的情况下，迅捷控制问题，化解其危害，以优化现有的政府审计制度，为保障经济安全服务。

（1）阻断隔离战略

对于识别出的"病情"，要阻止或中断其造成的伤害，因此需要设定阻断标准（阻断依据），或是设置阻断级别，另外还要有阻断手段，包括软件的和硬件的。

在进行阻断的基础上，要对"病人"进行隔离，将病人与健康群体分离，一方面有利于帮助其治疗康复，另一方面主要是防止此病人的疾病造成群体传播。因此，要设计隔离的标准和隔离的方式。

第4章 保障国家经济安全的政府审计制度构建

阻断的目的是在个体内部让病情稳定，不再发展变异；隔离的目的是在群体中，让病情不具有传播的可能性。这两者须同步进行，以控制"病情"的变化。

由以上分析可见，阻断隔离防传播类的审计制度主要包括：审计阻断指标评级体系的构建和完善；审计阻断判别模型的构建、阻断报告等内容。主要的原则与方法可以借鉴预警指标体系的构建。审计阻断指标是指在审计活动中，进行动态的指标收集和追踪，当事中审计发现这些动态指标异常时，要建议其暂停，进行进一步的彻底检查和治理，类似于股市监管中异常情况停牌制度。在审计实践中，完全可以依照以往的业务量或是风险程度等标准，逐步设计完善审计阻断指标体系。

构建阻断指标可以采用信号法或参数法。信号法的合理性取决于关键识别指标的合理性及发生时间段的精准界定，比如类似判断银行发生危机的标杆性信号：金融系统不良资产占比高于10%；救助银行的成本已达GDP的2%；因银行系统出现的问题而引致被动国有化；大量银行发生挤兑，或政府被迫采取冻结存款或实行全面存款保护等措施。

信号法的有效性受以下几个方面的限制：第一，该方法高度依赖于历史数据，然而可用于识别经济安全的核心指标的数据可得性较差，限制了信号法的应用。比如很多国家的不良贷款数据并不公开，或者即使公开也可能经过所谓的装饰了，不是不公布就是被系统性地扭曲。第二，信号法提到的指标往往是经济安全非正常情形，这些信号发出的时候，往往所有人都已经看出端倪了，如何找到这些信号的前端信号对于研究者而言非常困难。

参数法是基于对一系列变量的回归估计，进而估算出阻断发生的概率。参数法的优点在于能把所有重要指标给出的信息综合成一个数字，来预测阻断的概率，但是由于存在多重共线性问题，该方法可能会忽略一些重要指标的影响（付克华，2003）[121]。

（2）有效控制战略

2008年底，美国政府计划斥资7000亿美元救市，针对这个救助计划，GAO承担了内容广泛的监督、报告责任，比如每60天内就提交一份报告。GAO在2008年12月2日公布的首份监管报告中指出，救市计划生效两个月，大量资金就已流入金融业，但是财政部尚未建立有效的救市资金跟踪机制。GAO在报告中建议，财政部需建立有效的管理结构及内部控制体系，并列举出九大急需解决的问题。

该案例体现的主要是GAO快速跟进美国救市计划，并及时提出存在的问题，美国政府积极认可GAO的审计报告，并采取相应措施，解决报告中提到的主要问题，给纳税人一个交代。GAO的快速反应、审计报告的及时反馈，促成了此后对金融业强化监管的一系列法规的出台，这正是体现了政府审计"既病防变"的"有效控制除小病"。同时这个案例也体现了要进行"有效控制"的审计制度安排的要求：快速跟进的机制，迅捷的反应机制，有力度的处理机制。

①快速跟进的机制。

第一，跟进的优先顺序。"跟进"是有效治疗"小病"的基础所在。"快速"体现了"跟进"的灵魂，如果没有速度，就谈不上相应的反应和治疗力度。比如，审计署2012年6月公布了该年度第24号公告《中国工商银行股份有限公司2010年度资产负债损益审计结果》，相当于在一年半以后公布了这个报告，对于年盈利上千亿元的国字头大银行而言，此次审计让人久等了，对于瞬息万变的金融市场，这份报告的意义更多地体现在其"形式感"上，实际上对于社会公众而言，更有实效感的是2011

第4章 保障国家经济安全的政府审计制度构建

年3月末公布的由安永事务所提供的工商银行的外部审计报告。可见在快速方面,国家审计和同时期的外部审计相比较而言,存在相当大的差距。而这还仅仅是从时间的维度进行的考量。要知道,快速跟进体现的不仅是及时性,还体现了对于重要性的考量。

如果将这两个方面分成两个大的维度,可以将目前的审计事项分成如图4-4所示的四个象限组合:不紧急—不重要、不紧急—重要、紧急—不重要和紧急—重要,当然对于紧急程度和重要程度的评价,可依据我们前面提到的设定安全指标的思路进行。这四种情况除不紧急—不重要以外,其余三种情况均需进行一定程度的跟进,其中紧急—重要型需要实时跟进。紧急—不重要型需要针对其紧急要素进行审计范围内的跟进,经过下一步的反映和处理治疗,争取将紧急程度降下来;不紧急—重要型需要针对其重要性要素进行审计范围内的跟进,经过下一步的反映和处理治疗,争取将重要程度降到可以接受的水平。

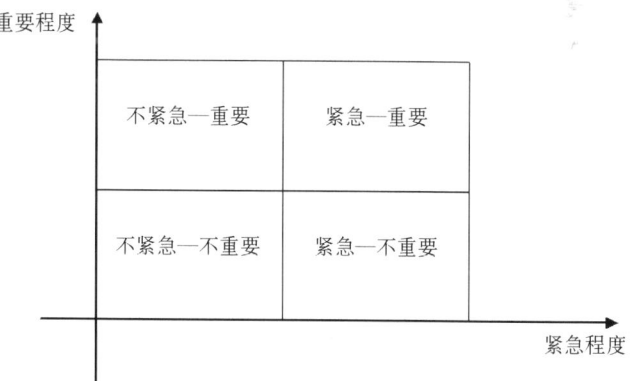

图4-4 快速跟进判别组合示意图

比如，2010 年，国家将工作重心转向"转方式，调结构"，与此相关的资金投入大增，对应的这方面的重要性程度就加强，与此相关的政策的贯彻执行和资金管理使用情况，成为政府审计工作的重点内容。正如审计署有关负责人所言："更加注重反映关乎经济发展方式转变和国家经济安全等方面的问题"，这些项目都是重要性项目，需要持续跟进。而像对青海玉树地震抗震救灾资金、物资的跟踪审计，相对于重要性，更加突出的是其紧急性。

第二，跟进方式。以上讨论的是跟进的优先顺序，另一个问题就是政府审计采用的跟进方式。结合政府投资建设项目审计情况来看，目前可以采用的跟进方式主要是以下几种方式：跟进审前调查；跟进审计立项；跟进招投标；跟进隐蔽工程；跟进主体工程；跟进竣工决策；跟进资产移交等。

第三，跟进的手段。2012 年 7 月召开的全国审计工作座谈会上，前审计长刘家义提出了构建"联网审计""实时监控"和"动态监测"审计系统的要求。以上提到的这三种方式，就是目前审计跟进的主要手段。辉瑞公司面临对 Lipitor 专利保护的损失时采用持续监测的手段。当主要产品面临损失时，公司确实采取了很多措施，这其中就包括通过对差旅和娱乐费用的持续监测来降低成本。通过海量数据分析和业务流程优化，对支出加以控制，通过持续监测系统对差旅和娱乐费用流程以及三名雇员的控制，在数千笔交易中识别出非常规事项，并对它们进行快速审核和采取措施，如果采用传统的审计方法，至少需要 30 名员工来完成。在这种情况下，持续监测的推动者就是真正的控制者，也可能就是审计人员。

②迅捷的建议机制。有了第一步的快速跟进，如果没有下面的迅捷"治疗"建议，那有效控制就很难做到。政府审计具有

第4章 保障国家经济安全的政府审计制度构建

发挥高水平迅捷建议的独特优势：政府审计既独立于具体政策制定和管理部门，也独立于被审计单位，看问题比较客观，缺少利益上的关联；另外，政府审计具有综合性，政府审计可以同时隶属多个领域、多个层次，可以从不同领域、层次的比较中，发现问题；政府手段也具有灵活性，可以从日常的审计项目中获取信息，还可以就专门事项展开审计调查，进行深入研究。

一旦发现问题，审计人员必须要找到最佳的解决方法。六步模型能够帮助解决困境，并确定最佳解决方案。该模型已得到会计、咨询、新闻、法律、医疗和宗教组织的广泛认可。其具体步骤包括：尽可能多地获得既定领域的相关事实；确认和描述事实中所包含的问题；确认并列出所有已知的利益相关方（包括内部和外部）；确认并列出涉及的经济安全的主要方面；以头脑风暴形式列出各种解决方案来应对问题，分析每个方案可能产生的后果；作出判断，以确定诸多方案中的最佳方案。

③有力度的公告机制。目前审计机关发布的审计公告，一般是关于某个特定项目的专项资金审计、某公司年度等财政方面的审计，而忽视了预算执行及结算情况的审计、绩效审计、经济责任审计等。

截至2013年3月1日，省级审计机关网上审计结果公告共653份。网上进行审计结果公告的省级审计机关共有30个，占全国31个省级审计机关的96.78%，仅有西藏自治区审计厅网站未向公众开放（宋常，周长信，黄蕾，2009）[122]。在已实行网上公告的省级审计机关中，北京市审计局网上公告数量最多，共有79项；其次是上海市审计局，为72项。公告数为个位数的有八个审计厅。这些公告有如下特点：

第一，从时间维度比较，2003年到2007年，省级审计机关发布的公告书可谓凤毛麟角，2008年后，发布数逐年增加，到

2011年达到这十年的顶峰，2011年全年的发布数为171项，超过2003年到2008年发布的总和。

第二，从国家和省级审计机关发布的审计公告情况看，在审计署2011年度38号公告中，关于某个特定项目的专项资金审计、某公司年度等财政方面的审计约有23个，占了60.5%左右，其他方面的审计公告涉及的很少。2003年以来，省级审计机关财务收支审计结果公告共249项，占网上审计结果公告数量的38.13%；经济效益审计共12项，占已上网审计结果公告数量的1.84%。专项审计结果公告392项，占60.03%。但是预算执行及结算情况的审计、绩效审计、经济责任审计公告也具有重要的现实意义，不容忽视。

第三，通过阅读历年的审计公告不难发现，目前的审计公告大多着眼于审计结果的公告。但是广义上的审计公告制度的客体——审计信息，应涉及审计工作的全部事项，包括审计程序、审计结果、举报方式等等。因此我国目前的审计公告多为从狭义上进行审计结果的公告，无疑是缩小了审计范围。

第四，审计署网站发布的审计公告内容有些简略，未能详细反映问题。比如，存在很多类似"基本""逐步"等模糊性词语；问题涉及的地区不明确；对于一些专业性词语的概念缺少必要解释，不利于大众了解和认知；相关情况大多只能在审计署网站获取，公告力度还有待提高。

第五，审计公告在时间上"不给力"。由于行政型模式下审计程序较为复杂，审计机关效率低下，使审计公告不能及时发出，在时间上有滞后性。通过浏览审计署网站发布的公告发现，除地震抗震救灾资金物资审计情况的审计公告是在事件发生后第一时间发布的之外，多数审计公告是在以后年度发布的。例如，2012年第7号《24个市县土地管理及土地资金审计结果》，是审计署对 2009 年至 2010 年 24 个市县土地管理及土地资金审计结果所进行的公告。审计公告的滞后无疑会影响其公告的效果，并且很可能会影响公众的关注度。

促使审计公告向迅捷建议、有力控制发展的制度建设策略：

第一，完善审计内容，扩大审计公告范围。从宏观层面来看，既要公告错误、纰漏，也需要增加对遵守法律法规的正面例子的公告。审计机关在审计时可以有意识地找出被审单位值得推广的做法，将其列入审计公告中。这样既可以帮助被审单位本身和其他单位总结失败的教训，同时也可以学习成功的经验。

从微观层面来看，首先，在保持原来对某个特定项目的专项资金、某公司年度等财政方面进行审计公告的基础上，增加对预算执行及结算情况的审计、绩效审计、经济责任审计等群众特别关心或对经济社会发展来说极其重要的事项进行公告。其次，扩大审计公告范围，对广义上的审计信息进行公告，在保证以往多将审计结果进行公告的基础上，还应将审计程序、举报方式等涉及审计工作的全部事项进行公告。最后，应注意审计公告的逻辑结构。审计公告一般至少应包括：审计涉及的法律、法规；审计计划、执行步骤；审计中的事项，如审计对象、审计程序等；审计结果公告；其他要求公告、社会关注的内容。值得一提的是，这里所说的逻辑结构，重点在于在尽量保证审计公告完整性的前提下，是以审计处理情况及建议作结还是以整改情况作结。审计机关应意识到，被审单位提供的整改方案可能并未得到有效实施，审计机关难以验证或再进行核实不符合成本效益原则。所以，更为恰当的处理方式是将审计的整改情况作为审计公告的一部分，列示于正文之后。

第二，使用通俗易懂的语言，便于公众理解。虽然审计公告是面向社会公众的，但是其由专业人员编制，同时由于社会公众大多数并不掌握关于审计的专业知识，因此审计单位在将公告进行报出时，首先应注意尽量使用通俗易懂的语言，以便公众理解；其次，对必要、重要的概念、结论等应提供必要的解释，可以借鉴会计报表附注的形式，在审计公告最后以附注的形式提供解释；再次，可以将对外的审计公告进行简化的处理，同时通过制作宣传册、电视新闻播报等方式，使审计公告通俗、明了。美国GAO的经验也许值得我们借鉴，GAO有的审计报告类似于讲故事，而且审计报告是合作完成的，是在被审计单位的积极配合下完成的。审计重要性的判断不是以金额的大小为标准。审计报告通俗易懂，大量采用图表进行形象描述。

第三，规范审计公告报出时间，解决"滞后性"问题。审计单位应尽量提高工作效率，缩小审计事项发现时间与报出时间之间的差距，减少"滞后性"的出现。有条件的审计单位可以建立"跟踪制"，及时跟进相关审计事项，以便尽快发现问题并提出合理建议。只有解决审计时间的"滞后性"，才能避免因为审计工作战线拉得太长而导致即使查出问题，却错过了最好的解决问题的时机；避免审计事项过去的时间太久，而使公众的新鲜感缺失，进而不再关心相关审计公告的结论。

第四，建立健全相关法律法规，完善相关制度。首先，在法律层面应着手制定新的法律法规，并补充修订原有的法律法规。比如，将《审计法》中的"可以"一词改为"应当"，即"审计机关应当向政府有关部门通报或向社会公布审计结果"，将发布审计公告作为审计机关的一项义务写入法律，充分体现法律刚性。

其次，扩充现有法律法规的内容，提升法律层次，增强法律效力。目前我国审计公告制度多是以部门规章的形式确立的，但是为了审计公告制度的发展，将其逐步纳入法律体系迫在眉睫。具体来看，在立法层级上，应以规章为基础，循序渐进地向制定法律转变，利用法律的强制力促进审计公告的发展与执行；在立法步骤上，可以采用试点的方式，先在条件比较成熟、审计公告制度执行较好的城市试行新法，然后再由点到面地逐步推进，并在推广中不断调整、改进，进而在全国制定统一的法规。

最后，正确处理与《保密法》的关系，寻找《保密法》与审计公告制度之间的平衡点。审计机关应严格执行审计程序，判断审计事项是否属于涉密内容，在不影响公众知情权、保证审计透明度的前提下，尽量降低涉密风险，有条件的单位还可以建立监督、检查制度。但是，事实上，相比西方国家，我国的国家保密范围较大，因此很多领域的审计公告会受到限制。例如，根据1996年颁布的《审计工作中国家秘密及密级具体范围的规定》，涉及领导干部的问题、涉及全国性业务系统的重大违法问题等都属于涉密事项，这无疑限制了审计的监督作用和公民的合法权利。因此，国家应尽快修改保密范围，在不妨害国家利益、人民权益的基础上，缩小保密范围，扩大审计公告的范围。

（3）判断模型与评价标准

这一阶段的判别指标分为三个层次，第一层次是既病防变战略，第二个层次由两个综合指标组成分别是阻断战略和有效控制，第三个层次分别有两组，各有两三个主要指标概括，如图4-5所示。当然还可以进一步扩展到第四、第五个层次，但是限于本书的篇幅和资源就不再赘述。以下各层次指标的权重设定与上一节方法相同，不再赘述。分别得到的指标权重如表4-6所示，赋分标准如表4-7所示：

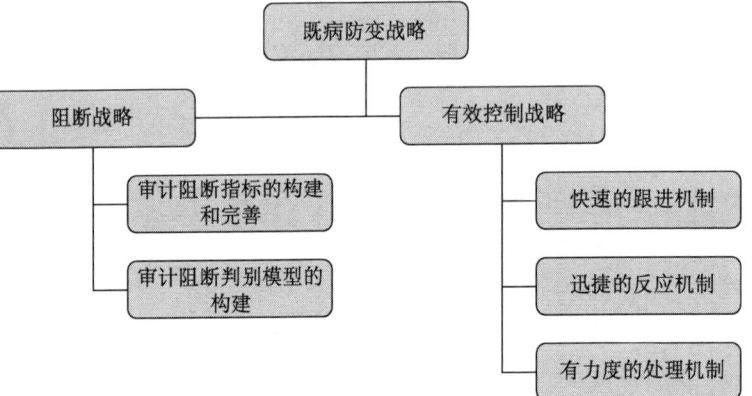

图 4-5 既病防变战略示意图

表 4-6　既病防变战略评价指标权重

一级指标	权重	二级指标	二级权重	一级权重占比	百分制分值
U_1	0.5	U_{11}	0.50	0.25	25
		U_{12}	0.50	0.25	25
U_2	0.5	U_{21}	0.40	0.20	20
		U_{22}	0.30	0.15	15
		U_{23}	0.30	0.15	15

表 4-7　既病防变战略评价赋分标准

第一层次	第二层次	第三层次	赋分标准参考
既病防变战略	阻断战略	审计阻断指标的构建和完善程度	①有完善的审计阻断指标体系，并且根据安全的需要不断更新，赋分等级为优秀；②有审计阻断指标体系，并且不断更新，但是更新目标不明确，赋分等级为中等；③什么阻断隔离行为都没有，赋分等级为极差。介于①和②之间的界定为良好，介于②和③之间的界定为较差。

续表

第一层次	第二层次	第三层次	赋分标准参考
既病防变战略	阻断战略	审计阻断判别模型的构建程度	①审计阻断模型科学、有效、易操作，赋分等级为优秀； ②审计阻断模型科学、有效、易操作，这三方面只有两方面较好，第三方面缺失或是较差，赋分等级为中等； ③没有阻断判别模型，赋分等级为极差。 介于①和②之间的界定为良好，介于②和③之间的界定为较差。
	有效控制战略	快速跟进的机制	①没有快速跟进判别模型，兼顾紧急性和重要性，跟进顺序合理，跟进方式科学先进，跟进层次全面，赋分等级为优秀； ②没有快速跟进判别模型，但有判别决策过程，不能完全兼顾紧急性和重要性，跟进顺序较为合理，跟进方式合理，层次较为全面，赋分等级为中等； ③没有快速跟进判别模型，基本不考虑兼顾紧急性和重要性，跟进顺序随机，跟进方式陈旧，跟进层次不全面，赋分等级为极差。 介于①和②之间的界定为良好，介于②和③之间的界定为较差。

续表

第一层次	第二层次	第三层次	赋分标准参考
既病防变战略	有效控制战略	迅捷的反应机制	①在跟进的基础上，能够主动迅速作出审计反应，并根据出现的问题及时协调各种资源，找到最佳的解决方法与路径，具有相当于急救中心120的功能，赋分等级为优秀； ②在跟进的基础上，能够较快作出审计反应，并对出现的问题可以调动一部分资源，找到一些应对方法与路径，但是在迅捷性和综合性上稍差，赋分等级为中等； ③在跟进的基础上，很少能够作出审计反应，协调各种资源也是出于偶然因素或是被动，即使有方法与路径也很少主动启动，赋分等级为极差； 介于①和②之间的界定为良好，介于②和③之间的界定为较差。
		有力度的公告处理机制	①审计公告内容丰富，时间及时，体现"迅捷建议、有力治疗"，赋分等级为优秀； ②审计公告内容比较丰富，时间比较及时，较少体现"迅捷建议、有力治疗"，赋分等级为中等； ③审计公告内容贫乏，时间不及时，体现不出"迅捷建议、有力治疗"，赋分等级为极差。 介于①和②之间的界定为良好，介于②和③之间的界定为较差。

具体评价与制度建设建议见表4-8：

表 4-8　得分等级以及制度建设建议对应表

得分	≥90	≥80	≥70	≥60	<60
等级	优秀	良好	中等	较差	极差
制度建设建议	升级	巩固后升级	深度强化巩固后升级	需要持续强化，暂不升级	需要深度强化，不能升级

4.2.3　愈后防复战略

防止错弊目标着眼的安全诉求是基本安全，偏重于事后监督，适用于治未病理念的第三个层次——"愈后防复"。"愈后防复"是指在病愈或病情稳定之后，要注意预防复发，在康复过程中，做到除邪务尽。政府审计不能为了审计而审计，审计要达到其设定的审计目标，审计项目的完结不代表审计工作的完结，通过审计项目，发现的重大问题要及时通过传递机制提供给审计委托人，并进行持续的关注，直到问题的解决，否则就会出现审计完了、报告有了，但是审计目标没有达到的情况。从 2003 年起，国家审计署都要向全国人大常委会报告上年度中央预算执行和其他财政收支的审计情况，随即掀起一阵"审计风暴"（马海瑞，2009）[123]，但风暴年年刮，问题年年有，很多被审计的部门"屡审屡犯"，没有被治愈的"顽疾"随时会复发。还有一种情况就是虽然有关单位根据相关建议进行了整改，但是因为审计周期目前较长，在下次审计之前，"老毛病"可能又犯了。

李克强总理 2013 年 7 月主持召开国务院常务会议，部署审计后整改工作，强调做好这一工作，要痛下决心去除"顽疾"，向人民作出负责任的交代。古语云："靡不有初，鲜克有终。"

审计工作应该从风暴走向常态，这也是权力走向善治的必由之路。

政府审计的愈后防复包括两个方面：第一是锁定病源，也就是审计结果的合理运用；第二是除邪务尽，去除病根，也就是审计问责机制的建立。

（1）审计结果合理运用战略

审计结果主要是指政府审计机关、审计人员在依法独立进行审计工作的过程中形成的，有价值的工作业绩的总称，主要表现为审计机关向被审计单位或者相关政府机关报送的审计决定书、综合报告、移送处理书、专题调研报告和通过各种媒体向外发布的审计结果公告和反映审计事项、审计活动的信息等。

如何才能让政府审计的结果得到充分有效的利用，使审计项目的完结不代表审计工作的完结，必须注意通过审计发现的重大问题要及时通过传递机制提供给审计委托人，并进行持续的关注，直到问题的解决。主要措施包括如下几个方面：

首先，构建"审计结果价值发现制度"，重视对经济责任审计的利用，比具体规定要怎么样利用更为重要。因此，利用愈后防复的理念进行审计制度设计，充分发掘审计结果的利用价值，并在发掘过程中，找到这些审计结果和其他相关信息的协同应用价值。

其次，构建"审计结果分析机制"，从定性和定量两方面评价审计结果的优劣，建立这样的分析和评价机制，就会对审计结果的质量起到促进作用。

再次，构建"审计结果传递与沟通机制"，将审计的结果及时传递给审计结果的良性需求者，并适时进行各种类型的沟通。

最后，构建"审计结果利用情况监督机制"，对审计结果的利用情况进行监督和检查，防止审计结果被误用，也杜绝审计结

第4章 保障国家经济安全的政府审计制度构建

果当用不用。

①审计结果价值发现制度。价值发现是来自于华尔街的投资理念，原意是指最经典的市场价值规律，即价格围绕价值波动。其理论基础是价格总会向价值回归。

审计结果的价值发现，主要是探寻并确定审计结果的价值，而这里的价值，既包含已经显现的，也包含潜在的和未知的价值，可能需要通过不同的方法加以挖掘，并且在未来某一时期才有可能为大家认可的价值。具体到政府审计，其审计结果有待进一步挖掘的价值主要体现在以下方面：

第一，审计结果的镜鉴价值，既能审出存在的问题，也可以查明事实真相，帮助一些机构或是个人澄清负面影响，让一直奉公守法的组织和甘于奉献、业绩突出的干部得到公正评判。

第二，审计结果的引导价值，唐太宗李世民曾说过："国家大事，惟赏与罚。赏当其劳，无功者自退；罚当其罪，为恶者咸惧。"赏罚合理具有引导行为的功能，并且唯有恰如其分的赏罚，才能引导并激励人们按预定路径行事，收到预期的成效。

②审计结果分析评价机制。当前审计存在着一些问题，影响了审计结果及其利用价值。这主要表现为：评价流于形式，结论过于宽泛，除发现存在重大违规违纪问题外，体现不出差别，影响了审计价值的实现。解决这个问题的途径是建立规范完整的科学分析评价体系。

具体来说，应该仿照注册会计师进行社会审计所列示的结论和报告那样，制定审计量化评价办法，将政府审计报告分为不同的结果级次，为审计结果运用创造条件。

③审计结果传递与沟通机制。再有用的审计结果，再大的审计价值，如果传递不出去，就失去了落实结果和实现价值的机会，因此审计结果的传递和沟通是审计结果有效运行的重要一

环,也是以往被忽略的一环。

审计传递方式主要包括:由电台、报纸、电视台、网络等媒体向社会公开;会议宣读;通报形式;公告形式与口传等(王彩,2009)[124]。审计沟通是指审计方与被审计单位就审计事项、证据、审计结论或审计建议进行积极交流的过程。审计沟通贯穿于整个审计过程之中且有助于提高被审计单位对整改问题或是审计建议的认同性,增强其进行整改的动力。

审计结果的传递与沟通主要是着眼于审计主要事项已经结束,审计机关向相关责任方传达审计结果,交流探讨审计结论的一系列活动的总成。如何让审计结果这个阶段的传递信息准确、沟通有效,在审计制度方面至少可以进行以下方面的尝试:

首先,丰富审计结果的形式。目前的审计结果格式大多按照审计署发布的审计准则、规范文件的要求,参照范本,格式较为统一。这样做的好处是使格式更加规范,不足之处是容易使审计人员忽视了报告格式的创新。因此,应加强对审计信息产品格式的创新,比如,可以尝试在审计结果中引入彩色图表、公式模型、视频等多媒体表现方式,以改变目前审计结果大多局限于文字或简单图表来表述的呆板格局,使审计结果更加生动,更能吸引眼球。如在审计报告中,可以摒弃以往常规的"点式"结构,对报告内容进行分类整合,进一步提升审计成果的层次性和系统性。又如在报送的审计报告或专项审计调查报告正文前增加摘要,可以方便报告使用人迅速掌握报告精华。

其次,创新审计结果种类。目前审计结果主要包括审计报告、审计结果报告、审计调查报告、审计公告、专报、信息等,但按照产品需求导向理论,审计机关应根据政府和公共的实际需求,在依法、守规的前提下开发、制作并提供审计信息产品,种类也不应拘泥于上述所列产品。

最后，细化报告内容。审计结果的需求主体大体上包括政府相关部门、社会公众、被审计单位等几大部分。每部分需求主体又可以进行细分，针对经济责任审计，有可能涉及组织部门、纪检监察部门、上级主管部门、经济责任人所在单位、相关往来单位等。不同的需求主体对经济责任审计结果的需求是不完全一样的，使用结果的目的也不尽相同，提供单一的产品是无法满足所有相关利益方的需求的，而应根据需求有所区分，因人、部门而异，将报告内容在保持总体客观一致的基础上，细化内容分类，增强信息的决策相关性。

④审计结果利用情况监督机制。如果信息已经传递出去，沟通情况也很顺畅，但是相关的单位并不根据审计结果形成的建议和结论，进行相应的说明、整改，审计的结论不能成为干部任用、升降的主要标准，甚至出现"带病提拔""带病上岗""带病履职"的情况，使国家经济执行安全受到极大影响，这些都背离了政府审计的目标和初衷，是对审计结果的"无视"和"误用"，为了杜绝以上现象，需要完善审计结果报出后的监督机制。

第一，完善审计查出问题整改情况反馈制度。审计结果报告报出后，向审计结论涉及的相关单位发送审计建议书，并通过审计回访、召开会议、定期公告等及时敦促被审计单位反馈落实审计结论和整改的情况。

第二，将审计结果运用与组织干部任用公示和组织评价相结合。将审计结果纳入干部任用前公示、日常组织绩效考核的内容，既可以让公众全面、具体地了解拟任用的干部、相关部门运作情况，也可以有效增强审计的公信力与关注度，提高在群众中的威信和地位。

第三，审计成果运用于对领导干部的日常教育、诫勉活动中去，并逐步形成制度。对于审计结果报告中反映的问题，领导部门可以采取对相关责任人或是同类型关系人进行教育的方式向被审计对象或是被审计单位的直属领导进行集中反馈，提出改进意见和要求，督促被审计单位有针对性地搞好整改工作（张恩，2007）[125]。

第四，把审计成果运用到决策中去。把审计成果作为解决经济工作中的突出矛盾的重要决策依据。审计成果是一种比较全面的"体检"报告，应该积极将其用来进行有针对性的查缺补漏，为日常管理决策提供鉴证与支持。

（2）审计问责战略

1977年《利马宣言》就明确指出"审计本身并不是目的，而是控制系统的重要组成部分，该控制系统的目的是，尽可能及早采取改正措施，以使之难以再犯或更难发生"（张文祥，王羚，马绪忠，2006）[126]。《利马宣言》中提到的"及早采取改正措施"和"使之难以再犯"与"愈后防复"的思想是殊途同归的，审计问责制就是这两项措施的具体体现。比如，经济责任审计形成的结论应该支持把"清官""廉官"和"能官"甄别出来，从而举贤荐优，但是如果结论显示出现了问题，甚至有可能牵出"贪官""庸官"，就应该一追到底，除邪务尽。上一个小问题提到的审计结果的利用主要着眼于审计实质性程序完结以后，对于形成的审计结果要有一个收集、分析、利用的机制，但是这个机制主要是集中于政府审计内部的，不能解决如果结果"不良"，责任应该如何承担的问题，也就是说，审计目前只负责找出可能存在的问题，至于重大问题到底是如何解决的，或是有些部门出现"屡审屡犯"的情况，仅靠政府审计部门是不能解决这种情况，但是如果问责这个问题不解决，政府审计也许会成为月宫中的"吴刚"，很多工作看上去有成效，但是都成了

第4章 保障国家经济安全的政府审计制度构建

"无用功",同时也背离了政府审计的初衷,比如,2004年美国审计总署更名为政府问责总署(GAO)的目的就是更为准确地诠释并拓展这一国会领导下的独立机构的目标和职责。

强化审计问责制的制度设计思路应该紧密联系我国的实际情况,采取适当扩大审计问责范围、加强提升审计问责法规建设、明确审计问责主体、严格落实审计责任以及建立审计问责反馈、公示与联合执法标准等措施,才能满足树立审计工作权威的需要。只有让问责制这一政府审计宗旨发挥作用,才能达到保障经济安全的作用。

①适当扩大审计问责范围。2009年的《问责暂行规定》为问责提供了相对明确的规定,对于我国的审计问责工作是一个巨大的跨越,该规定提到的问责范围主要有七种,这七种情况都是与重大、特别重大的事故、群体性事件、恶劣影响等关键词相联系的。但是对于什么是重大、特别重大,并没有给出具体的衡量尺度,另外,因为经济社会中一些不确定性因素的存在,造成重大事故,也有故意和非故意(也就是尽到了相应的职业谨慎)之分,但是这些都不在问责的范围之内,而是处在模糊的边界。图4-6对目前审计问责的范围进行了解释,如果把整个大的方框包括的内容看成政府审计所有可能涉及的责任问题的话,审计问责是其一个子集。当然,为什么审计问责不是整个大的集合,可以用审计风险导向或是审计资源有限或是重要性原则等审计领域常用的理论去解释。目前,假定我们已经找到了这个需要问责的子集,这个子集内部又有分类。大的椭圆是属于在现有的环境和技术条件下,必须问责的;椭圆以外的部分,是属于在现在条件下,可以问责也可以不问责的情况。而椭圆部分又可以分成两个部分,一部分是目前已经有规定的涉及审计问责的部分,此处的规定主要是指的上文中提到的暂行规定,另一部分是暂行规定

虽然没有直接涉及，但是属于师出无名，所以必须联合其他部门进行联合问责的情况。

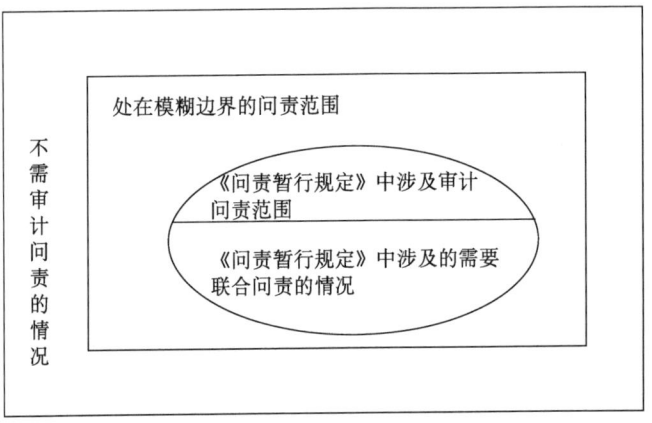

图4-6 问责范围示意图

因此，从理论上讲，审计问责可以扩大的范围与领域还有很多，但是，目前我国政府审计的资源现状（技术、人力资源、资金等）和我国在国家治理过程中政府审计的地位变化，以及形成的问责结果（类似于准公共资源）的使用情况等因素都会影响到在某个时期审计问责的范围界定，这个范围的扩大是个渐进的过程。主要在制度设计中体现以下的趋势：

第一，从"有责问责"到"制庸问责"。有权必有责，有责必要问，对于有责问责，尤其是重大责任，一直就是审计问责的重点，但是如果基于"防其传变"的思考，不仅有责当问，无明显责任也应该问责，这个"责任"主要在于核实其是否属于"庸政""懒政"或是"不作为"。因为庸政、懒政是重大风险出现的诱因之一。

第二，从"重大问题问责"到"重大隐患问责"。现有的规制主要集中于"重大问题",而且是已经发生过的重大问题来展开问责,问责主要是亡羊补牢式的事后控制。愈后防复提示我们不仅要把"牢"补好,还要采取一定的措施,防止这种形式的错误重现。因此对于重大问题的问责要做好,对于一错再错,或者是错弊形式被模仿、流传,即使达不到重大错误的程度,也应该视为重大隐患加以问责。1997年,美国审计署(GAO 的前身)将计算机千年虫问题作为重大隐患问题,在国会和其他部门的协同领导下,积极采用建设性的方法加强监控,千年虫问题最终顺利得到解决,这是美国政府审计部门作为主要核心发起人,对重大隐患采取有力阻击的成功案例,值得我国政府部门在设定问责范围时参考。

第三,从"模糊问责"到"清晰问责"。从图4-6可以看出:有一部分区域属于两可地带,这部分区域应该有适当的标准提示就进入问责主范围,如果对这个区域不加关注的话,新的风险就有可能发生。比如,一个老胃病患者犯病一次非常痛苦,每次愈后进行持续的治疗和复查,当然主要是针对胃部,多年病病好好,终不见效,这时候很多人的态度是去习惯它,承认它就是一种不好治的病。但是,很多病人在身体条件尚好的"愈后"阶段进行其他器官的检查,往往会发现病痛的根源在于"胆"出了问题,迁延而至。如果我们在政府审计过程中,也是就事论事、头疼医头的话,也许会丧失抓住问题根源的机会。因此对于"模糊"区域,也应该建立清晰的针对系统,以免对于病症只是暂时治愈,而没有找到病源。

当然审计问责的范围也不应泛化,重点关注的应该是与国家经济安全相关领域密切结合的区域,而不宜也不可能将所有事项均纳入审计问责范围,并且这个扩大的过程应该是渐进的。

②加强提升审计问责法规建设。我国现行的有关行政问责的

法律法规如表4-9所示：

表4-9　　　　　　我国行政问责法规汇总表

年份	法规名称及相关内容
2001年	《国务院关于特大安全事故行政责任追究的规定》（国务院令第302号）
2003年	《突发公共卫生事件应急条例》（国务院令第376号） 《中华人民共和国行政许可法》（第十届全国人民代表大会常务委员会第四次会议通过）
2004年	《中华人民共和国行政监察法实施条例》（国务院令第419号）第18条指出需要审计机关协助的情形
2005年	《中华人民共和国公务员法》（第十届全国人民代表大会常务委员会第十五次会议通过）第八十六条提出："公务员辞职或者被辞退，离职前应当办理公务交接手续，必要时按照规定接受审计。"

另外还有《审计法》第49、50条，《审计法实施条例》第49条，《预算法》第73、74和75条，这些关于行政问责的法律法规都各有侧重，但大都没有明确提及通过审计来进行问责（杨桂花，刘翠英，马彦玲，2011）[127]，总结以上的法律法规会发现，这些本就比较"单薄"的有关"问责"的法律法规直接提到审计的并不多，而且审计介入的方式基本都是被动的。

《审计法》（2006年修订版）、《县级以下党政领导干部任期经济责任审计暂行规定》、《国有企业及国有控股企业领导人员任期经济责任审计暂行规定》（1999年版）、《中央企业经济责任审计管理暂行办法》及《中央企业经济责任审计实施细则》，这些法律法规都体现了审计介入的本质是评价受托责任。因此有必要提升审计问责的相关法规建设，原因如下：审计法自2006年修正以来，已经过十余年的时间，面临很多新情况和新要求。

就问责而言，需要强化政府审计的地位，政府审计不仅是被动的介入者，还应该扮演主动的"协调者"甚至问责"统领者"。审计免疫功能的完全实现，依赖于问责机制主动启动对权力的配置。十八大报告强调了审计的重要性，尤其是在预防腐败、关乎国家兴盛方面起到决定作用，这也能解释为什么在2012年底到2013年初，各省市陆续出台或更新了有关审计问责方面的地方法规，明显比以往的版本严厉。但是，各地的规定有差异，有的详细，有的简略，国家审计署将如何去协调这些法规，省市级政府审计机关该如何进行相关的工作，将成为未来一段时间的重点工作之一，审计问责需要这样临时出台的暂行版、地方版规定，但是如果协调不好政府审计上下级部门和更为重要的其他问责主体的责任划分的话，暂行规定也许真的会是"暂时"的。

③明确审计问责主体。政府审计问责的主体，名义上是审计机关，但实际上政府审计机关被称为是问责的"发起者"也许更加恰当。尽管这种现实与政府审计"免疫功能"的实现是相悖的，因为免疫系统是拥有独立的免疫器官、免疫细胞和免疫机制的，审计目前只是起到监督作用，但问责的终极权力并不在审计部门，审计机关只能采用"柔性"的措施进行进一步的建议和警示。

既然审计机关在实践中更多地充当了"挂名"责任者，因此，审计机关没有更多的热情"一追到底"，因为根本就没有这种权限；对于审计机关给出的审计意见和建议，被审计单位也没有什么热情去积极响应，每年审计风暴以后，"雷声大、雨点小"的现象不断重现，被审计单位已经没有了更多的恐惧与担心，甚至被最终移交司法处理的威慑作用也在减低，旁观者经常将这种小概率事件看作是"走了霉运"，社会公众长此以往也逐渐失去了"围观"的热情,可见不明确审计问责的危害何其大。

以后的发展趋势是政府审计应该扮演协调人或是推动者的角色,成为审计问责的实际发起人。

④严格落实审计责任,强化审计问责反馈。现实审计工作大多是对事、不对人,即使是经济责任审计会对其个人资金管理权、决策权等方面进行审计,但在问责形式上,主要是以调账、罚款、责令归还原资金为主,基本没有触及个人责任。因此,有必要明确审计责任,强调应该涉及个人责任、部门责任、集体责任,不能"高高举起,轻轻放下"。不能以已经罚款、已经有个别人受处分为借口就终结责任的落实,并且既要追究基层责任,更不忽略对高层领导责任的追究。审计问责要从执行环节问责延伸到对决策环节、监督环节的问责。相关的问责结果应该及时准确地反馈给审计部门,并由审计部门进行总结与公示。否则长此以往,审计工作的威信必然受到影响。

⑤建立公示与联合执法标准。良好的国家治理需要更多的社会主体参与。既然治理主体是多元的,审计机关就应建立相应的制度,除方便监督主体参与问责外,还应引导其他治理主体参与问责,堵塞治理漏洞(雷俊生,马志娟,2012)[128]。政府审计可以建立公示与联合执法的直接合作平台(主要和监察机关、人大、政协、安全部门、保障部门、税务与海关以及其他相关部门合作),另外还应该强化与科研机构和媒体的间接合作,从而实现审计部门优化联合执法问责的顺序与标准。

目前审计机关没有直接的权力进行问责,但是其与有这种"权力"的纪检、监察部门是具有密切联系的,审计机关应该让这种关系进一步密切,并产生一定的协同治理效应,对直接责任人和其他责任人依规应当问责的,审计机关应建议问责,并且争取相应机构的积极反馈与支持。

监察机关对审计机关移交过来构成党纪政纪处分的责任人，监察机关应当依法问责，但是问责是否恰当，需要向审计机关反馈，由审计机关组织非直接审计人员，对问责的有效性进行评价，并把评价报告呈送给人大、政协等部门存档备查（李星吾，2007）[129]。适当的时候，在不涉及国家机密的前提下，应该进行更大范围的公示。

人大代表或是政协委员民意问责以及新闻媒体舆论问责，科研机构发布的研究报告中应该予以重视的部分，这些事项，单个危害巨大或是一系列类似的累加危害巨大，都应该成为下一次审计的立项重点，是关注民生、民情，利用民智，注意积极配合国家化解转型时期的矛盾的重要举措。

⑥创建合作平台。

第一，是直接合作平台的建设。审计政府需要和监察机关、人大、政协、安全部门、保障部门、税务与海关以及其他相关部门定期（可以是每年，也可以是隔几年）签署共同问责合作框架协议，协议的各方在框架的约束下，建立具有共同目标的问责机制进行联合问责，审计机构面对某个机关是合作者的身份，但是从对于审计事项和审计问责的推进来看，审计机构可以充当协调人的身份。

2000年，俄罗斯成立联邦审计监督机关协会，俄罗斯审计院强化了同国家相关法律机构的合作，比如通过与检察机关合作，使因审计材料被查证而引起公诉的刑事案件大幅增长，由1999年的6起，发展到2000—2005年的860起。在合作的过程中，审计院还从专业与领域的视角，帮助执法部门填补法律法规中的漏洞和修订容易滋生腐败的条款，推动了诸如广告法、水法、森林法等法规的制定或修订。

第二，是间接合作平台的建设。审计机关要想让审计问责具有生命力，就不能忽视科研机构和媒体的作用，应该积极同他们进行伙伴式的合作，定期召开相关的学术探讨和学术论坛，并借助相关媒体进行发布和宣传，把重要的课题向各大科研机构征询意见，借助外脑进行"攻关"。前面提到的很多数据标准问题是变化很快的，但是只要有足够的"外脑"，创建"专家系统""智库"，让专家帮着对于问责的疑难杂症进行会诊、把脉，找到病源所在，并预警其复发的征兆。

（3）判别模型与评价标准

根据前述分析，可以将此阶段的制度判别指标总结如图4-7所示：

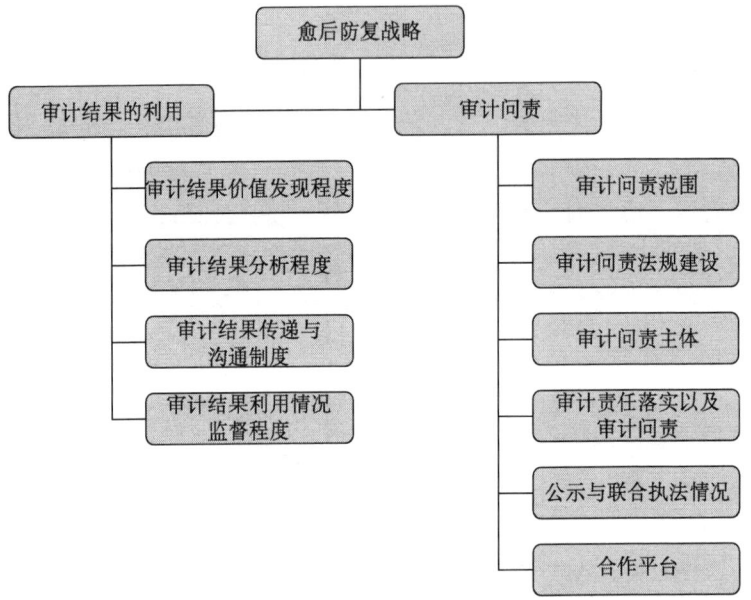

图4-7 愈后防复战略示意图

指标分为三个层次，其中第一层次是愈后防复，第二个层次由两个综合指标组成，分别是审计结果的利用和审计问责。第三个层次分别有两组，4个和6个指标概括。模型构建程序如下：

①一级指标有2个，二级指标共有十个，则一级指标可以表示为 $u_1 = (u_{11}, u_{12}, u_{13}, u_{14})$，二级指标可以表示为 $u_2 = (u_{21}, u_{22}, u_{23}, u_{24}, u_{25}, u_{26})$。

②采取一定的判别标准，时间、空间和制度标准皆可，相对标准可以采纳"优良、良好、中等、较差、很差"或是"高、中、低"等级方式。

③列出一、二级指标体系，再通过专家打分得到主观赋权的结果。由于指标出现发散，依据上述原理对其进行嫡权计算，最后得到矢的指标体系及权重，然后依据评定者给出的评定等级建立隶属集。

计算得出各级指标的权重如表4-10所示：

表4-10　　　　愈后防复战略评价指标权重

一级指标	权重	二级指标	二级权重	一级权重占比	百分制分值
U_1	0.4	U_{11}	0.3	0.12	12
		U_{12}	0.25	0.1	10
		U_{13}	0.3	0.12	12
		U_{14}	0.2	0.08	8
U_2	0.6	U_{21}	0.2	0.12	12
		U_{22}	0.2	0.12	12
		U_{22}	0.2	0.12	12
		U_{23}	0.15	0.09	9
		U_{24}	0.15	0.09	9
		U_{25}	0.1	0.06	6

愈后防复战略总分为 100 分，其中审计结果利用经计算分值为 40，审计问责为 60 分。设定根据得分的不同分属于不同评语集，分别是优秀、良好、中等、较差、极差，其中中等以上的可以为建设第二阶段针对一般安全目标的审计制度提供较为有力的支持，而中等以下的需要在本层次进行不断的建设和巩固，才能进行下个阶段的建设，当然跨越阶段的制度建设也是存在的，但是其实践价值值得怀疑，并且从政府审计的实践和制度设计看，也基本看不到有超越层次的表现，也许这个方面的需求层次是针对国家的，所以不像针对庞大的个体，有个例出现的概率会小很多。具体评价见表 4-11，赋分标准见表 4-12。

表 4-11　　得分—等级以及制度建设建议对应表

得分	≥90	≥80	≥70	≥60	<60
等级	优秀	良好	中等	较差	极差
制度建设建议	升级	巩固后升级	强化巩固后升级	需要持续强化，强化完成后，可以考虑升级	需要深度强化，不能升级

表 4-12　　愈后防复战略评价赋分标准

第一层次	第二层次	第三层次	赋分标准参考
愈后防复战略	审计结果合理运用战略	审计结果价值发现程度	①对审计结果的两个主要价值都有相应的发现制度，赋分等级为优秀；②对审计结果的一个主要价值都有相应的发现制度，赋分等级为中等；③对审计结果的价值发现有规定，但不明显，或是几乎没有，赋分等级为极差。介于①和②之间的界定为良好，②和③之间界定为较差。

续表

第一层次	第二层次	第三层次	赋分标准参考
愈后防复战略	审计结果合理运用战略	审计结果分析程度	①对审计结果的分析有深度、客观、体现不同层次的需要，抓住问题的根源，赋分等级为优秀； ②对审计结果的分析能体现差异性，比较客观，有一定层次性，基本抓住问题的根源，赋分等级为中等； ③对审计结果的分析只能体现基本的差异性，但是层次性、深度等有所欠缺，或是对审计结果的分析基本没有差异性，赋分等级为极差。 介于①和②之间的界定为良好，②和③之间界定为较差。
		审计结果传递与沟通程度	①审计结果沟通形式丰富（多于3种），渠道多，传递及时迅速，针对不同对象制作并提供审计信息产品，赋分等级为优秀； ②审计结果沟通形式比较丰富，渠道较多，及时性和针对性欠缺，赋分等级为中等； ③审计结果沟通形式单一，沟通渠道单一，及时性和针对性较差，赋分等级为极差。 介于①和②之间的界定为良好，②和③之间界定为较差。

续表

第一层次	第二层次	第三层次	赋分标准参考
愈后防复战略	审计结果合理运用战略	审计结果利用情况监督程度	①有审计回访、专题会议等形式监督审计结论和整改的情况，审计结果与干部任用和被审计单位评价高度相关；审计结果揭示的问题形成有关领导决策和制度建设的依据，赋分等级为优秀； ②有监督审计结论整改的情况的制度措施，但是比较单一，审计结果与干部任用和被审计单位评价存在一定相关性；审计结果揭示的问题没有成为有关领导决策和制度建设的依据，赋分等级为中等； ③没有明确监督审计结论整改的情况的制度措施，审计结果与干部任用和被审计单位评价基本不相关；审计结果揭示的问题没有成为有关领导决策和制度建设的依据，赋分等级为极差。 介于①和②之间的界定为良好，②和③之间界定为较差。
	审计问责战略	审计问责范围	①审计问责不仅体现重大问题，而且与国家经济安全的目标高度一致；能涉及重大隐患、制度、范围的边界清晰，赋分等级为优秀； ②审计问责不仅体现重大问题，而且与国家经济安全的目标存在相关性；涉及的重大隐患、制度范围模糊，赋分等级为良好； ③审计问责可以体现重大问题，基本不能体现国家经济安全目标的转换；较少涉及重大隐患、制度、范围，赋分等级为中等； ④审计问责不涉及重大问题，与国家经济安全的目标相关性差；不涉及重大隐患、制度、范围，赋分等级为极差。 ③和④之间界定为较差。

第4章 保障国家经济安全的政府审计制度构建

续表

第一层次	第二层次	第三层次	赋分标准参考
愈后防复战略	审计问责战略	审计问责法规建设	①国家级、省级、地市级的法律法规在该领域的问责规定清晰、明确,并且会根据国家经济发展的需要进行更新升级,赋分等级为优秀; ②省级、地市级的法律法规在该领域的问责规定较为清晰、明确,缺少国家层面的法规建设;省市级问责会根据该区域经济发展的需要进行更新升级,赋分等级为中等; ③只有地市级的法律法规或是行业规定在该领域有相应的问责规定,缺少国家、层面的法规建设;不会主动根据该区域经济发展的需要进行更新升级,赋分等级为极差。 介于①和②之间的界定为良好,②和③之间界定为较差。
		审计问责主体	①审计问责主体是协调人或审计活动的实际推动者,赋分等级为优秀; ②审计问责主体是观察者和建议者,赋分等级为中等; ③审计问责主体问责热情不高,成为"挂名"责任者,赋分等级为极差。 介于①和②之间的界定为良好,②和③之间界定为较差。

续表

第一层次	第二层次	第三层次	赋分标准参考
愈后防复战略	审计问责战略	审计责任落实以及审计问责反馈	①审计责任明确,审计责任强调个人责任、部门责任、集体责任并重,追究基层责任,更不忽略对高层领导责任的追究,审计问责制从对执行环节的问责延伸到对决策环节、监督环节的问责,并有及时准确的反馈活动,赋分等级为优秀; ②审计责任比较明确,审计责任强调部门责任、集体责任,对个人责任涉及较少,追究基层责任,忽略对高层领导责任的追究,审计问责制从对执行环节的问责较少延伸到对决策环节、监督环节的问责,反馈活动较少或是不及时,赋分等级为中等; ③审计责任模糊,审计责任强调部门责任、集体责任,追究基层责任,但是完全忽略个人责任和高层领导责任的追究,审计问责制主要围绕执行环节的问责,几乎没有反馈,赋分等级为极差。 介于①和②之间的界定为良好,②和③之间界定为较差。
		公示与联合执法情况	①审计机关建议问责,监察机关依法问责,问责是否得当需要给审计机关及时反馈,人大代表、政协委员民意问责,新闻媒体公开舆论问责,赋分等级为优秀; ②审计机关建议问责,监察机关依法问责,问责是否得当没有及时有效地给审计机关反馈,缺少人大代表、政协委员民意问责以为新闻媒体公开舆论问责的规定和渠道,赋分等级为中等; ③审计机关建议问责有效性差,监察机关问责力度小,缺乏反馈,缺乏人大代表、政协委员民意问责以及新闻媒体公开舆论问责,赋分等级为极差。 介于①和②之间的界定为良好,②和③之间界定为较差。

续表

第一层次	第二层次	第三层次	赋分标准参考
愈后防复战略	审计问责战略	合作平台	①直接合作平台（和监察机关、人大、政协、安全部门、保障部门、税务与海关以及其他相关部门）的建设、间接合作平台（与科研机构和媒体）的建设比较完善，赋分等级为优秀； ②直接合作平台的建设较完善，间接合作平台建设有待强化，或相反，赋分等级为中等； ③直接合作平台的建设、间接合作平台的建设都有待完善，赋分等级为极差。 介于①和②之间的界定为良好，②和③之间界定为较差。

（4）三个战略判断的顺序与关系

以上根据"治未病"理念构建了总体框架与三个具体的战略，并形成了针对三个具体战略的模糊判断模型，对于不同的审计制度，可以分别进行判别，判别的结果可以用来针对安全目标的不同，分析政府审计制度建设在三个方面的建设情况。但是进行判断是需要成本与资源投入的，是否对每一个类型，都要面面俱到地进行分析判断呢？实际上根据前面分析过的审计任务的演化过程，以及安全诉求的差异，再进行判定的时候，可以进行一些顺序优化，基本可以按照以下的原则进行：

①如果在经济安全的某方面，政府审计制度建设几乎是空白，就没有必要进行判断，只需要分析该方面的安全诉求是什么，按照其对应的安全诉求找到相应的审计制度建设战略。此时，这些具体战略应该是在此方面政府审计应该着力强化的，但是还要考虑成本、资源与技术因素。

②如果在经济安全的某方面，政府审计制度建设刚刚起步，

只有一些层次较低的规定或是办法，甚至是尝试出现，此时可以考虑先进行愈后防复战略的评价与判断，看结果如何，看是否处在已经达到基本安全要求的阶段。如果此时评价分数不高、在中等以下，可以认为此方面的安全诉求也许只能达到基本安全的要求。此时，可以暂不进行未病先防战略与既病防变战略的模型判断，因为以往政府审计本身就偏重于事后，如果连事后都没做好，就没必要评价其他两个方面了。如果此时发现对应的安全要求是很高的，如环境、信息安全等方面，对应的对策除了要补上愈后防复的短板以外，还应综合考虑其他两个战略的应用。

③对于经济安全的某些方面，政府审计制度建设已经进行，并且还是收效不错的，应该考虑对三个战略都进行评价，找到薄弱之处，形成下一步的建设重点，并且要考虑是否符合更高层次的安全诉求。

后文将对经济安全涉及的八个主要方面进行深入分析，探讨其安全的内容，对政府审计的制度建设情况，按照上述原则进行评价与分析，并结合不同的安全诉求，发现制度设计的短板，找到对应的制度建设战略，并依据每个方面的独特之处，对显性问题提出改进策略。

第5章
保障财政安全的政府审计制度评价与构建

5.1 财政安全的基本内涵

财政是国家政权赖以生存的经济基础,从职能视角来看,所谓财政安全,就是一国财政基本处于稳健增长的收支平衡状态(姜彦福,雷家骕,1999)[130],不存在引发财政危机的机制、问题与可能性,并且能对整个经济社会发展提供必要的支持。因此,财政安全的本质,就是国家财政处于健康稳健增长和持续支持经济社会发展的状态或能力(赵晓儒,2001;项文卫,2009)[131,132]。财政安全与财政风险其实可以被看成是同一事物的两个方面(孙玉栋,刘喆,常春,2013)[133]。从我国经济运行的现状来看,财政安全的因素主要包括财政收入安全、财政支出安全、国债安全、地方债安全等。

5.1.1 财政收入安全

财政收入，是指政府为履行其职能、顺利实施各种公共政策、提供基本公共产品与服务、维护经济安全而筹集的一切资金的总和。按政府取得财政收入的形式分类，财政收入可以分为税收收入、国有资产收益、收费收入以及其他收入等（刘志广，2010）[134]。财政收入安全主要包括总量的安全和结构的安全两个方面。

（1）财政收入总量的安全

财政收入总量达到一定程度才能满足提供公共产品与服务、执行公共政策与维护公共安全的基本要求，财政收入丰裕，自然国家的财政能力提高，可以办很多事情，但是这并不意味财政收入的绝对量越多越好，过高的税收、过大比例的国有资产收益分成会降低中观和微观经济个体的积极性，甚至出现竭泽而渔、揠苗助长的情况。但是如果收入过少，不足以应对基本的支出，国家财政就会通过其他财政和货币政策进行调节，把控不好，类似欧债危机的情况是极有可能上演的。目前我国财政收入总量安全方面存在以下主要问题：

第一，财政收入绝对数增长快，但财力仍不充足。以 2011 年为例，当年全国财政收入 10.38 万亿元，比 2010 年增加 2.06 万亿元，增长 24.8%，但同年的财政支出 10.92 万亿元，缺口仍然超过 5000 亿元。

第二，在相对数据方面表现为财政收入占比偏低。国家财政收入占 GDP 的比重从 1978 年 32.1% 下降到 1995 年的 10.7%。近年来，比例有所回升，2011 年达到接近 22% 的水平，但是也远远低于大多数国家财政收入占 GDP 比重 40% 以上的水平（李进江，2008）[135]，当然这个比例也不是越高就越安全。

（2）财政收入结构的安全

财政收入的结构包括财政收入项目结构、部门结构、所有制结构、地区结构等分类。

目前财政收入在中央层面主要来自税收收入，其中增值税、所得税又成为税收中占有比重较大的项目。在非税收入中，收费、罚没收入占财政收入的10%左右。土地财政收入仍是地方政府财政收入的重要来源。京、沪、津、渝四个直辖市仅2013年前三季度土地出让金就已经远超过2007年全年总额。2013年土地收入占地方财政收入的比例在50%左右。一些城市的土地收入在地方政府收入的占比甚至超过50%，最高达70%。其次，非税收入的增长强劲。非税收入的范围包括行政事业性收费、国有资产和国有资源收益、政府性基金、彩票公益金、罚没收入等。非税收入稳定性较差，能否保持持续增长存在更多风险。

5.1.2 财政支出安全

财政支出通常是指国家为提供公共产品与服务、执行公共政策与维护公共安全，将财政资金投入有关部门和方面进行支付的活动。19世纪德国经济学家阿道夫·瓦格纳提出，公共部门的规模应该随着人均收入的提高而扩大，同时财政支出的相对规模也会随之提高。我国也不例外，表5-1显示了我国从2001年到2012年间财政收入与财政支出的情况。

2012年，全国财政收入达11.73万亿元，比上年同期增加了13%，是2001年财政收入的7.16倍。该年度财政支出累计12.60万亿元，比上年同期增加了15%，是2001年财政支出的6.66倍，在该年度支出缺口达到8700亿元之多。

表 5-1　　　2001—2012 年我国财政收入与财政支出

年　份	财政收入（亿元）	财政支出（亿元）	差额（亿元）
2001 年	16386.04	18902.58	-2516.54
2002 年	18903.64	22053.15	-3149.51
2003 年	21715.25	24649.95	-2934.7
2004 年	26396.47	28486.89	-2090.42
2005 年	31649.29	33930.28	-2280.99
2006 年	38760.2	40422.73	-1662.53
2007 年	51321.78	49781.35	1540.43
2008 年	61330.35	62592.66	-1262.31
2009 年	68518.3	76299.93	-7781.63
2010 年	83101.51	89874.16	-6772.65
2011 年	103874.4	109247.8	-5373.36
2012 年	117253.5	125953	-8699.45

资料来源：《中国统计年鉴 2013》。

财政支出安全主要包括支出总量的安全和支出结构的安全两个方面。

财政支出应该量入而出，避免出现大量的赤字，带来财政风险，甚至面临所谓的"财政悬崖"。目前我国财政支出总量方面与结构的安全隐患主要来自以下三个方面。

（1）财政支出规模不足与浪费并存

目前，我国正处于体制上的转轨这一特殊时期，还不能实现分配关系的全面规范化，财政支出受政府财力的制约，政府财力规模的狭小导致了财政支出规模和水平的不足，比如，我国早在 1993 年就提出要在 2000 年实现财政性教育经费占 GDP4% 的目标（屈皓，2010）[136]，实际上直到 2012 年才实现，达到

4.28%。而1975年以来美国教育经费总投入占GDP的比例基本保持在7%，日本为6%，其他大多数发达国家如法国、加拿大等也都在6%以上，韩国近年来也达到了7%左右（董志学，2006）[137]。另一方面，支出管理不足，较为严重。2017年，财政部印发的《财政关于全面加强和规范执法检查工作的意见》就曾指出，财政资金浪费和国有资产流失扰乱了正常的财经秩序，影响了财税政策效能。同时，财政系统内部不同程度的存在政策制定、执行、监管制衡机制缺失的现象，多头执法，选择性执法，执法不规范不严格不透明的问题时有发生。

（2）财政支出结构不合理，"越位"与"缺位"并存

财政支出在范围上没有十分明确的界限，一些由于制度惯性而本应由企业和个人承担的支出，仍然由财政来负担（马骁，2004）[138]。比如，我国事业单位已经有很大一部分走向了市场，而且收入相当丰厚，但财政方面提供的经费支持却是有增无减。政府职能的正常履行，已经受到了这种财政支出格局的显著影响和制约，甚至难以满足在一些社会公共性开支上的最低资金需求，比如社会保障、基础教育以及科研等方面都存在财政资金不足的现象。

（3）财政支出管理机制尚未健全，财政资金未能实现应有的效益

有关部门通过对国家已支付的财政专项支出的研究提出，能够获得投资收益的也就占国家财政专项支出的1/3左右。究其原因，最主要的就是在决策上存在一定的失误，在项目论证上不够充分，在资金使用中缺乏有效管理和监督，在预算上存在约束不强以及管理不严等问题，致使在一些重复建设以及无效益的项目中引入大量财政资金，资金浪费严重。此外，非法挪用财政专项资金的现象仍然存在，甚至一些关乎国家经济安全的工程资金也

被非法挪用。例如，2011年支持新疆发展资金和项目跟踪审计结果显示，有34个项目的1.06亿元资金管理使用不规范，占审计抽查项目总数的4.46%。

5.1.3 国债安全

国债是国家信用的主要形式。发行国债的目的往往是弥补国家财政赤字，或者为国计民生建设耗资巨大、周期长、见效慢的基础建设项目（如高铁、地铁等），实施特殊经济政策乃至为战争筹措资金。国债规模，主要取决于国家生产力发展水平，两者是正相关关系。国债操作不当或是失控的情况也经常发生，"欧债危机""希腊破产"等事件无不和国家债务相关联，严重损害国家经济安全。

一般而言，国债的不安全因素主要来自于国债的发行风险、偿还风险和投向风险。表5-2是中央财政债务余额情况。

2012年底，中央财政国债余额为7.76万亿元，2011年底，余额为7.20万亿元，2010年为7.12万亿元。总体来看，呈现较快的增长趋势，债务依存度达到20%以上，超过了一般公认的15%—20%的国际警戒线。另外，国债的投向不太透明，投资的项目周期长，见效慢，偿还风险日益增加，之所以还能日益增加主要有赖于整体财政收入的持续增长，一旦整体财政收入增速放缓，偿还风险和发行风险将并行而至。

表5-2 2005—2012年我国中央财政债务余额情况

年　份	合计 （亿元）	国内债务 （亿元）	国外债务 （亿元）
2005年	32614.21	31848.59	765.52
2006年	35015.28	34380.24	635.02

续表

年 份	合计 （亿元）	国内债务 （亿元）	国外债务 （亿元）
2007 年	52074.65	51467.39	607.26
2008 年	53271.54	52799.32	472.22
2009 年	60237.68	59736.95	500.73
2010 年	67548.11	66987.97	560.14
2011 年	72044.51	71410.80	633.71
2012 年	77565.70	76747.91	817.79

资料来源：2005—2012 年《中国统计年鉴》。

5.1.4 地方债安全

根据我国《预算法》的相关规定，地方政府原来没有权力直接发行地方债券，但实际上，地方政府通过种种方式举债的行为屡见不鲜。2014 年 5 月，财政部发布《2014 年地方政府债券自发自还试点办法》（张墨宁，2014）[139]，经国务院批准，上海、山东、宁夏等 10 省市获得试点资格。山东省于 2014 年 7 月 11 日紧随广东，发行了 137 亿元"山东债"。

目前，中国地方政府债务主要包括：地方政府直接承担的债务以及地方政府提供信用担保的债务两大类。

地方债务的安全问题主要集中在其规模安全、融资安全、偿还安全和投向安全四个方面。比国债多出一个规模安全，是因为地方债的内容丰富、形式多样，不同统计口径下规模相差甚远，所以地方债务规模往往是一个更加"模糊"的数据，当前的中国地方债务统计就面临着这样的尴尬。审计署称，截至 2010 年底，地方政府性债务余额约 10 万亿元。而央行报告显示，其

"上限"为 14.4 万亿元。银监会规模约为 9.1 万亿元。

另外,突出的安全隐患是地方债的偿还问题,审计署报告显示,2010 年底地方政府性债务余额中,有近 30% 的负债于 2013—2015 年开始到期,另有 30% 的债务在 2016 年以后到期(王子萌,2012)[140]。表 5-3 是根据审计署 2013 地方债审计报告整理出的截至 2013 年 6 月地方债的基本情况。

表 5-3 我国地方债的基本情况(截至 2013 年 6 月)

政府层级	三项债务合计(亿元)	政府负有偿还责任的债务(%)	政府负有担保责任的债务(%)	政府可能承担一定救助责任的债务(%)
省级	51939.75	34.23	30.09	35.68
市级	72902.44	66.44	10.18	23.38
县级	50419.18	78.49	6.92	14.59
乡镇	3647.29	84.18	3.18	12.64
全国	178908.66	60.85	14.90	24.25

5.1.5 财政安全概貌

由以上四个方面的分析可以知道,财政安全的内容如图 5-1 所示,包括四个大类,每类包括 2-4 个安全因素,另外还附设了开放性的一类,用于归集财政安全不断面临的隐患问题。当然,每个安全因素还可以用定性或是定量的指标进行描述和评价。

第 5 章　保障财政安全的政府审计制度评价与构建

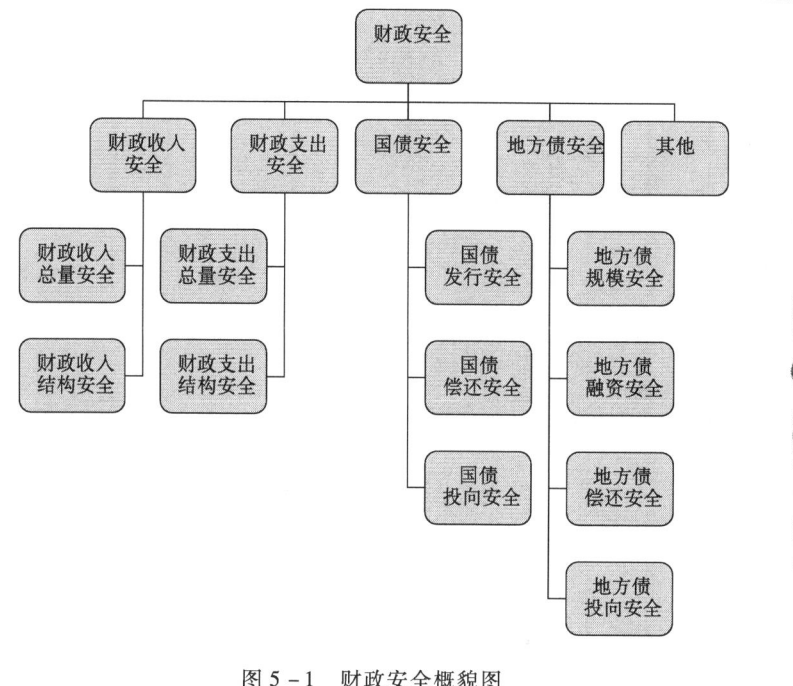

图 5-1　财政安全概貌图

5.2　财政审计制度的评价

5.2.1　财政审计制度的发展

财政审计是国家审计机关依照《宪法》和《审计法》对政府公共财政收支的真实性、合法性和效益性所实施的审计，是政府审计的重要形式（宋迪，2012）[141]。财政审计包括本级预算执行审计、下级政府预算执行和决算审计，以及其他财政收支审计等内容。我国一向比较重视财政问题，对财政资金进行监管的不仅有政府审计部门，财政部门每年也有相当规模的检查和监督活动，这也许是政府审计力量最为集中的一个部分。那么政府审计对于财政安全做过哪些工作，有什么样的制度设计呢？

从审计署审计结果公告来看，2009年至2013年审计署的审计工作主要集中于财政财务审计[16]，这五年间形成的149份审计公告，有45份是明确意义上的财政审计，占比为30.2%，还有很多也涉及财政资金流向。这45份公告中，涉及财政收入安全的为14份，占比31.1%；涉及财政支出安全的31份，占比68.9%；涉及地方债安全的9份，占比20%；其中既涉及财政收入，又涉及财政支出的12份，占比26.7%。而针对国债的基本没有专门的审计，也许审计部门认为这应该和一行三会的监管结合起来，或是在对一行三会进行审计时再涉及这个问题。

财政审计是政府审计的首选"动作"，最重要的法律依据是《中华人民共和国宪法》第九十一条规定：国务院设立审计机关，对国务院各部门和地方各级政府的财政收支，对国家的财政金融机构和企业事业组织的财务收支，进行审计监督（李宝震，1984）[142]；其次是《中华人民共和国审计法》（2006年修订）、《中华人民共和国审计法实施条例》（2010年修订）、《中华人民共和国国家审计准则》中涉及财政审计的内容，其中审计的定义，审计机关的职责、权限并多处涉及财政审计，详见表5-4。

表5-4　我国与财政审计有关的主要法规制度

法规制度	主要内容
《审计法》第二条	国务院各部门和地方各级人民政府及其各部门的财政收支，国有的金融机构和企业事业组织的财务收支，以及其他依照本法规定应当接受审计的财政收支、财务收支，依照本法规定接受审计监督

续表

法规制度	主要内容
《审计法》第十六条	审计机关对本级各部门（含直属单位）和下级政府预算的执行情况和决算以及其他财政收支情况，进行审计监督
《审计法》第十七条	审计署在国务院总理领导下，对中央预算执行情况和其他财政收支情况进行审计监督，向国务院总理提出审计结果报告。地方各级审计机关分别在省长、自治区主席、市长、州长、县长、区长和上一级审计机关的领导下，对本级预算执行情况和其他财政收支情况进行审计监督，向本级人民政府和上一级审计机关提出审计结果报告
《审计准则》第二十八条	将"国家和地区财政收支、财务收支以及有关经济活动情况"列为审计机关审计项目的第一备选来源
《审计准则》第三十六条	对于预算管理或者国有资产管理使用等与国家财政收支有关的特定事项，符合下列情形的，可以进行专项审计调查：（一）涉及宏观性、普遍性、政策性或者体制、机制问题的；（二）事项跨行业、跨地区、跨单位的；（三）事项涉及大量非财务数据的；（四）其他适宜进行专项审计调查的
《审计准则》第一百二十三条	审计报告的内容包括：审计发现的被审计单位违反国家规定的财政收支、财务收支行为和其他重要问题的事实、定性、处理处罚意见以及依据的法律法规和标准
《审计准则》第一百二十六条	对审计或者专项审计调查中发现被审计单位违反国家规定的财政收支、财务收支行为，依法应当由审计机关在法定职权范围内作出处理处罚决定的，审计机关应当出具审计决定书
《实施条例》第二条	审计法所称审计，是指审计机关依法独立检查被审计单位的会计凭证、会计账簿、财务会计报告以及其他与财政收支、财务收支有关的资料和资产，监督财政收支、财务收支真实、合法和效益的行为

续表

法规制度	主要内容
《实施条例》第十六条	审计机关对本级预算收入和支出的执行情况进行审计监督的内容：（一）财政部门按照本级人民代表大会批准的本级预算向本级各部门（含直属单位）批复预算的情况、本级预算执行中调整情况和预算收支变化情况；（二）预算收入征收部门依照法律、行政法规的规定和国家其他有关规定征收预算收入情况……（八）法律、法规规定的其他预算执行情况

资料来源：《审计法》《审计实施条例》《审计准则》。

在省一级层面的地方政府审计活动中，是否存在同样情况的财政审计活动，或是地方性的审计法规或是约定俗成的审计惯例呢？以华东六省山东省、江苏省、安徽省、浙江省、江西省、福建省为例，搜索相关的审计网站，大部分省份每年的审计数量在2—5次，80%以上为财政收支审计或是财政专项资金审计。省级的审计制度中，财政审计也是核心，以山东省为例，《山东省审计监督条例（2012年）》，规定"任何单位和个人对违反国家规定的财政收支、财务收支行为以及有关经济活动，有权向审计机关举报"[143]；"审计机关依法对下列事项的真实性、合法性、效益性进行审计监督：（一）预算执行情况和决算以及其他财政收支；（二）使用财政资金的事业组织的财务收支等"；该条例第十、十一条对财政审计的范围、审计机关的权限等方面进行了开放式的限定，理论上可以适应财政审计横向、纵向不断延伸、审计监督全过程控制的发展趋势，但是山东2012年的审计公告基本和往年的情况类似，这说明审计制度在该区域具有一定的前瞻性，也说明山东省的财政审计可以作为的空间极大。

5.2.2 未病先防判断模型评价

对照第四章中政府审计制度战略判别模型，我们可以识别现有的财政审计制度的建设程度，从而找到基于不同安全目标的审计制度创新策略，并有针对性地进行策略选择。我们还可以依据第四章设定的打分标准和模糊判断模型，通过对审计署、各省审计厅网站（其中新疆和西藏的审计资料未在网上公开，故剔除）2011—2013年公开资料（新闻、审计公告等）进行挖掘和数据整理的基础上，采取项目小组工作加头脑风暴法来评分。

评分表如表5-5，每一位专家依据项目组提供的财政安全要点、财政审计现状以及制定的打分标准，对每一项进行选择，评判等级为优秀、良好、中等、较差与极差，然后再汇总，算出每一个评价占比，详见表5-6。

表5-5　未病先防战略评价打分表

	优秀	良好	中等	较差	极差
审计预警指标评级体系的构建和完善程度					
审计预警信息平台整合程度					
审计预警的人员组织和管理程度					
审计预警报告程度					
审计文化建设					
审计人员能力提升					
审计教学科研繁荣					
其他措施（外包、社会监督等）					

表 5-6 未病先防战略赋分汇总表（针对财政安全）

一级指标	权重	二级指标	权重	评语集				
				优秀	良好	中等	较差	极差
U_1	0.6	U_{11}	0.35	0	0	0.2	0.4	0.4
		U_{12}	0.25	0	0	0.1	0.5	0.4
		U_{13}	0.25	0	0	0.2	0.3	0.5
		U_{14}	0.15	0	0	0.1	0.4	0.5
U_2	0.4	U_{21}	0.30	0	0	0.2	0.3	0.5
		U_{22}	0.25	0	0	0.3	0.4	0.3
		U_{23}	0.25	0	0	0.2	0.4	0.4
		U_{24}	0.20	0	0	0.3	0.3	0.4

首先，进行模糊评价：

$$S_1 = W_1 \times X_1 = \begin{bmatrix} 0.35 \\ 0.25 \\ 0.25 \\ 0.15 \end{bmatrix}^T \times \begin{bmatrix} 0 & 0 & 0.2 & 0.4 & 0.4 \\ 0 & 0 & 0.1 & 0.5 & 0.4 \\ 0 & 0 & 0.2 & 0.3 & 0.5 \\ 0 & 0 & 0.1 & 0.4 & 0.5 \end{bmatrix} = \begin{bmatrix} 0 \\ 0 \\ 0.16 \\ 0.4 \\ 0.44 \end{bmatrix}^T$$

同理：$$S_2 = W_2 \times X_2 = \begin{bmatrix} 0.30 \\ 0.25 \\ 0.25 \\ 0.20 \end{bmatrix}^T \times \begin{bmatrix} 0 & 0 & 0.2 & 0.3 & 0.5 \\ 0 & 0 & 0.3 & 0.4 & 0.3 \\ 0 & 0 & 0.2 & 0.4 & 0.4 \\ 0 & 0 & 0.3 & 0.3 & 0.4 \end{bmatrix} = \begin{bmatrix} 0 \\ 0 \\ 0.245 \\ 0.35 \\ 0.405 \end{bmatrix}^T$$

然后，进行二级模糊评价：

第 5 章　保障财政安全的政府审计制度评价与构建

$$A = W \times S = \begin{bmatrix} 0.6 \\ 0.4 \end{bmatrix}^T \times \begin{bmatrix} 0 & 0 & 0.16 & 0.4 & 0.44 \\ 0 & 0 & 0.245 & 0.35 & 0.405 \end{bmatrix} = \begin{bmatrix} 0 \\ 0 \\ 0.194 \\ 0.38 \\ 0.426 \end{bmatrix}^T$$

为了便于评定分值不妨设：

$v = (v_1, v_2, v_3, v_4, v_5) = \{$优秀，良好，中等，较差，极差$\} = \{95, 85, 75, 65, 30\}$，此处的取分是依据每一分档的中位数给出的，当然也可以有其他的设定方法，但是应该不会影响评价结果的相对大小。二级评价的分值分别为：

$u_1 = S_1 \times V = 0 \times 95 + 0 \times 85 + 0.16 \times 75 + 0.4 \times 65 + 0.44 \times 30 = 51.2$

$u_2 = S_2 \times V = 0 \times 95 + 0 \times 85 + 0.245 \times 75 + 0.35 \times 65 + 0.405 \times 30 = 53.275$

一级评价的分值为：

$u = 0 \times 95 + 0 \times 85 + 0.194 \times 75 + 0.38 \times 65 + 0.426 \times 30 = 52.03$

未病先防战略评价得分为 52.03，处在"极差"的评价阶段，其中预警战略得分 51.2，处在"极差"评价阶段；扶正得分 53.275，也处在"极差"评价阶段。各个子指标的得分以及对应评价等级如表 5-7：

表 5-7　财政安全审计未病先防战略评价得分以及对应评价等级

	得分	等级
审计预警指标评级体系的构建和完善程度	53	极差
审计预警信息平台整合程度	52	极差

续表

	得分	等级
审计预警的人员组织和管理程度	49.5	极差
审计预警报告程度	48.5	极差
审计文化建设	49.5	极差
审计人员能力提升	57.5	极差
审计教学科研繁荣	53	极差
其他措施（外包、社会监督等）	54	极差

5.2.3 既病防变判断模型评价

同理，我们可以进行既病防变阶段的模糊评价：

表 5-8 既病防变战略赋分汇总表（针对财政安全）

一级指标	权重	二级指标	权重	评语集				
				优秀	良好	中等	较差	极差
U_1	0.5	U_{11}	0.50	0	0	0.2	0.4	0.4
		U_{12}	0.50	0	0	0.1	0.4	0.5
U_2	0.5	U_{21}	0.40	0	0	0.1	0.3	0.6
		U_{22}	0.30	0	0	0.2	0.4	0.4
		U_{23}	0.30	0	0	0.1	0.5	0.4

$$S_1 = W_1 \times X_1 = \begin{bmatrix} 0.5 \\ 0.5 \end{bmatrix}^T \times \begin{bmatrix} 0 & 0 & 0.2 & 0.4 & 0.4 \\ 0 & 0 & 0.1 & 0.4 & 0.5 \end{bmatrix} = \begin{bmatrix} 0 \\ 0 \\ 0.15 \\ 0.4 \\ 0.45 \end{bmatrix}^T$$

第5章 保障财政安全的政府审计制度评价与构建

同理：$S_2 = W_2 \times X_2 = \begin{bmatrix} 0.4 \\ 0.3 \\ 0.3 \end{bmatrix}^T \times \begin{bmatrix} 0 & 0 & 0.1 & 0.3 & 0.6 \\ 0 & 0 & 0.2 & 0.4 & 0.4 \\ 0 & 0 & 0.1 & 0.5 & 0.4 \end{bmatrix} = \begin{bmatrix} 0 \\ 0 \\ 0.13 \\ 0.39 \\ 0.48 \end{bmatrix}^T$

然后，进行二级模糊评价：

$A = W \times S = \begin{bmatrix} 0.5 \\ 0.5 \end{bmatrix}^T \times \begin{bmatrix} 0 & 0 & 0.15 & 0.4 & 0.45 \\ 0 & 0 & 0.13 & 0.39 & 0.48 \end{bmatrix} = \begin{bmatrix} 0 \\ 0 \\ 0.14 \\ 0.395 \\ 0.465 \end{bmatrix}^T$

为了便于评定分值不妨设：

$v = (v_1, v_2, v_3, v_4, v_5) = \{$优秀，良好，中等，较差，极差$\} = \{95, 85, 75, 65, 30\}$，此处的取分是依据每一分档的中位数给出的，当然也可以有其他的设定方法，但是应该不会影响评价结果的相对大小。二级评价的分值分别为：

$u_1 = S_1 \times V = 0 \times 95 + 0 \times 85 + 0.15 \times 75 + 0.4 \times 65 + 0.45 \times 30 = 50.75$

$u_2 = S_2 \times V = 0 \times 95 + 0 \times 85 + 0.13 \times 75 + 0.39 \times 65 + 0.48 \times 30 = 49.5$

一级评价的分值为：

$u = 0 \times 95 + 0 \times 85 + 0.14 \times 75 + 0.395 \times 65 + 0.465 \times 30 = 50.125$

既病防变战略评价得分为50.125分，处在"极差"的评价阶段，其中阻断战略得分50.75，处在"极差"评价阶段；有效控制战略得分49.5，也处在"极差"评价阶段中半段。各个子指标的得分以及对应评价等级如表5-9：

表 5-9　既病防变战略评价得分以及对应评价等级

	得分	等级
审计阻断指标的构建和完善程度	53	极差
审计阻断判别模型的构建程度	48.5	极差
快速跟进的机制	45	极差
迅捷的反应机制	53	极差
有力度的公告处理机制	52	极差

5.2.4　愈后防复判断模型评价

根据表 5-10，主要的计算过程如下：

表 5-10　愈后防复战略赋分汇总表（针对财政安全）

一级指标	权重	二级指标	权重	评语集				
				优秀	良好	中等	较差	极差
U_1	0.4	U_{11}	0.3	0	0.5	0.3	0.2	0
		U_{12}	0.25	0	0.4	0.3	0.2	0.1
		U_{13}	0.3	0	0.2	0.5	0.2	0.1
		U_{14}	0.15	0	0.1	0.4	0.3	0.2
U_2	0.6	U_{21}	0.2	0	0.5	0.3	0.1	0.1
		U_{22}	0.2	0	0.1	0.4	0.3	0.2
		U_{23}	0.2	0	0.2	0.4	0.3	0.1
		U_{24}	0.15	0	0.2	0.3	0.4	0.1
		U_{25}	0.15	0	0.2	0.2	0.5	0.1
		U_{26}	0.1	0	0.2	0.2	0.4	0.2

首先，进行模糊评价：

第5章 保障财政安全的政府审计制度评价与构建

$$S_1 = W_1 \times X_1 = \begin{bmatrix} 0.3 \\ 0.25 \\ 0.3 \\ 0.15 \end{bmatrix}^T \times \begin{bmatrix} 0 & 0.5 & 0.3 & 0.2 & 0 \\ 0 & 0.4 & 0.3 & 0.2 & 0.1 \\ 0 & 0.2 & 0.5 & 0.2 & 0.1 \\ 0 & 0.1 & 0.4 & 0.3 & 0.2 \end{bmatrix} = \begin{bmatrix} 0 \\ 0.325 \\ 0.375 \\ 0.215 \\ 0.085 \end{bmatrix}^T$$

同理：$S_2 = W_2 \times X_2 = \begin{bmatrix} 0.2 \\ 0.2 \\ 0.2 \\ 0.15 \\ 0.15 \\ 0.1 \end{bmatrix}^T \times \begin{bmatrix} 0 & 0.5 & 0.3 & 0.1 & 0.1 \\ 0 & 0.1 & 0.4 & 0.3 & 0.2 \\ 0 & 0.2 & 0.4 & 0.3 & 0.1 \\ 0 & 0.2 & 0.3 & 0.4 & 0.1 \\ 0 & 0.2 & 0.2 & 0.5 & 0.1 \\ 0 & 0.2 & 0.2 & 0.4 & 0.2 \end{bmatrix} = \begin{bmatrix} 0 \\ 0.24 \\ 0.315 \\ 0.315 \\ 0.13 \end{bmatrix}^T$

然后，进行二级模糊评价：

$$A = W \times S = \begin{bmatrix} 0.4 \\ 0.6 \end{bmatrix}^T \times \begin{bmatrix} 0 & 0.325 & 0.375 & 0.215 & 0.085 \\ 0 & 0.24 & 0.315 & 0.315 & 0.13 \end{bmatrix} = \begin{bmatrix} 0 \\ 0.274 \\ 0.339 \\ 0.275 \\ 0.112 \end{bmatrix}^T$$

为了便于评定分值不妨设：

$v = (v_1, v_2, v_3, v_4, v_5) = \{$优秀，良好，中等，较差，极差$\} = \{95, 85, 75, 65, 30\}$，此处的取分是依据每一分档的中位数给出的，当然也可以有其他的设定方法，但是应该不会影响评价结果的相对大小。二级评价的分值分别为：

$u_1 = S_1 \times V = 0 \times 95 + 0.325 \times 85 + 0.375 \times 75 + 0.215 \times 65 + 0.085 \times 30 = 72.275$

$u_2 = S_2 \times V = 0 \times 95 + 0.24 \times 85 + 0.315 \times 75 + 0.315 \times 65 + 0.13 \times 30 = 68.4$

一级评价的分值为：

$$u = 0 \times 95 + 0.274 \times 85 + 0.339 \times 75 + 0.275 \times 65 + 0.112 \times 30 = 69.95$$

愈后防复战略评价得分为 69.95 分，小于 70 分，处在"较差"的等级阶段，证明目前财政审计方面的制度建设距离第一阶段审计安全的目标要求（基本安全）尚有差距，但是并不太多，需要在强化分数较差领域的制度建设以后，考虑升级到第二阶段（一般安全）。

审计结果利用战略得分 72.275，处在"中等"的等级阶段的上边缘；各个部分的得分以及得分比见表 5 – 11：

表 5 – 11　审计结果利用得分以及对应评价等级

	得分	等级
审计结果价值发现程度	78	中等
审计结果分析程度	72.5	中等
审计结果传递与沟通程度	70.5	中等
审计结果利用情况监督程度	64	较差

审计问责战略得分 68.4 分，处在"较差"的等级阶段，相对而言，各个部分的得分以及等级见表 5 – 12。审计问责法规得分更低，需要更多关注。

表 5 – 12　审计问责得分以及对应评价等级

	得分	等级
审计问责范围	74.5	中等
审计问责法规建设	64	较差
审计问责主体	69.5	较差
审计责任落实及审计问责反馈	68.5	较差
公示与联合执法情况	67.5	较差
合作平台	64	很差

5.3 财政审计制度的构建思路

如前所述,目前我国财政审计处在基本安全的建设巩固阶段,但是现实对于财政审计的期望是非常高的,因此,采取的创新战略是首先强化愈后防复各项战略的建设,其次是初步打造未病先防、既病防变阶段的制度规划。

5.3.1 强化愈后防复战略

第一大类审计结果发现指数总体评价得分情况尚可,属于中等的建设水平,审计结果的发现程度也比较乐观,审计署以及各级审计部门对财政审计结果的重视程度可见一斑,但是审计结果的传递和沟通程度一般,而对审计结果利用的监督则较差。

第二大类审计问责总的得分情况处在"较差"的等级阶段,其中审计问责范围是得分较高的,处在"中等"等级,但是也应该看到,这是最近几年"审计风暴"一再刮起的结果,而在2003年以前是很难想象的。2003年审计署曝光铁道部、人事部等部委预算执行审计结果中存在的严重问题;2004年曝光医院违规收费问题;2007年公布了财政部等49个部门单位2006年度预算执行和其他财政收支审计结果中存在的问题。此后每年都有类似的全国范围内的问责与公告。但是审计问责法规建设并没有被"风暴"唤醒,等级为"较差",因此可以认为审计问责主体虽在,但只是扮演一个建议者和观察者的角色,地位不高,因此难免人微言轻,等级为"较差"。审计责任落实及审计问责反馈、联合执法情况、监督合作平台等级为"很差",这也与前面问卷调查以及访谈中的情况相吻合。

综上可知，财政审计要完成其安全目标首先要强化的是相对较弱的财政审计问责制度，其中尤其要着重提高审计问责主体的地位，强化审计问责反馈制度，逐步建立财政审计资源平台，财政审计同级审计之间、上下级审计之间、审计部门和其他监管部门之间要进行评价内容的整合与优化，从而提高公共资源的配置效率，坚持大的安全观。另外，应该强化审计结果分析制度，形成针对不同主题的审计结果沟通方式，充分利用信息化资源，不必完全拘泥于一种形式，甚至直接就将结果转化成普通大众可以分辨的评价形式，比如给出类似这样的评价："某某单位的审计结果是5星级，去年是4星级"，复杂的数据分析只适合于专家和密切利益相关者，而政府审计是保护全国的经济安全，应该让每个人感觉到这一点。

5.3.2 未病先防与既病防变制度规划

未病先防与既病防变两个战略，一共有13个子项目，总的得分属于"极差"等级。未病先防得分略强于既病防变，未病先防涵盖的8个子项目得分除审计人员能力提升外，都属于"极差"等级，其中审计扶正指数要略次于审计预警指数，都属于"极差"等级。既病防变得分最低，属于"极差"等级，下属的阻断指数和有效治疗指数不相上下，都属于"极差"等级，涉及的5个子指标都属于"极差"等级，其中最差的是审计阻断判别模型的构建程度。

综上所述，财政审计要初步打造未病先防与既病防变阶段的制度规划，首先要强化"既病防变"的内容，尤其要筹划制定审计阻断判别制度程度，强化财政审计快速跟进机制的是相对较弱的财政审计问责制度。另外，要强化"未病先防"涵盖的内容，优先强化审计预警指标评级制度以及审计预警信息平台整合制度。

5.3.3 具体制度建设策略

第一,增加财政审计覆盖的范围,延长审计链条。要保证财政安全的四个基本方面全覆盖,就要包含财政收入安全、财政支出安全、国债安全和地方债安全,并且要尽可能延长审计链条,将这四个方面涉及的内容涵盖进去。关于把全部的财政资金都纳入财政审计的监督范围内,李克强总理在 2014 年审计署工作会议中,提出要"审计全覆盖",支出使用财政资金的单位、项目,都应该接受审计监督。

第二,财政审计评价内容的整合与优化。财政审计应该同其他专业审计部门密切合作,协同作战。在同级审计中,对重点领域的财政审计如果涉及其他预算执行审计,且需要取证的,可以会同其他审计组同时开展审计。不同层级审计机关还可以组织实施同步项目,形成合力,充分利用现有审计资源,解决全国性、区域性的财政审计问题,比如最近两年展开的地方债审计就是比较好的范例,但是需要进行制度层面的建设,以实现审计评价内容的整合的科学化。

第三,提升财政审计的目标导向。财政审计的目标应提升到国家治理的高度。财政审计是政府审计的核心内容,是参与国家治理的主要工具,财政审计的目标不应该仅仅局限在对财政资金的审计,而是要站在国家治理的高度关注财政监管,并且要兼顾国家治理中的其他方面,履行"经济卫士"的职责。财政审计的眼光应提高到维护国家财政安全的高度。

第6章

保障战略资源安全的政府审计制度评价与构建

6.1 战略资源安全的基本内涵

6.1.1 战略资源与战略资源安全

战略资源安全,是指一国拥有稳定可持续的自然资源,在数量和质量上足以供给国家运行、经济和社会发展的正常需求。20世纪70年代,国际上爆发第一次石油危机之后,日本学者开始关注日本的生存空间和经济安全问题(赵巍,2012)[144]。到了80年代,美、日等国相继产生了一系列深入探讨战略资源安全问题的研究成果。20世纪90年代,战略资源安全问题引起了越来越多的关注,战略资源安全的概念已被逐渐纳入世界上众多国家的国家战略或政府政策之中。

党中央、国务院一直高度重视战略资源安全问题,已经把战略资源安全工作作为政治经济工作的重心之一。《中华人民共和国国民经济和社会发展第十二个五年计划纲要》提出抓紧解决好粮食、水、石油等战略资源问题,把贯彻可持续发展战略提高到一个新水平,重点建立起国家石油战略储备,维护国家能源安全。党的十八大报告提出健全国土空间开发、资源节约、生态环境保护的体制机制,保障国家能源安全,推动形成人与自然和谐发展的现代化建设新格局。在我国南海资源被东南亚、南亚许多国家掠夺和侵占的背景下,2012年沸沸扬扬的钓鱼岛事件再次把战略资源安全问题摆在了党和国家的面前。[16] 由此可见,战略资源安全问题是事关我国政治经济安全的一个非常重大的课题。

战略资源安全审计是政府审计的一个重要组成部分,它主要是指权力机构或行政机构就一定时空范围内的资源行为及其结果所作的审计。目前,我国已实施了对土地资源、矿产资源、森林资源、水资源等的审计工作,而这些审计项目都是从资金入手,延伸进行资金利用绩效审计和资源安全审计,基本目标在于保证在出现重大安全问题之前发现问题隐患,从而提出政策建议来完善审计制度,充分发挥资源审计在经济运行中的"免疫系统"功能。本书力图在研究我国战略资源安全审计的现状及问题的基础上,分析和评价我国战略资源安全审计制度,为政府审计完善相应的审计制度提供建议。

(1) 战略资源的含义

战略资源,主要是指国民经济生活中具有举足轻重作用的,对一国未来的发展和发展目标的实现具有重要影响的资源(李晓勇,2003)[145]。我国战略资源状况恰恰体现了战略资源的主要特点,即供给的稀缺性、获得成本较高、影响的普遍性三个方面：一是供给的稀缺性。我国战略资源形势非常严峻，如铁、铜储量就存在着相对不足的问题。另外，我国人均耕地和淡水拥有量在世界各国排名中也比较靠后。二是获得成本较高。由于对战略资源保护不够和浪费严重等原因，目前我国主要战略资源的获得相当一部分是依靠进口，尤其以石油为代表，不但购买量大，而且没有定价主动权，获得成本较高。三是影响的普遍性。随着世界经济的持续增长，各国对能源需求量的不断增长势必会带来对能源激烈的争夺，这是能源在国民经济及国家安全方面具有重要战略意义造成的（刘阳，柯佑鹏，2010）[146]。

（2）战略资源安全的含义

战略资源安全是指一国所拥有的，或实际占有的，或可得到的各种战略资源的数量和质量，能够保障该国当前的需要、参与国际竞争的需要和可持续发展的需要（刘瑾，2006）[147]。毋庸置疑，我国属于世界上少数几个资源大国之一。尽管近年来我国经济实现了两位数的快速增长率，但粗放的增长方式却让我国付出了巨大的资源环境代价，加剧了能源短缺的压力，带来了煤、电和油的全面紧张的局势。

我国战略资源状况从动态方面来说，资源利用极其不合理；从静态方面来说，资源结构不合理；从广度和深度来说，对国家政治经济影响广泛和持久。主要表现在以下几个方面：一是我国战略资源开发利用不合理。中华人民共和国成立后，为了满足人民日益增长的物质需求，我国经济的发展以消耗大量战略资源、牺牲环境为代价。现在情况虽有所改善，但不合理开发等情况频有发生，导致我国战略资源尤其是矿产资源面临严峻的形势。二是资源结构不合理、地域分布不平衡。如我国石油和天然气资源所占比重仅为2.3%，远低于21%的世界平均水平。另外，我国资源在空间上严重分布不均，不仅增加了开发管理的难度，而且在很大程度上影响了战略资源的安全状况。三是影响的普遍性。战略资源的重大影响不仅表现在现在和未来,而且其影响力深入国家安全、国民经济、社会生活等各方面。如粮食资源是三大重要的战略资源之一,对其进行保护具有重大的战略性意义。单从农作物播种面积来看,虽然总播种面积小幅提高,但是增长率远低于人均增长和需求水平。蔬菜耕种面积有所提高,然而小麦播种面积却呈现下降趋势,粮食安全问题可见一斑。如表6-1所示:

表6-1　　　　　我国农作物播种面积

指　标（千公顷）	2000年	2010年	2011年	2012年
小麦播种面积	26653	24257	24270	24268
蔬菜播种面积	15237	19000	19639	20353
农作物总播种面积	156300	160675	162283	163416

资料来源:《中国统计年鉴2013》。

从横向上来看,与世界其他国家进行比较,我国资源状况处于落后地位。如石油资源,美国是一个建立在"低产井"基础上的、长盛不衰的石油大国。而我国石油人均剩余可采储量仅为世界平均水平的1/10,我国石油对外依存度大,目前已超过50%,而且,价格上受到牵制,对我国经济发展产生严重的不利影响。另外,世界整体战略资源安全状况也处于紧张局势,不仅战略能源面临着激烈的竞争态势,而且人类生活资源如全球食用谷物库存量也接近了30年的最低水平。我国乃至全球面临着战略资源枯竭的问题,战略资源安全的重要性和时代意义已非常突出,政府审计发挥职能保障战略资源安全责无旁贷。

(3) 保障战略资源安全的意义

第一,战略资源安全关乎国防安全与民族利益。中国的南海有"第二个中东"的美称，但长期受东南亚和南亚众多国家的侵占和掠夺。截至 2013 年，南海五国在南海海域的钻探油井达 1380 口，产值超过 2000 多亿美元。所以说战略资源安全也关系到我国的领土安全和主权完整，是影响整个中华民族利益的重大课题。

第二，战略资源安全关乎国民经济安全。能源是经济发展之基，中国目前获得战略资源的主要途径仍然是直接在国际市场上购买。从微观经济学的角度来看，可以用里昂惕夫生产函数解释战略资源安全的重要经济意义。这一生产函数又称固定比例投入生产函数，厂商的产量取决于比值最小的那一要素的投入。从这一层面来说，战略经济资源的不足将导致生产链的中断，造成经济的重大损失。

从宏观经济学的角度来分析，经济增长的源泉来自于两个方面，一是技术的革新，另外一方面是生产要素的投入。经济资源对经济的发展起着尤为重要的作用，因此，战略资源具有非常重大的经济意义。自 20 世纪 90 年代以来，我国已成为石油净进口国，这一情况在 2010 年以后更为严重，其依存度达到了 30% 以上，石油安全问题可见一斑。我国的石油供应受到西方国家的制约，定价问题亦不具有主动权，获得成本较高。这不但在很大程度上造成我国经济产品在价格上不具有优势，还严重影响了我国的经济安全。

6.1.2 战略资源安全的主要内容

(1) 土地安全

耕地大量流失是经济社会转型的重要标志之一。作为经济社会发展稀缺的自然资源和不可替代的生产要素，土地的利用与管理问题日益凸显，比如供求关系矛盾尖锐，经济利益冲突严重，

第6章 保障战略资源安全的政府审计制度评价与构建

土地安全面临严峻的挑战等。

土地资源安全是战略资源安全的核心,也是国家经济安全的基础(范妃妃,程久苗,2011)[148]。土地资源安全问题的提出源于20世纪90年代,这和我国城镇化的迅速发展密切相关,社会对土地资源的利用程度大大增加,在某些程度上超出了其承载能力,因此造成了一些土地不安全问题。目前土地资源安全尚未形成统一的概念,从可持续发展角度来说,它指国家土地资源对国家的可持续发展具有良好的支撑和保障能力(王炳春,2007)[149]。

具体到国家经济安全的视角,土地安全是土地资源安全的核心,其主要内容包括:土地供应数量安全、土地供应质量安全、土地使用效益安全、土地使用结构安全等内容(谷树忠,2002)[150]。

我国耕地面积所占比例较小,且近年来呈现下降趋势。截至2012年底,全国耕地仅占农用地总面积不到21%,而且近年来由于经济或者环境原因不断锐减(如图6-1所示)。尽管国家在尽力扩展耕地,而每年耕地增加面积远低于耕地减少面积(如图6-2所示)。

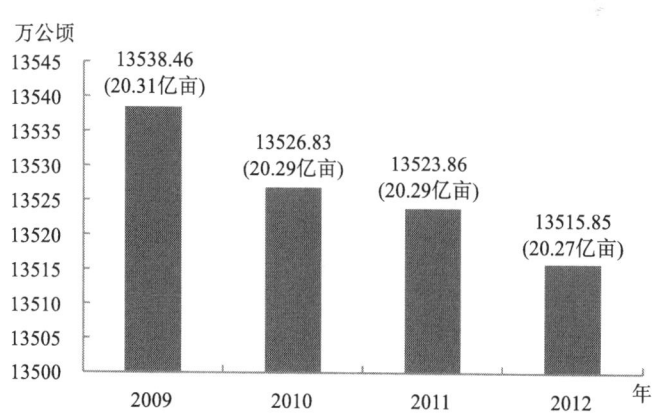

图6-1 2009—2012年我国耕地面积变化趋势图

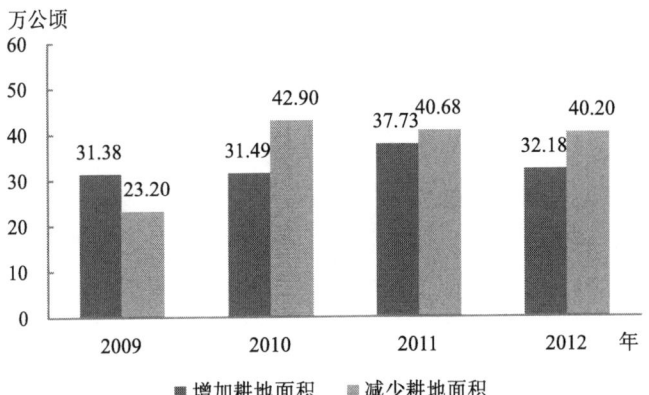

图6-2 2009—2012年我国耕地面积增减变化图

我国建设用地中，农村工矿用地占据了较大的比例。截至2012年底，建设用地3690.70万公顷，其中城镇村及工矿用地3019.92万公顷。在2013年以前，工矿建设项目的审批主要通过省政府，此后，国家对耕地及土地安全问题高度重视，把较大比例的审批项目交给国务院进行详细勘察（如图6-3所示）。

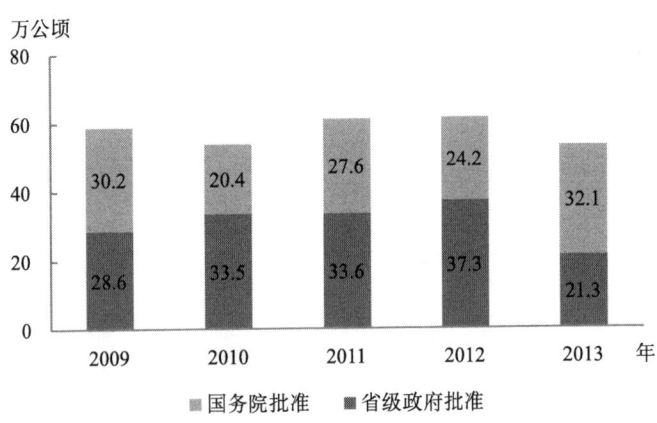

图6-3 2009—2013年我国土地项目批准部门比例图

第6章 保障战略资源安全的政府审计制度评价与构建

（2）矿产资源安全

矿产资源是关乎人类生存发展的一种重要的战略资源，它支撑了占我国 GDP 70% 的经济运转，保障了 300 多个矿业城市的生存与发展，形成了上万个大型国有矿山企业，解决了 2000 多万人口的就业（赵洋，2011）[151]。

关于矿产资源安全的概念，汪云甲的界定比较具有代表性：满足国家生存与发展正常需求的供应保障的稳定程度，以及开发、使用不对人类生存与发展环境构成威胁（罗辉，宦吉娥，2010）[152]。矿产资源安全就是指在经济和社会发展过程中，可持续地足量获取各种矿产资源，并保持经济发展和生态环境和谐、不受侵害的状态与能力。我国经济正在不断发展，对矿产资源的需求不断增加，内外都面临着巨大压力。但是普遍存在的问题是，我国并没有真正树立科学的矿产资源安全观，矿产资源安全形势严峻。

矿产资源安全的内容主要包括矿产资源数量安全、矿产资源质量安全、矿产资源价格安全、矿产资源使用安全等。

我国矿产资源种类比较丰富，随着技术的进步、投资的增加，勘测存储量亦有小幅增长。截至 2013 年底，主要矿产资源查明储量均处在较高的水平（如表 6-2 所示）。其中，天然气查明资源储量比上年增长 8.9%，铁、锰、铜等矿产查明资源储量也均有不同幅度的增长。[153]

表 6-2　　　　　　我国矿产资源储量

矿种	单位	查明资源储量
煤炭	亿吨	14208
石油	亿吨	33.3
天然气	万亿立方米	4.4

续表

矿种	单位	查明资源储量
铁	矿石亿吨	775.3
铜	金属万吨	9036.6
铝	矿石亿吨	38.2
锌	金属万吨	12355.8
钨	WO_2万吨	696.9
锡	金属万吨	411.7
钼	金属万吨	2131.9
金	金属吨	8196.2
硫铁矿	矿石亿吨	56.9

尽管我国矿产资源已探明储存数量保持小幅增长,却仍然远远低于人民的消费需求和国民经济运转的需要。2007年以来,我国能源消费总量呈现出较高的增长趋势(如图6-4所示),主要能源的消费增长率均超过了29%(如表6-3所示)。特别要注意的是,我国煤炭及石油消费量不断上涨,远远高于供应量,尤其表现在石油方面,目前大部分依赖于进口(如图6-5、图6-6所示),严重影响我国的经济安全。

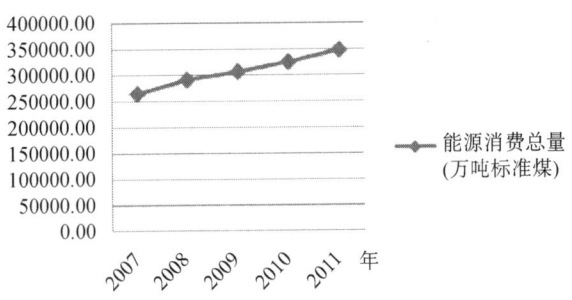

图6-4 我国能源消费总量趋势图(2007—2011年)

表6-3 我国主要能源消费增长表（2007—2011年）

年份	煤炭（万吨）	原油（万吨）	天然气（亿立方米）	电力（亿千瓦时）
2007	258641.40	34031.60	695.23	32711.80
2008	281095.92	35496.24	812.94	34541.35
2009	295833.08	38128.59	895.20	37032.14
2010	312236.50	42874.55	1075.75	41934.49
2011	342950.24	43965.84	1305.30	47000.88
增长率	32.6%	29.19%	87.75%	43.68%

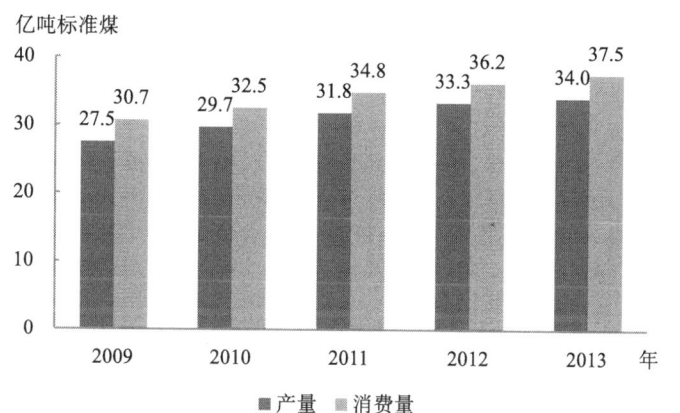

图6-5 2009—2013年我国煤炭产量及消费量

(3) 水安全

我国是个缺水国家，且缺水地区主要集中于"老、少、边、穷"地区，在这些地区，水安全甚至成为制约当地经济发展的主要因素之一。在2000年斯德哥尔摩的水讨论会上，"水安全"一词被第一次提出。此次会议将水安全归属为非传统安全的范畴，但是对于缺水国家而言，水安全问题应该是一个常规选项，这是因为水资源是重要的战略资源。水安全是指在一定的流域或

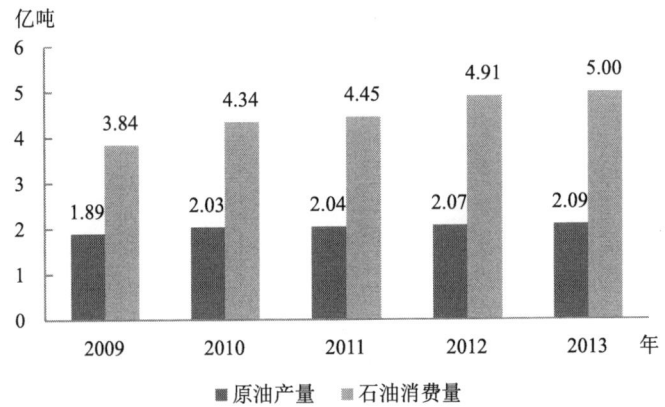

图 6-6 2009—2013 年我国石油产量及消费量

区域内,以可预见的技术、经济和社会发展水平为依据,水资源、洪水和水环境能够持续支撑经济社会发展和维护生态系统良性发展的状态(林彬,2012)[154]。

水安全主要包括水资源安全、涉水灾害控制安全和水环境安全等。

水资源安全对于水资源相对富足的国家来说,不是进行保障与监管的重点。然而由于水资源的分布不均,全球性水资源危机可能提早到来。少数几个国家,如巴西、加拿大和俄罗斯的水资源储量巨大,但在其他一些国家,水资源危机已迫在眉睫。即使是水资源大国的俄罗斯,对水资源的认识也发生了很大的改变,将其视为重要的资源,杜马主席格雷兹洛夫 2012 年指出:"水资源匮乏问题日益突出,应当将它与其他重要资源,如石油、有色金属、钢铁、天然气同等看待。"据统计,我国水资源总量居世界第六位,但人均占有量仅为世界人均占有量的 1/4,排在世界百名以外,并被列为世界 13 个贫水国家之一(黄小锋,2005)[155]。表 6-4 是我国 2000—2012 年水资源情况简表,由此可知我国水资源总量呈现不稳定的变化趋势,而人均水资源量总体处于下降趋势,水资源安全问题已经威胁到我国人民的生存与发展。

表6-4　　　我国2000—2012年水资源情况简表

年份	水资源总量 (亿立方米)	地表水资源量 (亿立方米)	地下水资源量 (亿立方米)	人均水资源量 (立方米/人)
2000	27700.8	26561.9	8501.9	2193.9
2001	26867.8	25933.4	8390.1	2112.5
2002	28261.3	27243.3	8697.2	2207.2
2003	27460.2	26250.7	8299.3	2131.3
2004	24129.6	23126.4	7436.3	1856.3
2005	28053.1	26982.4	8091.1	2151.8
2006	25330.1	24358.1	7642.9	1932.1
2007	25255.2	24242.5	7617.2	1916.3
2008	27434.3	26377.0	8122.0	2071.1
2009	24180.1	23125.1	7267.0	1816.2
2010	30906.4	29797.6	8417.0	2310.4
2011	23256.7	22213.6	7214.5	1730.2
2012	29526.9	28371.4	8416.1	2186.1

资料来源:《中国统计年鉴2013》。

水资源安全主要包括水资源数量安全、水资源质量安全与水资源结构安全。水资源数量安全是指一国或地区拥有的水资源的数量是否能支持经济的可持续增长与居民的正常生活。水资源质量安全是指水资源的质量是否符合不同用途的水源的质量标准,如农村饮用水安全问题、供水厂饮用水标准升级问题等。水资源结构安全,是指不同类型的水资源构成,是否可以持续、经济、安全地为区域发展和人民生活奠定基础,如地表水与地下水的比例、区域之间水资源的调配问题等。

涉水灾害发生频繁，其破坏力和影响力非常严重，因此，成为全球高度关注和全力应对的重大问题之一。涉水灾害主要包括大暴雨、江河泛滥、城镇内涝、海溢、山洪暴发等。涉水控制安全就是对于涉水灾害的监控与管理能保障涉水灾害达到可控、可应对，从而将灾害损失降至合理水平的一种能力或状态。

水环境安全最早被当作环境安全的分支进行研究，其内涵仅仅等同于水污染问题。有学者认为水环境安全仅指某一空间范围内的水体拥有水的质量和数量可持续地满足其周围环境所组成的生态系统正的需求。这些界定，实际上将水环境的范围都缩小了，水环境应该是水资源赖以存在、发展、循环使用的基础，水环境安全应该是水环境不受侵害的状态与能力，而且水环境安全一定是和具体的国家与区域相关联的。

（4）粮食安全

粮食是作为主食的各种植物种子的总称，联合国粮食及农业组织（下称粮农组织）给出的概念就是指谷物，包括麦类、粗粮和稻谷类三大类。

"民以食为天"，粮食安全一直得到高度重视。"食物安全"问题在1974年联合国粮农组织（FAO）第一次世界首脑会议上被首次提出。此外，在1983年4月，"粮食安全"的概念被联合国粮农组织粮食安全委员会通过（李晓勇，2003）[145]。借鉴FAO的定义，可以将粮食安全定义为确保在一定时期内，该区域所有的人能以合理的方式取得符合健康需要的基本粮食的状态或能力，这个概念包括粮食数量的安全、粮食质量的安全、粮食供应结构安全、粮食需求结构安全、粮食价格机制安全、粮食储备与协调安全等内容。

中国耕地仅占世界的不到1/10，人口却占世界的1/5以上，

第6章 保障战略资源安全的政府审计制度评价与构建

因此粮食问题始终是头等大事。粮食是我国重要的战略资源,而且虽然近年来粮食连续增产(如表6-5所示),供求基本平衡,但国家粮食安全仍面临严峻的挑战,比如我国种粮效益相对下降,粮农积极性不高。另外,粮农中青壮年流失严重,粮农老龄化已经提前于整个国家老龄化进程,这更加剧了种粮效益提高的难度。同时,粮田减少,粮食作物播种面积已经由1978年的120587千公顷,下降到2012年的111205千公顷,下降7.78%,但同期人口上涨40.67%,粮食需求刚性增长明显,口粮需求稳定增长,但是饲料、酿造工业用量增长更为迅速,对于豆类和玉米等经济作物的需求大大提高,然而我国近年来豆类的产量却不断下降(如表6-5所示)。粮食贸易活跃、价格机制复杂等因素,导致国家与国家之间、区域之间的粮食协调与储备成本加大,风险加剧。

粮食的战略意义应得到充分的重视。以玉米为例,作为我国三大粮食作物之一,因为玉米影响的广泛性(如表6-6所示),其战略意义得到了国内外越来越多的关注。而目前我国在玉米进出口方面仅仅达到平衡状态,不能充分发挥玉米的战略意义,严重影响我国的社会与经济安全。

表6-5　　　　　我国粮食及豆类、玉米产量表

指标(万吨)	2000年	2010年	2011年	2012年
粮食	46217.5	54647.7	57120.8	58958.00
豆类	2010.0	1896.5	1908.4	1730.5
玉米	10600.0	17724.5	19278.1	20561.4

资料来源:《中国统计年鉴2013》。

表 6-6　　　　　　　　玉米的战略意义

玉米的作用	影响层次 1	影响层次 2	影响层次 3
禽畜饲料	肉制品供应	社会安全	国家安全
粮食作物	粮食供应		
油料作物	玉米油、乙醇汽油供应	经济安全	

6.2　战略资源审计制度的评价

6.2.1　战略资源审计制度的发展

政府资源审计可以追溯到 20 世纪 70 年代，到了 1992 年，世界审计组织（INTOSAI）成立了环境审计委员会（WGEA），标志着资源环境问题正式进入大多数国家最高审计机关的业务范畴（陈静，2010）[156]。我国审计机关从 1983 年成立初期就开始了对资源审计进行不懈的探索，历经 30 多年的发展，在不同的发展阶段，其具体特征及工作重心有不同的进步和发展（李运亮，2012）[157]（如表 6-7 所示）。

表 6-7　　　　战略资源安全审计发展的不同阶段

时间	阶段	特征	工作重点
1983—1997 年	起步阶段	尚未明确提出"资源审计"的概念，开展了部分试点工作，"资源""环境"不分家	围绕各类环境保护资金和项目展开

第6章 保障战略资源安全的政府审计制度评价与构建

续表

时间	阶段	特征	工作重点
1998—2002年	探索阶段	设立农业与资源环保审计司,负责组织开展资源环境审计工作,各地方审计机关也都陆续成立了相对应的机构	从促进污染治理和生态保护两个方面,组织开展了多项环境审计
2003年至今	发展阶段	资源环境审计呈现出多元化的态势,逐渐成为一项综合性、系统性的工作	组织各专业审计从资源环境视角开展相关行业审计

2008年以来,我国资源环境审计的发展迎来不一样的春天。单从中央层面来说,审计署不断出台政策和法规,重视资源审计发展,支持资源审计革新。例如,出台了审计工作五年发展规划,明确将资源环境审计列为六大审计类型之一;着力构建符合我国国情的资源环境审计模式(张晓松,聂妍婧,2009)[158];再比如,发布《审计署关于加强资源环境审计工作的意见》,指出了资源环境审计的任务和目标(如表6-8所示)。

表6-8 我国现阶段资源环境审计的任务及目标

审计任务	审计目标
检查资源政策法规的贯彻执行和战略规划的实施情况,规范资源开发利用管理和环境保护工作行为	普遍开展资源审计工作,省级和计划单列市审计机关每年应至少开展一项资源审计和一项环境审计
检查资源环保资金的征收、分配、使用和管理情况,促进规范资金管理,提高资金使用效益	逐步扩大资源审计领域,将审计范围扩展到海洋资源、森林资源、矿产资源、生态环境建设等领域

续表

审计任务	审计目标
检查资源相关项目的建设和运营效果，促进加强资源管理，维护国家资源安全	全面实现资源审计多元化，将资源内容纳入其他项目审计方案并组织实施

资源审计制度的级别不高，但也带来了资源审计方面的改变。从审计署审计结果公告来看（如表6-9），2009年至2013年审计署的审计工作主要集中于财政财务审计，而战略资源审计在审计署工作中未得到充分重视。[16]

表6-9　　2009年至2013年资源审计结果公告与审计结果总数对比表

审计类型	2009年	2010年	2011年	2012年	2013年
资源审计（份）	2	4	6	6	5
审计结果总数（份）	15	22	38	35	32
所占比例	13.3%	18.2%	15.8%	17.1%	15.6%

从表6-9可以看出，我国审计署审计工作在不断完善，审计结果日趋透明化。资源审计工作在审计工作总体中比例并不算太小，但是限于国家审计署层面每年的审计公告只有几十份，涉及战略资源审计的只有几份，呈现在相对数上尚可，在绝对数上显示出重视程度不够的局面。

从2009年至2013年资源审计的具体类型来看，审计项目实施的范围较为狭窄，如表6-10所示。

从表6-10可以看出，目前我国资源审计主要集中于土地审计、矿产资源审计、水资源审计和生态资源审计四大类，审计项目范围狭窄。另外，审计项目主要局限于常规项目审计，审计的

第6章 保障战略资源安全的政府审计制度评价与构建

拓展性和延伸性不足。[16]从具体审计项目来看，矿产资源审计工

表6-10　　资源审计具体类型统计表

审计类型（份）	2009年	2010年	2011年	2012年	2013年
土地审计	1	1	1	2	0
矿产资源审计	0	1	2	4	3
水资源审计	1	2	2	0	1
生态资源审计	0	0	1	0	1

作的重要性明显提高，这和我国目前经济社会的发展是分不开的；生态资源在党中央提出建设环境友好型社会后成为社会的关注点，但相关审计工作由于项目的难度等原因实施力度不够；相对来说，土地资源审计和水资源审计工作比较稳定，但相关审计工作还有待进一步提高。

2009年下半年以来，各地方审计机关和特派员办事处在中央的领导下，不断重视资源环境审计，并纷纷成立了资源环境审计协调领导小组，积极构建多元资源环境审计工作格局（部分举例如表6-11所示）。

表6-11　　各地方审计机关和特派员办事处的努力
及具体方向（部分举例）

审计机关	努力	具体方向
哈尔滨特派办	提出要坚持科学的审计理念，努力构建环境审计新模式	积极构建环境审计为加快经济发展方式转变服务的新模式；加快环境审计多元化；促进环境审计领域拓展和审计内容深化；以理论研究为动力

续表

审计机关	努力	具体方向
上海市审计局	制定《上海市审计机关2010—2012年资源环境审计工作发展计划》	要求拓宽资源环境审计领域；深入开展资源环境专项审计；成立资源环境审计协调领导小组，加强资源环境审计工作的领导和协调
山东省审计厅	制定《关于加强资源环境审计促进科学发展的意见》	明确省、市、县审计厅（局）都要成立资源环境审计协调工作机构，积极从资源环境视角开展审计
青岛市审计局	探索建立资源环境审计的方法体系，构建适合市情的资源环境审计模式	成立资源环境审计工作领导小组，在其他类审计中，把涉及资源环境审计方面的内容纳入审计范围

以上是在《意见》推出后各地进行资源审计制度建设的情况，看上去是发展势头不错，但是很有必要仔细探究省一级地方政府审计活动中，是否持续存在同样情况的战略资源审计活动，或是地方性的审计法规或是约定俗成的审计惯例呢？以华东六省山东省、江苏省、安徽省、浙江省、江西省、福建省为例，搜索相关的审计网站可见：大部分省份每年的审计公告数量在2—5次，与中央一级审计署的较大比例战略资源审计不同，省级层面几乎没有专门的战略资源审计公告，或许有相关的审计活动，但是信息并未公开。有关的新闻多是2010—2011年的，诸如2010年江苏省审计厅举行的"生物质能源秸秆气化集中供气项目审计调查"、成都市特派办举行的"成都市农村沼气建设项目效益情况审计调查"等，2012—2013年资源审计在地方的实践相对平稳，涉及的审计也多是土地、矿产、森林、海洋、大气、生态等方面的审计，危害资源安全、破坏生态、影响人类健康等重大

资源问题事关国计民生,但是省、市级层面的监督是严重缺位的。

6.2.2 愈后防复判断模型评价

目前我国战略资源审计的目标仍然处于比较初始的阶段,局限于通过审计调查,用检查资金运用的效果,反映战略资源安全中存在的主要问题,再分析形成的原因,促进有关部门加强资金管理,缺乏从战略资源现实状况以及维护国家经济安全的宏观角度来把握对战略资源领域的监管。战略资源审计的实际目标尚且处在防止错弊阶段到监督目标的过渡阶段,其对应的安全诉求是从基本安全到一般性安全,第二个目标的达到并不代表对第一个层次目标的否定。那么对应现实的目标,目前的战略资源审计制度是否符合基本安全诉求的要求,以下将利用判别模型对其进行判断,根据表 6-12,计算过程与第 5 章类似。

表 6-12　愈后防复战略赋分汇总表（针对战略资源安全）

一级指标	权重	二级指标	权重	评语集				
				优秀	良好	中等	较差	极差
U_1	0.4	U_{11}	0.3	0	0.3	0.4	0.2	0.1
		U_{12}	0.25	0	0.1	0.3	0.5	0.1
		U_{13}	0.3	0	0	0.3	0.5	0.2
		U_{14}	0.15	0	0	0.3	0.4	0.3
U_2	0.6	U_{21}	0.2	0	0	0.3	0.4	0.3
		U_{22}	0.2	0	0	0.4	0.3	0.3
		U_{22}	0.2	0	0	0.2	0.3	0.5
		U_{22}	0.15	0	0	0.2	0.4	0.4
		U_{22}	0.15	0	0	0.1	0.5	0.4
		U_{22}	0.1	0	0	0.2	0.5	0.3

首先，进行模糊评价：

$$S_1 = W_1 \times X_1 = \begin{bmatrix} 0.3 \\ 0.25 \\ 0.3 \\ 0.15 \end{bmatrix}^T \times \begin{bmatrix} 0 & 0.3 & 0.4 & 0.2 & 0.1 \\ 0 & 0.1 & 0.3 & 0.5 & 0.1 \\ 0 & 0 & 0.3 & 0.5 & 0.2 \\ 0 & 0 & 0.3 & 0.4 & 0.3 \end{bmatrix} = \begin{bmatrix} 0 \\ 0.115 \\ 0.33 \\ 0.395 \\ 0.16 \end{bmatrix}^T$$

同理：$S_2 = W_2 \times X_2 = \begin{bmatrix} 0.2 \\ 0.2 \\ 0.2 \\ 0.15 \\ 0.15 \\ 0.1 \end{bmatrix}^T \times \begin{bmatrix} 0 & 0 & 0.3 & 0.4 & 0.3 \\ 0 & 0 & 0.4 & 0.3 & 0.3 \\ 0 & 0 & 0.2 & 0.3 & 0.5 \\ 0 & 0 & 0.2 & 0.4 & 0.4 \\ 0 & 0 & 0.1 & 0.5 & 0.4 \\ 0 & 0 & 0.2 & 0.5 & 0.3 \end{bmatrix} = \begin{bmatrix} 0 \\ 0 \\ 0.245 \\ 0.385 \\ 0.37 \end{bmatrix}^T$

然后，进行二级模糊评价：

$$A = W \times S = \begin{bmatrix} 0.4 \\ 0.6 \end{bmatrix}^T \times \begin{bmatrix} 0 & 0.115 & 0.33 & 0.395 & 0.16 \\ 0 & 0 & 0.245 & 0.385 & 0.37 \end{bmatrix} = \begin{bmatrix} 0 \\ 0.046 \\ 0.279 \\ 0.389 \\ 0.286 \end{bmatrix}^T$$

为了便于评定分值不妨设：

$v = (v_1, v_2, v_3, v_4, v_5) = \{$优秀，良好，中等，较差，极差$\} = \{95, 85, 75, 65, 30\}$，此处的取分是依据每一分档的中位数给出的，当然也可以有其他的设定方法，但是应该不会影响评价结果的相对大小。二级评价的分值分别为：

$u_1 = S_1 \times V = 0 \times 95 + 0.115 \times 85 + 0.33 \times 75 + 0.395 \times 65 + 0.16 \times 30 = 65$

$u_2 = S_2 \times V = 0 \times 95 + 0 \times 85 + 0.245 \times 75 + 0.385 \times 65 + 0.37 \times 30 = 54.5$

第6章 保障战略资源安全的政府审计制度评价与构建

一级评价的分值为：

$u = 0 \times 95 + 0.046 \times 85 + 0.279 \times 75 + 0.389 \times 65 + 0.286 \times 30 = 58.7$

愈后防复战略评价得分为58.7分，处在"极差"的等级阶段的中部，证明目前战略资源审计方面的制度建设相对于第一阶段审计安全的目标要求（基本安全）还有一定距离，亟待强化分数较差领域的制度建设，不具备全面升级到第二阶段的条件，也暂时无须进行未病先防与既病防变战略的评价与判断。

审计结果利用得分65，处在"较差"的等级阶段的中间；各个部分的得分以及得分比见表6-13：

表6-13 审计结果利用得分以及对应评价等级

	得分	等级
审计结果价值发现程度	71.5	中等
审计结果分析程度	66.5	较差
审计结果传递与沟通程度	61	较差
审计结果利用情况监督程度	57.5	极差

审计问责得分54.55分，处在"极差"的等级阶段，相对而言，各个部分的得分以及得分比见表6-14。审计问责得分比更低，需要予以更多关注。

表6-14 审计问责得分以及对应评价等级

	得分	等级
审计问责范围	57.5	极差
审计问责法规建设	58.5	极差
审计问责主体	49.5	极差
审计责任落实及审计问责反馈	53	极差
公示与联合执法情况	52	极差
合作平台	56.5	极差

综上可知，目前战略资源审计方面的制度建设相对于第二阶段审计安全的目标要求（一般安全）还有很大距离。在资源审计制度建设上，确实目前的条件只能是在第一阶段建设较为完备的情况下，才有利于集中力量进行第二阶段的制度建设。

6.3 战略资源审计制度的构建思路

目前我国战略资源审计的安全指标处在基本安全的建设巩固阶段，因此采取的创新战略就是强化愈后防复战略各项指标的建设，并针对战略资源审计的显性问题进行制度规划。从以上评价结果可以发现，战略资源安全审计问责方面得分最低，最有待于加强，包括问责的范围、问责的主体、问责法规的建设、问责的落实及反馈情况等。在战略资源安全审计预警方面，审计文化建设和审计人员的组织和管理程度是最为严峻的问题。另外，在阻断模型构建及快速跟进机制方面，我国政府审计制度发挥的作用薄弱。最后，对审计结果的利用情况相对较好，但仍不甚理想，审计结果的分析程度、传递与沟通程度及利用情况的监督均缺乏有效的制度规定。

目前战略资源安全审计制度存在许多缺陷，主要缺陷如表 6-15 所示，严重阻碍了政府审计职能的发挥，使我国的战略资源安全受到严重威胁。因此，要从审计制度方面提高战略资源安全审计的功能，就要站在全局的高度，明确战略资源审计目标。另外，与之不可分割的是战略资源审计的文化建设，为其提供不懈的智力支持。在支撑战略资源审计建设上，应从以下四个方面进行考虑：一是从动态的联系的视角，重点把握影响国家安全的战略资源，明确审计范围；二是借助法律法规，促进战略资源审计问责机制的完善；三是在大数据时代下，积极探讨信息技术在战略资源审计方面的运用；四是运用系统优化的方法整合审计资源，提高审计效率。最后，完善审计报告，促进审计结果的充分有效运用是战略资源审计建设的具体目标。对审计效果不断反思和反馈可以对战略性思维进行调整，进而进一步评价和控制审计结果。

表 6-15　　目前战略资源安全审计制度的主要缺陷及策略

战略资源安全审计制度的主要缺陷	对应的主要策略
审计制度不成体系	应用战略性思维，明确审计目标
审计问责机制不完善	法规建设、明确问责范围和主体等
审计立项的科学性和可行性缺乏有效检验	建立迅捷的沟通与反应机制
审计预警及阻断指标构建不完善	加强理论研究和实践探讨
审计技术的投资与研究不足	加大物质投入与研究
审计结果的利用情况不甚理想	对审计结果运用进行有效的制度规定

（1）以战略性思维明确审计目标

要以战略性思维充分认识战略资源的重要性，首先要站在全局的高度，认清当今世界的资源竞争格局与我国的战略资源现实。战略资源安全处在不同的阶段，与之对应的政府审计目标则不尽相同，实施的创新与建设策略也有所差异（如表 6-16 所示）。例如，在战略资源安全的基本安全阶段，防止错弊是审计的重要目标，主要是为了防范大的危害经济安全的问题，而审计问责机制的完善和审计结果的运用应是此时战略资源审计的核心策略。而在战略资源安全的一般安全阶段，监督是审计的主要目标，在这个目标下，对审计预警及审计扶正制度的建设成为关键有效的途径。在我国现阶段，战略资源安全审计处于基本安全向一般安全过渡的关键时期，因此，一定要注意巩固第一阶段成果的同时,积极采取创新策略,实现战略资源安全审计的平稳过渡。

表 6-16　　　　　战略资源安全审计战略思维

安全阶段	主要目标	核心策略
基本安全	防治错弊	审计问责机制完善、审计结果运用
一般安全	监督	审计预警、审计扶正制度建立

(2) 加强战略资源安全审计文化建设

审计文化建设是战略资源安全审计建设不竭的智力支持,也是促进战略资源审计长期发展的重要途径。从上文的战略资源审计制度评价体系中可以看到,我国政府审计文化建设处于极差水平,人员素质亟待加强。在这个问题上,一方面要从理论上不断探究战略资源安全审计的发展前景,在总结战略资源审计实践的基础上,不断深化资源安全审计。比如在政府审计机构设立专有部门,作为理论与实践的纽带,研究审计创新策略,快速跟进和反映国家安全问题。另外一方面要从提升审计人员能力入手,选拔高素质的审计队伍,加强审计培训,这也是促进政府审计顺利开展的重要途径。

(3) 以动态视角明确战略资源安全审计范围

审计范围的明确是战略资源安全审计实施的前提,科学确立审计项目是关键。目前我国政府审计制度在认识战略资源安全问题方面,还不能做到快速的跟进和迅捷的反应,这就严重影响了我国的经济安全。把握影响国家安全持久而重要的战略资源,就要以动态的联系的视角去探究和认识战略资源的长远的战略意义。例如粮食安全问题,因为其影响层次的广泛性,其战略意义在国内外得到了越来越多的重视,政府审计应给予充分关注。对于战略资源的其他方面,应根据其重要性等级在不同方面进行划分,如国防军事方面、社会民生方面、科学技术等方面按照重要性进行划分,并且以动态的视角进行修订,将其作为审计的目标范围。

(4) 建设战略资源安全审计法律问责机制

立法型审计体制是当前世界各国的共同选择(田冠军,葛继远,2013)[42],法律法规的建设是战略资源审计制度建设的重要支撑。目前,我国战略资源安全审计问责机制建设状况相对最差,因此从法律方面寻求对战略资源安全审计问责的支持是提高战略资源审计效率的重要途径。美国审计署已更名为审计问责委员会,更加公正、客观地反映了政府审计的实质,也是战略资源安全审计应该考虑的重要方面。在这个问题上,应该明确审计问责的范围、问责的主体及责任的落实情况等,而这些都需要法律法规进行规定和保障。我国现阶段在加强审计问责机制的建立方面还应该对审计署及审计机关的权力归属与配合进行探讨,因为现在政府审计普遍存在的问题是"自己查自己",审计的独立性和有效性遭到质疑,是否应该将审计署划归人大进行管理,以及如何更加公正客观地实施审计,是目前审计制度建设要解决的重点问题。

(5) 构建战略资源安全审计中的信息合作平台

审计技术的探究是提高审计效率的重要途径。战略资源安全审计项目较大,其涉及的部门之多、资金量之大、地域之广往往是造成审计效率低、审计效果差的重要原因。目前,我国战略资源安全审计部门合作与协作能力较差,各自为政,严重阻碍了审计效率的提高。在当今大数据时代下,信息技术发达,因此,信息合作平台的建立和共享是提高战略资源安全审计效率和质量的有效途径。在合作平台中,充分发挥不同部门的能动性和主动性是审计信息得以共享、互评及反馈的重要条件(如表6-17所示)。另外,战略资源安全审计应加强国际交流与合作,在借鉴国际审计经验的同时，走出一条具有中国特色的战略资源安全审计道路。

表6-17　　　　　信息合作平台的审计效用

合作平台	机构	效用
直接合作平台	人大	信息共享 信息互评 信息反馈
	政协	
	税务海关等	
间接合作平台	科研机构	
	媒体	

（6）完善战略资源安全审计报告机制

审计报告是战略资源安全审计的结果体现，审计报告形式和内容的规范是审计结果得以有效运用的前提。目前，我国大部分战略资源安全审计报告内容仍不能反映审计实质问题，指导作用非常微弱，例如，对于水资源的审计公告，主要公布治理水污染资金的使用情况及去向，不能切实衡量和比较水安全治理与改善的程度。另外，审计结果的透明、及时也是战略资源安全审计的努力方向，应从审计结果的价值发现程度、结果分析程度、传递与沟通程度及利用情况的监督进行有效的制度规定。

第7章 保障金融安全的政府审计制度评价与构建

7.1 金融安全的基本内涵与内容

7.1.1 金融安全的基本内涵

金融在整个经济社会体系中处于主要地位,其发展水平影响着我国社会经济的各个层面。早在1999年,美国在《新世纪国家安全战略》报告中,就将金融系统的安全列入国家"生死攸关的重大利益"(江涌,2009)[159]。我国的金融体系自改革开放以来,基本保持稳定,但是风险因素在不断积累,并且随着我国金融领域对外开放程度的加深、金融创新进程的提速,维护金融安全问题显得越发重要和突出(蔡利,2013)[39]。从党的十六届三中全会的会议精神，到党的十八大的中心思想，都强调要建立健全现代金融体系，维护金融运行和金融市场的整体稳健，防范系统性风险。金融安全已然成为我国经济安全的重要战略问题。

金融安全指货币资金融通的安全和整个金融体系保持稳定、不受重大侵害的状态或是能力。金融安全与金融风险是一个问题的两个方面，因为金融具有很强的外显性，一旦风险积聚，造成的危害不只是针对经济安全的，甚至可以触及政治安全，这就形成金融危机，是一种极端情况。政府维护金融安全主要通过两种路径，第一是对金融进行有效监管，第二是形成金融风险处理储备，这种处理储备除了必要的资金积累，还有制度与人才的积累，因为金融风险的存在将是常态，如何及时有效地监控风险，并将危害及时化解或是降低至可以接受的低水平才是维护金融安全的正途。而政府审计具有的特点使其成为金融安全监管与金融风险管控的主要手段。

金融安全的对立面就是金融不安全，临界于金融安全与金融不安全之间的就是金融基本安全，而金融危机则是金融不安全状况积累的爆发结果，参见表7-1（王元龙，2004）[160]。

表7-1　　　　金融安全的四种主要态势及特征

金融安全	无明显风险	各项风险指标均在安全区内，金融市场稳定，金融运行有序，金融监管有效，金融业稳健发展
金融基本安全	轻度风险	金融信号基本正常，部分指标接近预警值；不良资产占总资产比重低于10%；有正常的金融机构倒闭，但所占比重很小；货币有贬值的压力；金融运行平稳

续表		
金融不安全	严重风险	大部分金融指标恶化；大多数金融机构有程度不同的不良资产问题，不良资产占总资产比重超过10%；有较多的金融机构倒闭；货币较大幅度贬值；金融动荡，经济衰退
金融危机	风险总爆发	是金融不安全状况积累的结果，爆发严重的货币危机和银行危机，货币大幅度贬值，大批金融机构倒闭；金融崩溃，经济倒退，社会动荡

7.1.2 我国金融安全的主要内容

目前我国的金融安全主要集中在金融信用安全、金融经营安全、金融流动性安全、金融市场安全、金融运行安全等方面，对应信用风险、经营风险、流动性风险、市场风险与金融犯罪风险。这些风险在金融危机余波未平的背景下，对于我国而言是一个重大的挑战。金融审计是政府审计中的一部分，作为维护金融稳定发展、应对金融风险的重要环节，如何应对金融风险、发挥保障国家经济健康运行的作用，是其目前亟待解决的问题。

金融风险是任何可能导致出现财政损失、金融机构出现危机、金融市场混乱的风险。不同金融机构间联系密切，且在全球经济的影响下与国外金融的联系加强，一个金融机构经营出现困难或是管理不善，很可能影响整个金融市场，出现系统性的金融风险（崔学军，2008）[161]。金融风险主要有如下几种类型：

第一，信用风险，即借款人不能按期偿还金融机构本息的风险。银行信贷过度扩张，导致了国内资产价格的全面上涨，通货膨胀压力的增大，系统性风险上升，这既给我国商业银行增加了信贷风险，也对经济实体造成影响，削弱了金融体系的稳定性。第二，流动性风险，即金融机构无力为负债的减少或资产的增加提供融资而造成损失或破产的风险。主要体现在银行业对顾客提现的支付能力不足，不能及时支付现金，使金融机构信誉受损。第三，经营风险，也就是由于金融机构自身管理问题或者决策人员失误而导致经营能力下降、抗风险能力减弱的现象。第四，市场风险。市场风险包括权益风险、汇率风险、利率风险以及商品风险等（傅力勇，2011）[162]，主要指因股市价格、汇率、利率、商品价格等因素的变动而导致损失的风险。同时，国际金融市场汇率变动频繁，对我国商业银行的发展造成高汇率风险的隐患。第五，犯罪风险。由于金融市场存在巨额资金，犯罪分子容易利用各种金融手段进行诈骗，或者一些金融从业人员利用工作之便进行经济犯罪，扰乱金融市场秩序。

除了以上这些内容，伴随互联网金融的诞生，各类理财产品花样翻新、境外热钱涌动等现象纷纷出现，相关的风险控制与安全保障问题也应纳入监管体系。

7.2　金融审计制度评价

7.2.1　我国金融审计发展

政府审计的主体是政府审计机关，其主要职责是监督国家财政预算资金合理有效地使用，揭露违法行为，为财政管理提供改进措施。我国政府审计通过审计分析、审计检查、审计调整和审计报告等方式对会计账目和财政收支进行审查，对财务行政进行监督，是保障我国经济社会健康发展的重要方式。金融审计作为我国政府审计的重要组成部分，对于规范金融行业秩序、打击金融犯罪具有重要作用。我国金融审计始于20世纪90年代，在

2000年后开始全面推行。我国政府金融审计的主体是审计署，辅助以"一行三会"（2018年后改为"一行两会"），也就是中国人民银行、保监会、证监会、银监会，他们代表国家行使权力。我国《审计法》中规定：政府金融审计主要是对中央银行的财务收支，国有金融机构的资产、负债、损益进行审计监督（张文祥，王羚，马绪忠，2006）[126]。我国政府金融审计的职责就是对金融机构进行监督，对金融政策进行审核，对金融业务进行审计，以防范金融风险，保障金融安全。

我国非常重视在金融方面的审计，在《审计署2008至2012年审计工作发展规划》中提出要加强在金融方面的审计力度，不断改进审计方法和手段。党的十八大提出要深化金融体制改革，健全促进宏观经济稳定，维护金融稳定，这为我国未来金融业的发展及金融监管指明了方向，审计署"十二五"审计工作发展规划也提出金融审计要以"维护安全、推动改革、促进发展"为目标，揭示和防范金融风险（赵圣伟，赵文发，2013）[163]。国内外许多专家都做了一定的研究，但是国外在政府审计模式和金融监管方面和我国相比存在很大不同，下面主要就我国学者近年来关于政府金融审计的研究成果进行综述。

黎仁华（2010）[164]在通过分析政府审计的职能和功能定位后，提出在宏观、中观、微观层面分别建立再监管评价机制、调控协调机制、监测预警机制三个机制，并且通过政府金融审计对国家金融危机及其金融机构建立应对机制，实现政府审计在防范金融风险和维护国家金融安全的目标。杨茁和黄祖烨（2010）[165]通过分析我国政府审计"免疫系统"问题即审计制度和审计职能缺陷问题以及金融危机所带来的风险，作了关于金融风险审计"免疫系统"建设的研究，认为应从完善审计相关法律、扩大监管范围、建立金融风险预警系统等方面入手来应对金融风险。曹建新和李琴（2011）[166]通过讨论金融审计在维护国家经济安全中存在的问题，利用金融审计绩效指数，提出通过构建金融审计预警系统、实现金融审计模式创新来维护国家金融安全。徐权（2010）[167]着重介绍了何为金融创新及其带来的影响，面对当前的金融创新带来的风险，政府审计需要加强对金融体系的信息质量和环境的监管（陈岚，2012；李春涛，2012）[168,169]。

7.2.2 金融审计制度建设现状

按照国家审计署金融审计司的主要职责，可以把我国的金融审计分为三项：第一项是对金融管理部门，诸如"一行三会"等金融事业单位的预算收支审计；第二项是对国家政策性银行、国有商业银行等实行股份制的国有金融企业进行审计；第三项是专项审计或是审计调查（刘洪波，崔颖，2008）[170]。目前，我国金融审计的重点在前两项，这在《审计法》第十八条的规定中也得到体现。《审计法》第十八条规定："审计署对中央银行的财务收支进行审计监督，审计机关对国有金融机构的资产负债损益进行审计监督。"这也被认为是当前我国国家金融审计的定位，但这样的定位存在一定的不合理性。

金融审计制度主要集中于国家层面和审计署、保监会、证监会等层面进行的规则建设，但是我国目前没有单一的金融审计法规与条例，金融审计主要依据《中华人民共和国金融机构管理条例实施细则》《中国银行业监督管理委员会外资金融机构行政许可事项实施办法》等法律法规。因此我们评价金融审计的制度建设情况，只能主要考量金融审计的一般规则和共享的知识。

表7-2列示的是审计署网站显示的2010—2013年金融审计的公告的相关情况，一共有11个公告，每年2—3个，涉及的主要是资产负债损益的真实、合法和效益情况。审计建议具有一定

的促进管理和预防风险功能,比如 2010 年第 7 号审计公告,提出"农发行应进一步明确目标定位,始终将做好粮棉油储备和收购等政策性信贷业务放在首位,并积极承担政府主导的农业农村金融业务;审慎开展商业性信贷业务……切实强化风险管理",该建议催生了十多项加强和完善贷款业务管理的制度措施的出台,但是也应看到 2010 年的公告是针对 2009 年审计工作的总结,查的是 2008 年的账,是典型的事后监督,没有在预警和实时监督方面作出更有效的举措。

搜寻华东六省的相关资料,发现省级审计机关基本不涉及金融审计,能找到的审计公告、审计动态和审计新闻也是凤毛麟角。且在这四年中,除"一行三会"的审计每年都有之外,其他被审计金融机构主要集中在国有商业银行、国家控股的商业银行,证券以及保险公司审计涉及很少(王素梅,郭道扬,2013)[171],只有中国农业银行被审计过两次,其他都是一次性的。

表 7-2 2010—2013 年金融审计的公告的情况

2010 年	2010 年第 7 号公告:中国农业发展银行 2008 年度资产负债损益审计结果
	2010 年第 8 号公告:中国农业银行股份有限公司 2008 年度资产负债损益审计结果
	2010 年第 9 号公告:中国出口信用保险公司 2008 年度资产负债损益审计结果
2011 年	2011 年第 31 号公告(上下):中央部门单位 2010 年度预算执行情况和其他财政收支情况审计结果(涉及人民银行、保监会、银监会、证监会)
	2011 年第 4 号公告:中国人寿保险(集团)公司 2009 年度资产负债损益审计结果
	2011 年第 3 号公告:中国人民保险集团股份有限公司 2009 年度资产负债损益审计结果

续表

2012年	2012年第24号公告：中国工商银行股份有限公司2010年度资产负债损益审计结果
	2012年第32号公告（上中下）：中央部门单位2011年度预算执行情况和其他财政收支情况审计结果（涉及人民银行、保监会、银监会、证监会）
2013年	2013年第15号公告：中国建设银行股份有限公司2011年度资产负债损益审计结果
	2013年第14号公告：中国农业银行股份有限公司2011年度资产负债损益审计结果
	2013年第13号公告：中国进出口银行2011年度资产负债损益审计结果

目前我国金融审计的目标仍然处于一个比较初始的阶段，局限于对金融企业经济活动的合规性、效益性和体现这些经济活动的有关资料的合法性、公允性、一贯性的监督，以及对加强金融企业管理、控制的需要，缺乏从金融环境以及维护国家金融安全的宏观角度来把握对金融领域的监管（刘洪波，崔颖，2008）[170]。金融审计的实际目标尚处在从防止错弊目标到监督目标的过渡阶段，其对应的安全诉求是从基本安全到一般性安全，第二个目标的达到并不代表对第一个层次目标的否定。那么对应现实的目标，目前的金融审计制度是否符合基本安全诉求的要求。基本安全偏重于事后监督，适用于治未病理念的第三个层次——"愈后防复"，对应的创新战略主要在于审计结果是否得到充分应用以及审计问责制是否完善。

7.3 金融审计制度建设评价

7.3.1 愈后防复判别模型评价

因为我国的金融审计制度尚处在初步建设阶段，因此主要采用的是愈后防复战略评价体系，以下的打分过程主要依据第4章设定的模糊评价模型，通过对审计署、各省审计厅网站（其中新疆和西藏的审计资料未在网上公开，故剔除）2011—2013年公开资料（新闻、审计公告等）进行挖掘和整理的基础上得出，计算过程与第5章类似（详见表7-3）。

主要的计算过程如下：

表7-3 愈后防复战略赋分汇总表（针对金融安全）

一级指标	权重	二级指标	权重	评语集				
				优秀	良好	中等	较差	极差
U_1	0.4	U_{11}	0.3	0	0	0.1	0.2	0.7
		U_{12}	0.25	0	0	0.2	0.2	0.6
		U_{13}	0.3	0	0	0.2	0.3	0.5
		U_{14}	0.15	0	0	0.2	0.3	0.5
U_2	0.6	U_{21}	0.2	0	0	0.1	0.5	0.4
		U_{22}	0.2	0	0	0.1	0.1	0.8
		U_{23}	0.2	0	0	0.4	0.3	0.3
		U_{24}	0.15	0	0	0.1	0.3	0.6
		U_{25}	0.15	0	0	0.1	0.2	0.7
		U_{26}	0.1	0	0	0	0.3	0.7

首先,进行模糊评价:

$$S_1 = W_1 \times X_1 = \begin{bmatrix} 0.3 \\ 0.25 \\ 0.3 \\ 0.15 \end{bmatrix}^T \times \begin{bmatrix} 0 & 0 & 0.1 & 0.2 & 0.7 \\ 0 & 0 & 0.2 & 0.2 & 0.6 \\ 0 & 0 & 0.2 & 0.3 & 0.5 \\ 0 & 0 & 0.2 & 0.3 & 0.5 \end{bmatrix} = \begin{bmatrix} 0 \\ 0 \\ 0.17 \\ 0.245 \\ 0.585 \end{bmatrix}^T$$

同理:$S_2 = W_2 \times X_2 = \begin{bmatrix} 0.2 \\ 0.2 \\ 0.2 \\ 0.15 \\ 0.15 \\ 0.1 \end{bmatrix}^T \times \begin{bmatrix} 0 & 0 & 0.1 & 0.5 & 0.4 \\ 0 & 0 & 0.1 & 0.1 & 0.8 \\ 0 & 0 & 0.4 & 0.3 & 0.3 \\ 0 & 0 & 0.1 & 0.3 & 0.6 \\ 0 & 0 & 0.1 & 0.2 & 0.7 \\ 0 & 0 & 0 & 0.3 & 0.7 \end{bmatrix} = \begin{bmatrix} 0 \\ 0 \\ 0.15 \\ 0.285 \\ 0.565 \end{bmatrix}^T$

然后,进行二级模糊评价:

$$A = W \times S = \begin{bmatrix} 0.4 \\ 0.6 \end{bmatrix}^T \times \begin{bmatrix} 0 & 0 & 0.17 & 0.245 & 0.585 \\ 0 & 0 & 0.15 & 0.285 & 0.565 \end{bmatrix} = \begin{bmatrix} 0 \\ 0 \\ 0.158 \\ 0.269 \\ 0.573 \end{bmatrix}^T$$

为了便于评定分值不妨设:

$v = (v_1, v_2, v_3, v_4, v_5) = \{$优秀,良好,中等,较差,极差$\} = \{95, 85, 75, 65, 30\}$,此处的取分是依据每一分档的中位数给出的,当然也可以有其他的设定方法,但是应该不会影响评价结果的相对大小。二级评价的分值分别为:

$u_1 = S_1 \times V = 0 \times 95 + 0 \times 85 + 0.1 \times 75 + 0.4 \times 65 + 0.5 \times 30 = 46.225$

$u_2 = S_2 \times V = 0 \times 95 + 0 \times 85 + 0.125 \times 75 + 0.375 \times 65 + 0.5 \times 30 = 46.725$

第7章 保障金融安全的政府审计制度评价与构建

一级评价的分值为：

$u = 0 \times 95 + 0 \times 85 + 0.158 \times 75 + 0.269 \times 65 + 0.573 \times 30 = 46.525$

愈后防复战略得分为46.525分，远小于60分，处在"极差"的等级阶段，证明目前金融审计方面的制度建设距离第一阶段审计安全的目标要求（基本安全）还有一定差距，亟待强化分数较差领域的制度建设，暂不具备全面升级到第二阶段的条件。

审计结果利用战略指数得分46.225，处在"极差"的等级阶段；各个部分的得分以及等级见表7-4：

表7-4　审计结果利用得分以及对应评价等级

	得分	等级
审计结果价值发现程度	41.5	极差
审计结果分析程度	46	极差
审计结果传递与沟通程度	49.5	极差
审计结果利用情况监督程度	49.5	极差

审计问责战略得分46.725分，处在"极差"的等级阶段，相对而言，各个部分的得分以及得分比见表7-5：

表7-5　审计问责得分以及对应评价等级

	得分	等级
审计问责范围	52	极差
审计问责法规建设	38	极差
审计问责主体	58.5	极差
审计责任落实及审计问责反馈	45	极差
公示与联合执法情况	41.5	极差
合作平台	40.5	极差

由具体评分情况可知，金融审计制度暂不具备升级的条件。

金融审计预警现在还处在讨论阶段，针对金融审计的扶正和社会教育更是没有进行，所以未病先防与既病防变战略评价已经没有意义，但不代表制度建设不需要进行这方面的补充。金融安全隐患依旧，甚至更甚，作为"一行三会"的有力支撑，并且独具保障国家经济安全优势的政府审计需要进行的制度设计选择尤为重要。美国在次贷危机以后就迅速推出了"金融监管改革———一种全新的基础：美国金融监管体制的重构"的改革方案（陈文夏，2011）[172]，可以说为这种预警–扶正式安全策略提供了一种前瞻性的做法。

7.3.2 主要问题以及原因分析

（1）缺乏对金融审计法治环境的建设

第一，随着金融在内容、形式、手段等方面的不断发展，审计法律相关内容出现了空白地带，有些问题无法可依，给我国政府金融审计的执行造成了不便，使审计结论和决定随意性变大，容易有失公道，为营私舞弊提供了方便。

第二，审计结果执行缺少法律保障。由于没有明确规定对不执行审计决定的行为如何进行处罚，而且在强制被审计单位执行审计决定方面，缺乏行之有效的审计手段和措施，这导致有关法律法规的严肃性遭到严重影响和损害，给审计执法增加了难度，给审计工作的顺利开展带来了阻碍。

第三，我国审计法规定："审计署对中央银行的财务收支，国有金融机构的资产、负债、损益，国家的事业组织，进行审计监督。"然而，我国的非公有制经济有了很大的发展，对我国政府金融审计侧重于国有金融组织的老做法来说，带来了很大的挑战，对以股份制为主要形式的混合所有制经济来说，审计法制需要加强建设。因此,我国政府金融审计法制环境比较薄弱,需要完善。

(2) 政府金融监管机制建设不完善

政府审计对金融不仅发挥监督的作用,还应该具备免疫作用,这是前审计长刘家义在2007年中提出的,政府审计通过监管防范金融风险,提早发现问题,这为政府审计赋予了新的功能——免疫系统。作为监管角色,政府金融审计在免疫方面还有需要提高的地方。

第一,风险预警指标体系的建立不完善。一个完善的金融风险预警体系需要根据历史经验,借鉴其他国家预警体系的优点,确定我国金融体系各指标的限制。在出现达到预警限制的情况时,采取相应的风险预警处理方式,对将要产生的风险进行控制和监管。在这之后,对风险的处置作出评价,调节指标体系的标准。而我国在这方面还有很大的进步空间,没有金融监测预警机制,使得政府审计只能是事后监督,无法实现事前监督从而发挥免疫的作用。

第二,政府审计的信息披露制度不健全。一般的金融机构不会主动地向社会披露信息,那么需要政府审计部门对其进行披露。而我国政府金融监管机制建设不完善,必然对金融机构的信息掌握不全面,信息披露不准确。

第三,政府审计对金融机构市场退出的后续审计机制建设不完善。目前我国政府金融审计对处于金融市场的金融机构,如银行、证券展开了多层次多方位的监管和审计,但是对金融机构的市场退出缺乏审计。一些因违规违法操作、非正当竞争等原因退出金融市场的机构,其在一段时间内也应纳入政府审计的范围。

(3) 缺乏对新型金融业务的审计约束

随着科学技术尤其是电子信息技术的不断发展，金融业发生很大的变化。例如，银行证券业进行无纸化网络交易，金融的新兴业务不断增加等，都对我国政府金融审计提出了新的要求。相比之下，新兴金融业务审计力度过于薄弱。我国政府的金融审计主要是针对国有金融机构的传统业务，如信贷业务、同业拆借、证券交易、保险业务等，对新兴的金融业务，如金融重组、银行电子业务等审计力度薄弱。

（4）分业监管体制下保障金融安全的能力差

我国金融业经历过从混业经营到分业经营再到混业经营的过程。在早期混业经营时，由于监管经验不足，金融市场较为混乱。于是我国在1995年之后实行分业经营，也就是采用"一行三会"的方式。我国政府不仅对金融机构进行审计，还对"一行三会"这四个金融监督机构进行审计，起到了不错的监督作用。然而，随着全球经济一体化的发展和我国金融市场的进步，我国当前政府审计在分业监管中出现了一些问题。

由于我国对外开放程度进一步加深，我国金融业与国外相比，处于一定的竞争劣势。外资金融机构可以提供多元化的金融服务，吸引更多投资者，为其提供方便。在这种经济环境下，我国也逐步发展混业经营。各大金融机构间的交流日益密切，业务交流增多。在此背景下，我国政府审计对国有银行和监管机构的审查都应该进行调整，以适应当前的新形势。如果不改变审计方式和审计手段，那么审计在当前金融风险增加的情况下，无法做到全面准确地应对风险，对单一机构进行监管，无法全面评估和应对金融风险，达到维护金融安全的目的。

（5）政府审计缺乏高素质的金融审计人员

政府金融审计的执行和贯彻者就是审计人员，他们必须具有完备的审计法律法规知识、准确的预警机制、先进的审计方法和手段,如果审计人员自身素质和知识储备达不到标准和要求,那么审计工作的开展必定会受到影响。审计人员作为一个监督者,自身需要具备较高的素质,但目前审计人员的综合素质有待提高,真正具备审计、会计、金融、信息、税务、法律等各方面知识的审计人员数量非常有限,远不能满足政府审计任务日益增长的要求,尤其是金融审计人员,面对当前我国复杂的金融市场更需要具备完备的知识储备。

7.4 金融审计制度构建策略

目前我国金融审计的安全指标处在基本安全的建设巩固阶段,因此首先采取的创新战略就是强化愈后防复各项战略的建设,包括审计问责与审计结果的利用,并针对金融审计的显性问题进行制度规划。应该需要进行如下的战略推进:

(1) 进一步完善金融审计监管法律建设

面对当前我国金融审计法治环境薄弱,审计法律相关内容出现空白,现有的审计处理与既有法律相互矛盾,审计结果执行缺少法律保障等问题,我国应在完善审计法律、加大审计宣传、扩大审计对象等方面进行改善 (王永海,2014)[173]。

第一,加快完善《审计法》及配套的相关法规建设。随着市场经济的繁荣、全球一体化趋势的加强、金融市场的迅速发展,我国金融业也有了巨大的变化。从过去只开展基础业务到现在一系列的金融衍生产品的出现、金融操作系统的建立、金融信息系统的形成乃至互联网金融的迅速发展,总之,我国金融业变化很大。因此审计署应该根据实际情况颁布相应的审计准则,通过规范审计程序、防范审计风险来对金融机构进行审计。

第二,加大金融审计宣传力度,营造良好的审计控制环境。由于政府审计工作宣传力较弱,导致全社会对审计监督工作的重要性以及权威性还没形成广泛认同,在一定程度上对审计工作的顺利进行造成了阻碍。因此,应向先进国家学习金融审计法律建立方面的经验,再结合我国实际情况,充分发挥法律法规的导向性作用,向社会各界尤其是金融机构大力宣传我国政府审计在金融方面的法律和规定,营造良好的政府金融审计控制环境。

第三,通过立法扩大审计对象范围。当前我国金融被审计单位主要为国有化机构,而随着社会的发展,许多由民间资本组成的金融机构、小额贷款机构等纷纷出现。因此,应通过立法,加强对非国有制的金融机构加强审计监管,将其纳入审计范围,从而维护金融秩序。[174]

(2)建立金融预警体系,加强金融审计监管机制建设

针对当前我国金融系统监管机制不完善的问题,我国政府审计应大力完善金融审计作为"免疫系统"的作用。具体来说,可以从以下几方面入手,加强政府金融审计建设。

第一,建立完善的金融体系风险预警机制。结合我国过去金融监管的经验,借鉴其他国家预警体系的优点,确定我国金融体系各指标的限制,选择合理的风险预警指标作为参考。在出现接近预警限制的情况时,应该采取相应的风险预警处理方式,对将要产生的风险进行控制和监管。随后,对风险的处置作出评价,调节指标体系的标准。重点注意金融指标的建立要针对不同的区域、系统,金融预警指标的选择要注重体现综合性强、敏感性高、具有可操作性等特点,通过整理、生成规范的分析指标体系,对金融实现动态的监管,提出相应处理方案,让政府金融审计的免疫作用得到充分的发挥和施展。

第二,加强政府金融审计的信息披露。通过全方位的审查,

得出相应的审查结果,并予以公布。完善信息披露和公告制度,将审计的结果放在网站上,让社会大众对政府审计工作和金融机构有所了解,从社会角度也有利于我国金融机制的完善。

第三,由事后审计向事前和事中审计发展。事后审计是在问题出现之后再进行审计,已经不符合当前我国政府审计"免疫系统"的要求。我国政府审计应转变工作的思路,在制度和方式上加快向事前审计和事中审计的发展,建立动态监督体系,应对金融风险。

(3)拓宽政府金融审计范围,创新政府金融审计方法

针对我国计算机审计技术发展滞后、新兴金融业务审计力度薄弱等问题,我国政府金融审计可以通过金审工程的完善来入手,拓宽政府金融审计范围,创新政府金融审计方法(郑靖,2013)[175]。

金审工程是审计信息化系统建设项目的简称,2002年开始建设,其目的就是将审计署与省级审计机关相联系,形成一个国家级的电子平台,建成一个对财政收支的真实性、合法性能够进行有效监督,对银行、证券、保险等部门和重点国有企业、事业单位的相关电子数据及财务信息系统能够进行密切跟踪的信息化系统,实现动态监督、静态监督相结合,事后监督、事中事前监督相结合的体系,具体方法有:

第一,创新金融审计方法和金融审计手段。在金审工程的基础上,应大力提高计算机审计运用的程度,规范金融审计的电子化作业,探索金融行业审计的新方式,将信息化建设作为政府金融审计的新的突破口,建立审计数据库,提高审计技术手段。

第二,创新金融审计的内容和范围。逐步将非银行业务纳入政府审计的常规性审计范围中,重点加强对金融衍生品、证券信托等的关注,通过创新审计内容,强化政府金融审计的职能。

（4）构建协同监督体系，建立长效金融审计机制

对于我国分业监管体制下控制金融风险的能力较弱、政府审计存在缺陷的问题，可以通过构建协同监督体系，加强与"一行三会"的联合审计来发挥应对金融市场风险的作用（刘志红，2011）[176]。

政府金融审计作为对金融体系进行审计的一支重要力量，也离不开"一行三会"对金融机构的监管。政府审计既对各金融机构进行审计，也对金融监管机构进行审计，可以说是有着举足轻重的作用。"一行三会"对金融机构的日常活动、资金流动进行审计，也为政府审计提供了一定的参考，因此应将政府金融审计与金融监管相结合，强化政府审计在金融监管中的重要作用。通过两者结合，减少重复性工作，整合优化审计资源，形成分工明确、层次清晰的监督体系，从而使被监管资源得到优化配置，同时促进监管方式的创新发展，不仅使金融监管成本大大降低，也使金融监管效率得以提高。

（5）加强政府审计队伍建设，培养高素质金融审计人员

金融审计人才对于我国政府金融审计具有重要意义，是提高金融审计质量的保证。针对我国政府金融审计中审计人员结构单一、知识缺乏、素质还有待提高的问题，可通过提高审计人员专业知识、加强思想教育等方式入手，解决政府金融审计人员中存在的问题。

第一，提高审计人员专业知识。首先，在审计人员选拔上应该选择专业知识掌握娴熟，考取注册会计师、注册审计师等证书的人员，改善审计队伍的结构。其次，强化业务培训，为审计人员继续学习提供条件。针对不同岗位、不同能力的审计人员分层次地进行培训，提高他们的业务水平和综合知识水平，尤其是计算及应用技术，掌握相关操作方式。最后，加强对审计人员的考

核。通过对业务实践水平和基本业务知识的掌握程度进行考核，并依据考核结果激励审计人员，使审计人员有机会提高综合水平和出产高质量的成果，以此应对金融风险，保障金融安全。

第二，培养高素质的金融审计人员。在日常工作中，应加强对金融审计人员的思想道德教育。要求审计人员强化自律，防范审计风险，提高自我约束能力。

第8章

保障经济权力安全的经济责任审计制度评价与构建

8.1 经济权力安全的基本内涵

8.1.1 经济权力与经济权力安全

（1）权力与经济权力

通常认为，权力存在的本质在于人类的各种社会关系的存在，其可以被视为一种能力，有时也会被视为一种对结果的控制能力（Robert O，Keohane，Joseph S，et al. 2012）[177]。在不同的学科、领域，权力被赋予不同的含义。比如，心理学家视权力为动机；政治学家认为权力就是力量，可以表现为国家军事实力、经济实力、掌控世界格局的实力等；社会学家认为，权力是能力或潜力；哲学家则认为，权力是个体对整体或自身的控制力。通常理解的权力有广义和狭义之分。广义的权力泛指一切的影响力和支配力，主要包括社会权力和国家权力两大类。狭义的权力仅指国家权力，在阶级社会中，表现为统治阶级的组织性支配力。本书仅采用狭义的国家权力，而经济权力属于国家权力的基础和最根本的内容（Joseph S, et al. 2012）[178]。不同的学科领域对经济权力也有不同的界定和理解。比如，政治经济学认为，经济权力是在社会再生产过程中表现出来的控制、支配以及统治他人的权力；社会学认为，经济权力是对经济资源的占有和控制权力；政治学则认为，经济权力就是财富权力的体现，表现为特定阶层为了自身利益和政治目标，对政治体制构建、政治资源分配等政治决策发挥决定性影响的一种权力。本书仅从国家经济安全角度加以理解，界定经济权力是指控制经济活动的权力。

（2）经济权力安全

经济权力安全应该是指经济权力运行正常、能够保证经济健康持续发展的状态或是能力。基于人的本性，任何权力都容易被滥用，而权力的滥用是造成腐败的最主要原因。经济权力涉及国家经济安全，进而影响政治安全，必须有一种制度，可以让经济安全运行。我国政府一直都在强调：要加强对权力运行的制约和监督，把权力关进制度的笼子里。经济权力要安全运行，也必须辅之以行之有效的制度约束。审计自从诞生之日起，就肩负着反腐倡廉的历史重任，具有反腐败的法定职责。本书旨在从政府审计尤其是经济责任审计的角度去讨论经济权力安全的保障问题。

8.1.2 经济权力安全的主要内容

虽然我国目前实行多种所有制形式并存，但是政府在公共经济的决策权、宏观经济的调控权、国有企业的管理权等方面仍然占据主导地位。本书认为：经济权力安全，强调的是控制国家经济活动的权力运行安全，包括以下四个方面：

(1) 公共经济决策权力安全

市场的失灵导致需要政府参与经济运行。随着市场经济的发展，各种原因诱发经济危机，进行公共经济管理成为各种社会形态和体制下政府的共同责任。政府通过行使公共经济决策权，制定提供服务于民众的公共产品政策、恰当的税收和财政政策、适宜的货币政策、利于经济增长的贸易政策、充足的战略资源政策等，以保障充分就业且人民安居乐业，经济运行平稳且国民财富不断增长，物价稳定且能为人民所接受，竞争环境公平、公正，国际贸易收支平衡且与周边国家和地区和平共处（Jean – Jacques Laffont, 2002)[179]。但是如果没有正当、健全的监督程序作保证，执法机关极易过分滥用这种公共权力，公共经济决策权就会沦为权力寻租、腐败贪污、推卸责任的工具。

(2) 宏观经济调控权力安全

市场经济需要政府的宏观调控，只有这样，才会使资源配置趋于公平、有效率，经济增长总量保持平衡，通货膨胀水平保持在可控范围之内，重大经济结构得以优化。但是政府管得过多过宽，又会成为阻碍经济发展的绊脚石，高度计划经济对经济、社会发展的约束已经有目共睹。如何保证宏观经济调控权力的安全，值得我们深入研究。

(3) 地方政府经济权力安全

在国家经济体制中，地方政府扮演着重要而特殊的角色。一方面，国家中观经济管理和决策由地方政府完成，另一方面，大部分的企业属于地方注册、地方管辖，因此地方经济的有序运行、健康市场秩序的完善构建和国有资产实现保值增值，都有赖于地方政府管理者。为了盘活经济，调动地方经济管理者的积极性，促进地方人民安居乐业。改革开放以来，地方政府的自主经济行为权力越来越大，我国国民经济的稳定增长也离不开地方政府的权力运行。但是，随着权力的扩大，很多不和谐的事情也频繁发生，特别是"权力寻租"的现象。地方政府权力的不正当使用和滥用在一定程度上危害了我国的经济安全，并影响了我国的经济秩序。面对社会主义市场经济中的"权力寻租"问题，我们要逐渐认识到对市场监管特别是约束地方政府权力的作用。要想恰当地保护地方经济权力安全，就需要构建恰当的监督约束机制。

（4）国有经济管理权力安全

国有经济是社会主义国家的基础。随着改革的深入开展，国企经历了一系列的试点、改革和完善，最终确定了发展目标：建立和完善社会主义市场经济。通过四十年的积累，国有经济积攒了活力和积极性，目前国有经济的典型代表——国有企业，已经取得了巨大成绩，世界500强榜单，中国国有企业屡屡上榜。随着改革开放的深入发展，非常多的领域形成了多种所有制成分共存的状态，但中国是社会主义国家，早在2006年政府就已经厘清了国有经济的边界，强调对那些"关系国家安全和国民经济命脉的重要行业和关键领域"如军工、电网电力等七大行业，国有经济必须要保持"绝对控制力"；而对装备制造、汽车等九行业，国有资本要保持"较强控制力"。国有经济的管理安全直接事关国家安全和国民经济命脉，我们需要一种合适的权力制约机制来保障国有经济管理权力安全。

8.2 经济责任审计制度的评价

拥有权力，就必须担负责任，需要对权力的执行者进行监管。要保障经济权力安全，就必须对经济责任履行进行考核监督。经济责任履行的制度保障就成为经济权力安全的制度保障，于是具有中国特色的经济责任审计就产生了。

8.2.1 经济责任审计制度在我国的发展

（1）经济责任审计的历史沿革

审计，自其产生的那天起，就当然地承担了监督、检查、制约的职责（Mautz，Sharaf，1961）[180]。其实从广义上说，一切审计都是经济责任审计（曾照富，2007）[181]。学理上，我国通常把西周时候的"宰夫"看作是我国审计的起源。据《周礼》记载，当时的下大夫宰夫，负责执掌治朝之法，监督考核百官，尤其是百官的财政经济事务，这应该是最早的经济责任审计。此后，秦汉实施"上计"制度，隋唐设"比部"，宋朝设"审计院"，元、明、清也分别有相应的制度和官职，对百官进行各种考核，尤其是财政考核。进入20世纪后，中国社会进入混乱状态，审计也不能正常开展。1949年中华人民共和国成立，高度的计划经济无须独立的审计工作。一直到1978年党的十一届三中全会后，中国开始实行改革开放，审计制度重新恢复。国家审计工作步入正常应该以1983年9月中华人民共和国审计署成立为标志。

而狭义的经济责任审计，通常认为是我国独创的，与我国经济体制改革密切相关，是在我国经济转轨过程中，为了保证经济

第8章 保障经济权力安全的经济责任审计制度评价与构建

权力安全,促进党风廉政建设,加强干部管理监督,规范经济秩序,在实践中产生并逐步发展起来的。本书所称的经济责任审计,用的是狭义的概念。

①经济责任审计的初步探索阶段——厂长经理离任审计。20世纪80年代,改革开放之初,为了盘活国有企业,增加供给、搞活经济,国家对国有企业进行了一系列的改革试点,先是逐步放权让利,后来又进行利改税、承包责任制、厂长经理负责制等,形成了以企业经营好坏为评价标准来对国有企业领导者进行考核、奖惩、晋升的制度,导致很多现实性问题。在实践中,一些地方审计部门开始关注并摸索解决之道。如1984年9月,黑龙江省齐齐哈尔市审计局向齐齐哈尔市政府提出了《审计监督工作,如何支持、促进、服务于经济体制改革的意见》,提议建立厂长(经理)离任审计公证的制度。随着全国各省、市、地区的不断借鉴和拓展,1986年9月15日中共中央、国务院以行政法规的形式明确规定对厂长(经理)实行离任审计。

②经济责任审计的逐步发展阶段——县级以下党政领导干部任期经济责任审计。由于我国实行特殊的干部体制,各地审计部门针对国企厂长经理离任审计的结果在干部考核管理中起到重要作用,一些地方开始探索在党政领导干部管理工作中加大审计的作用。1986年河南省虞城县委在整党过程中针对发现的问题决定对全县453名乡(局)级以上领导干部实行任期经济责任审计制度。同年,四川省安县政府规定县政府各部门主要行政负责人和乡镇长离任前,审计机关要对其任职期间的经济责任进行审计(傅作栋,杨燕,2002)[182]。1995年,山东省菏泽地区的领导干部离任审计经验得到胡锦涛同志的批示后开始试点推广。1998年1月,中纪委提出将任期经济责任审计作为一项全国性的制度,经济责任审计也逐渐发展成为一个专门的审计门类,在

我国作为一项审计制度全面推开。随后，审计署专门针对经济责任审计出台相应的工作细则。

③经济责任审计的全面铺开阶段——从法律上确定经济责任审计的地位。2001年1月20日，中央五部委联合印发《关于进一步做好经济责任审计工作的意见》，经济责任审计开始由乡镇领导试点转向对县级以上所有的党政领导。2003年2月27日，五部委专门成立经济责任审计工作联席办公室。2004年，中央五部委再次下发文件，使经济责任审计的范围扩大到地（厅）级领导干部。2006年修订后的《审计法》确定了经济责任审计的法律地位。2010年12月8日，中共中央办公厅、国务院办公厅再次发文，将经济责任审计作为一项制度确立起来，并把经济责任审计的范围扩大到省部级党政领导干部。据不完全统计，全国内地31个省、市、自治区、直辖市，都出台了省市一级的地方经济责任审计工作办法，对本地区的经济责任审计工作开展提出了切实可行的工作重点和工作思路。

④经济责任审计的国家治理阶段——经济责任审计是国家治理机制的重要组成部分。国家治理的最终目标就是将社会建设得更加安全、公正、和谐、幸福。现代国家治理理念要求必须建立起有效的权力配置和监督制约机制，必须防止滥用国家权力或是国家权力被异化为少数人谋利的工具（刘家义，2012）[183]。经济责任审计本质上就是国家依法用权力监督制约权力的行为，实施经济责任审计是实现"让权力在阳光下运行"的最佳选择。实现国家治理体系和治理能力现代化，经济责任审计必将创造性地发挥作用（蔡春等，2009）[37]。

（2）经济责任审计制度的基本内容

经济责任审计经历了从厂长（经理）离任审计、县级以下党政领导干部任期经济责任审计、从法律上确认经济责任审计地

第8章 保障经济权力安全的经济责任审计制度评价与构建

位,到全部党政领导干部和国企领导人员经济责任审计,最终经济责任审计成为国家治理机制的重要组成部分。不同的时期,审计内容和要求都有所不同。

①离任审计制度的主要内容。我国的经济责任审计起始于20世纪80年代国企改革初期的厂长(经理)离任审计,可以将审计署于1986年12月下发的《审计署关于开展厂长离任经济责任审计工作几个问题的通知》看作是标志性文件。这个阶段的经济责任审计还比较简单,审计对象仅限于实行厂长负责制的全民所有制工业、交通企业的厂长;审计的内容也是常规的财务收支合法性审计、盈亏真实性审计、任期经济效益的完成情况审计和有无浪费损失国有资产情况审计。

②任期经济责任审计制度的主要内容。厂长经理离任审计经过十几年的开展,各地审计机关不断积累和创新,审计结果在干部考核和选任中也逐步发挥作用,经济责任审计开始由国企厂长经理离任审计逐步扩大到党政领导干部任期经济责任审计,标志性文件是1999年5月24日,中共中央办公厅、国务院办公厅印发的《县级以下党政领导干部任期经济责任审计暂行规定》和《国有企业及国有控股企业领导人员任期经济责任审计暂行规定》。这一时期的经济责任审计开始区分领导干部的主管责任和直接责任。

③经济责任审计制度的主要内容。随着国家治理的不断深化,2004年,经济责任审计范围扩大到地厅级党政领导干部。2006年新修订的《审计法》把经济责任审计以法律的形式进行了规范。2010年,经济责任审计的范围扩大到省部级党政领导干部,同时进一步规范了经济责任审计的内容,细化了经济责任,需要区分清楚直接责任、主管责任和领导责任(李江涛,苗连琦,梁耀辉,2011)[184]。

(3) 经济责任审计制度的发展趋势

党的十八大以来，经济责任审计历史性地得到空前重视，不仅成为国家治理的重要组成部分，而且被提高到实现国家治理体系和治理能力现代化的重要推手的地位（刘家义，2013）[185]。2014年7月27日，中央纪委机关、中央组织部、中央编办、监察部、人力资源社会保障部、审计署和国资委七部委联合下发《党政主要领导干部和国有企业领导人员经济责任审计规定实施细则》，经济责任审计呈现新态势。

①经济责任审计常态化。各地应当在原有的基础上建立健全经济责任审计领导小组或者联席会议制度，成立专门办公室，结合本地区实际情况，科学合理地制定经济责任审计年度计划和中长期计划。经本级政府行政首长批准后的经济责任审计年度计划，应纳入审计机关年度审计工作计划并组织实施，借此，经济责任审计实现常态化。

②经济责任审计全覆盖。新时期经济责任审计的对象从中央到地方党政一把手，从人民团体到各级党政机关工作部门、事业单位主要领导干部，甚至村党组织和村民委员会、社区党组织和社区居民委员会的主要负责人都包括在内（德州日报，2004）[186]，国企领导人员则包括国有和国有资本占控股地位或者主导地位的企业（含金融企业）的法定代表人或其他主要领导人员，真正实现了审计对象全覆盖，并且审计时间前移，对重点地区（部门、单位）、关键岗位的领导干部要求任期内至少审计一次，任中审计和离任审计更紧密结合。由此，审计轮审制度逐步得到深化。

③经济责任审计目标更明确。经济责任审计应当以促进领导干部推动科学发展为目标，以领导干部任职期间的财政收支、财务收支和相关经济活动的真实性、合法性和效益性为基础，重点

检查领导干部守法、守纪、守规、尽责情况,加强对领导干部行使权力的制约和监督,促进党风廉政建设,加强反腐败工作,推进国家治理体系和治理能力现代化。

④经济责任审计内容更细化,责任划分更清晰。《实施细则》分别列举了地方各级党委和政府领导干部、党政机关领导干部、事业单位和人民团体领导干部、国有企业领导人员所负的经济责任审计的不同内容,具体明确,便于操作,并就直接责任、主管责任和领导责任进行了明确划分,使经济责任审计脱离了原来的"大、空、面",进入"细、实、点"时代,能够更好地发挥应有的监督、管控、反腐倡廉、促进长效机制的作用。下一步,应该探索健全经济责任审计同步实施制度。

⑤经济责任审计评价更具体,方法更科学。经济责任审计评价要与地方、部门或单位的科学发展目标紧密结合,重点评价领导干部(人员)任期内当地(部门、单位)的经济、社会、事业发展的质量、效益和可持续性,可以分别针对任期内举借债务规模情况、当地(部门、单位)自然资源有效开发利用和资产良性管理情况、环境保护生态建设问题、民生改善情况、科技创新能力和成效等重要事项,将定性评价与定量指标相结合。还应该充分利用现代科学手段,构建评价指标体系,创新审计方法,探索融合审计模式,将经济责任审计与地方债审计、环境资源审计、财政财务收支审计、民生审计、金融审计等专项审计相结合,使经济责任审计结果更具科学性和可利用性(崔孟修,2007)[187]。

⑥经济责任审计结果适用范围更为广阔,公告、问责机制长效化。《实施细则》明确规定:经济责任审计结果应当作为干部考核、任免和奖惩的重要依据,并分别对相关部门和被审计领导干部及其所在单位如何合理利用经济责任审计报告作了责任

划分。

2014年6月底，国家审计机关针对财政金融、民生资金和楼堂馆所三大审计重心的18份审计公告"出炉"，国务院总理李克强要求各部门"一把手"作为整改的第一责任人，要列出整改任务清单，排出时间表，实行对账销号，10月底向国务院报告整改情况，并在向全国人大报告后对社会公布。[188] 经济责任审计长效问责机制、整改落实机制、公开透明社会监督机制，审计结果切实利用，机制开始进入实际构建阶段。

8.2.2 经济责任审计制度的主要问题

经济责任审计从最初的探索试点，到现在的全面推广常态化，各地各级审计机关积累了很多宝贵的经验，取得了很大的工作成就，尤其是在对权力的监督与制约方面等方面发挥了不可或缺的重要作用，丰富和发展了政府审计制度。但是，经济责任审计毕竟是一种全新的审计，恰如我国的改革开放，有些时候也得"摸着石头过河"，目前依然存在很多亟待解决的问题。

（1）经济责任审计制度需要完善

经济责任审计作为我国特定的改革开放背景下的一种新兴审计类型，有着与常规审计所不同的目的和功能。早在2006年《审计法》就已经确立了经济责任审计的法律地位，但是直到2014年7月底关于经济责任审计的具体实施细则才颁布，实践中缺乏专业的经济责任审计队伍，审计人员的思维和工作方式也多受常规的影响，导致经济责任审计特定的功能很难发挥。在新的历史形势下，经济责任审计人员需要改变思维，创新方法，实践《实施细则》。

（2）经济责任审计力量相对匮乏

从实践看，我国目前的经济责任审计比较缺乏计划性，经常与国家审计机关其他的日常工作交织在一起，实施人员虽然主要是国家审计人员，但数量有限，经常是干部调动时才对其实施审计，而干部调动又具有统一性，导致审计项目过于集中，审计力量会临时出现重大缺口，可能就会抽调一些外部力量参与，或是审计工作只是走过场，在既没有国外经验，也没有历史经验可借鉴的实际情况下，审计力量相对还是很薄弱的，审计人员的专业素质和能力也只是在实践中逐渐提高。为了实现新形势下的审计全覆盖，需要加大专职经济责任审计人员的培养和现有审计人员素质的提高。

（3）经济责任审计主体独立性较差

经济责任审计在实践中通常都是同级同地审计，对地方政府而言，就类似企业的内部审计，审计机关和审计人员不可避免地会面临来自领导的压力、人情关、地方政府利益与国家利益冲突等问题，审计人员独立性较差，导致审计力度、强度都很难达到预期的效果，审计工作质量很难保证，甚至会出现对领导唱赞歌，对问题避重就轻的现象，损害了审计的严肃性和权威性。

（4）经济责任审计内容偏窄

我国的经济责任审计是伴随着国企改革不断发展和完善的，最初的目的主要是解决国企经营者（承包者）虚报政绩、挥霍公款、侵吞公款、铺张浪费、中饱私囊等问题，主要是从财务审计入手调查。而财务审计资料主要是由单位提供的，即企业经营者自己提供以供审计部门查证的资料，资料的真实性、完整性有待商榷。同时，有关领导责任的履职问题，并不仅仅为经济资料所反映。但是现实中的经济责任审计的内容依然主要围绕"财政、财务收支"进行审计，所采用的审计方法也主要是传统财务审计的方法，主要侧重于对报表资料等书面材料的核查监督。这种情况下，经济责任审计的监督功能很好地发挥作用，但是在促进建设方面，尤其是经济活动的社会效益、生态效益建设方面的功能很难体现出来。

（5）经济责任缺乏统一的、可操作的判断标准

经济责任审计要求对直接责任、主管责任、领导责任应当分不同情况作出界定。实际情况是，很多政策的实施效果需要一段时间才能显现，可能就已经涉及前任和后任；有些决策行为在当时当地具有极深的历史背景和渊源，而放在当下却已经不合适；有些行为可能是因为客观不可抗力原因才发生。主观决策失误与客观现实的划分，自主决策与集体决策的划分，责任履行不恰当和没有履行责任的区别，不作为、碌碌无为和不求有功但求无过的责任划分，领导不知情、知情放任等责任划分，都缺乏一个比较客观的便于操作的标准。

（6）经济责任问责机制尚未形成

经济责任审计需要多部门联动才可能顺利进行，但是部门与部门之间目前还很难达到信息共享、协调一致。很多领导干部几乎已经任命，才进行审计，这就极易造成走过场。有些审计结果公告时限较长，纪检监察机构、组织部门、主管部门工作不同步，有时候会出现审计刚结束，结果报告已经上报，而纪委已经在查案的尴尬局面（赵玲亚，2008）[189]。当然《实施细则》的颁布，会在很大程度上改变这种状况。就审计结果的运用，《实施细则》明确规定了纪检监察机构、组织部门、审计机关、人力资源社会保障部门、国有资产监督管理部门、有关主管部门和被审计领导干部及其所在单位的责任[190]并明确了应当逐步健全经济责任审计情况通报、责任追究、整改落实、结果公告等制度。

8.2.3 未病先防判断模型评价

对照第 4 章中政府审计制度战略判别模型，我们可以识别现有的经济责任审计制度的建设程度，从而找到基于不同安全目标的审计制度创新策略，并有针对性地进行策略选择。表 8-1 是未病先防战略赋分汇总表。

表 8-1 未病先防战略赋分汇总表（针对经济权力安全）

一级指标	权重	二级指标	权重	评语集				
				优秀	良好	中等	较差	极差
U_1	0.6	U_{11}	0.35	0	0	0.2	0.4	0.4
		U_{12}	0.25	0	0	0.1	0.4	0.5
		U_{13}	0.25	0	0	0.1	0.3	0.6
		U_{14}	0.15	0	0	0.1	0.4	0.5
U_2	0.4	U_{21}	0.30	0	0	0.2	0.3	0.5
		U_{22}	0.25	0	0	0.3	0.3	0.4
		U_{23}	0.25	0	0	0.2	0.4	0.4
		U_{24}	0.20	0	0	0.2	0.4	0.4

首先，进行模糊评价：

$$S_1 = W_1 \times X_1 = \begin{bmatrix} 0.35 \\ 0.25 \\ 0.25 \\ 0.15 \end{bmatrix}^T \times \begin{bmatrix} 0 & 0 & 0.2 & 0.4 & 0.4 \\ 0 & 0 & 0.1 & 0.4 & 0.5 \\ 0 & 0 & 0.1 & 0.3 & 0.6 \\ 0 & 0 & 0.1 & 0.4 & 0.5 \end{bmatrix} = \begin{bmatrix} 0 \\ 0 \\ 0.135 \\ 0.375 \\ 0.49 \end{bmatrix}^T$$

同理：$S_2 = W_2 \times X_2 = \begin{bmatrix} 0.30 \\ 0.25 \\ 0,25 \\ 0.20 \end{bmatrix}^T \times \begin{bmatrix} 0 & 0 & 0.2 & 0.3 & 0.5 \\ 0 & 0 & 0.3 & 0.3 & 0.4 \\ 0 & 0 & 0.2 & 0.4 & 0.4 \\ 0 & 0 & 0.2 & 0.4 & 0.4 \end{bmatrix} = \begin{bmatrix} 0 \\ 0 \\ 0.225 \\ 0.345 \\ 0.43 \end{bmatrix}^T$

然后，进行二级模糊评价：

$A = W \times S = \begin{bmatrix} 0.6 \\ 0.4 \end{bmatrix}^T \times \begin{bmatrix} 0 & 0 & 0.135 & 0.375 & 0.49 \\ 0 & 0 & 0.225 & 0.345 & 0.43 \end{bmatrix} = \begin{bmatrix} 0 \\ 0 \\ 0.171 \\ 0.363 \\ 0.466 \end{bmatrix}^T$

为了便于评定分值不妨设：

$v = (v_1, v_2, v_3, v_4, v_5) = \{$优秀，良好，中等，较差，极差$\} = \{95, 85, 75, 65, 30\}$，此处的取分是依据每一分档的中位数给出的，当然也可以有其他的设定方法，但是应该不会影响评价结果的相对大小。二级评价的分值分别为：

$u_1 = S_1 \times V = 0 \times 95 + 0 \times 85 + 0.135 \times 75 + 0.375 \times 65 + 0.49 \times 30 = 49.2$

$u_2 = S_2 \times V = 0 \times 95 + 0 \times 85 + 0.225 \times 75 + 0.345 \times 65 + 0.43 \times 30 = 52.2$

一级评价的分值为：

$u = 0 \times 95 + 0 \times 85 + 0.171 \times 75 + 0.363 \times 65 + 0.466 \times 30 = 50.4$

未病先防战略评价得分为50.4，处在"极差"的评价阶段，其中预警得分49.2，处在"极差"评价阶段；扶正得分52.2，处在"极差"评价阶段。各个子指标的得分以及对应评价等级如表8-2：

第8章 保障经济权力安全的经济责任审计制度评价与构建

表8－2 经济责任审计未病先防战略评价得分以及对应评价等级

	得分	等级
审计预警指标评级体系的构建和完善程度	53	极差
审计预警信息平台整合程度	48.5	极差
审计预警的人员组织和管理程度	45	极差
审计预警报告程度	48.5	极差
审计文化建设	49.5	极差
审计人员能力提升	54	极差
审计教学科研繁荣	53	极差
其他措施（外包、社会监督等）	53	极差

8.2.4 既病防变判断模型评价

同理，我们可以进行既病防变阶段的模糊评价（详见表8－3）。

表8－3 既病防变战略赋分汇总表（针对经济权力安全）

一级指标	权重	二级指标	权重	评语集				
				优秀	良好	中等	较差	极差
U_1	0.5	U_{11}	0.50	0	0	0.1	0.5	0.4
		U_{12}	0.50	0	0	0.1	0.4	0.5
U_2	0.5	U_{21}	0.40	0	0	0.1	0.2	0.7
		U_{22}	0.30	0	0	0	0.6	0.4
		U_{23}	0.30	0	0	0.1	0.5	0.4

$$S_1 = W_1 \times X_1 = \begin{bmatrix} 0.5 \\ 0.5 \end{bmatrix}^T \times \begin{bmatrix} 0 & 0 & 0.1 & 0.5 & 0.4 \\ 0 & 0 & 0.1 & 0.4 & 0.5 \end{bmatrix} = \begin{bmatrix} 0 \\ 0 \\ 0.1 \\ 0.45 \\ 0.45 \end{bmatrix}^T$$

同理：$S_2 = W_2 \times X_2 = \begin{bmatrix} 0.4 \\ 0.3 \\ 0.3 \end{bmatrix}^T \times \begin{bmatrix} 0 & 0 & 0.1 & 0.2 & 0.7 \\ 0 & 0 & 0 & 0.6 & 0.4 \\ 0 & 0 & 0.1 & 0.5 & 0.4 \end{bmatrix} = \begin{bmatrix} 0 \\ 0 \\ 0.07 \\ 0.41 \\ 0.52 \end{bmatrix}^T$

然后，进行二级模糊评价：

$A = W \times S = \begin{bmatrix} 0.5 \\ 0.5 \end{bmatrix}^T \times \begin{bmatrix} 0 & 0 & 0.1 & 0.45 & 0.45 \\ 0 & 0 & 0.07 & 0.41 & 0.52 \end{bmatrix} = \begin{bmatrix} 0 \\ 0 \\ 0.085 \\ 0.43 \\ 0.485 \end{bmatrix}^T$

为了便于评定分值不妨设：

$v = (v_1, v_2, v_3, v_4, v_5) = \{$优秀，良好，中等，较差，极差$\} = \{95, 85, 75, 65, 30\}$，此处的取分是依据每一分档的中位数给出的，当然也可以有其他的设定方法，但是应该不会影响评价结果的相对大小。二级评价的分值分别为：

$u_1 = S_1 \times V = 0 \times 95 + 0 \times 85 + 0.1 \times 75 + 0.45 \times 65 + 0.45 \times 30 = 50.25$

$u_2 = S_2 \times V = 0 \times 95 + 0 \times 85 + 0.07 \times 75 + 0.41 \times 65 + 0.52 \times 30 = 47.5$

一级评价的分值为：

$u = 0 \times 95 + 0 \times 85 + 0.085 \times 75 + 0.43 \times 65 + 0.485 \times 30 = 48.875$

既病防变战略评价得分为 48.875 分，处在"极差"的评价阶段，其中阻断得分 50.25，处在"极差"评价阶段；有效控制得分 47.5，也处在"极差"评价阶段中下半段。各个子指标的得分以及对应评价等级如表 8-4：

第 8 章 保障经济权力安全的经济责任审计制度评价与构建

表 8-4 经济权力安全审计既病防变战略
评价得分以及对应评价等级

	得分	等级
审计阻断指标的构建和完善程度	52	极差
审计阻断判别模型的构建程度	48.5	极差
快速跟进的机制	41.5	极差
迅捷的反应机制	51	极差
有力度的公告处理机制	52	极差

8.2.5 愈后防复判断模型评价

主要的计算过程如下:

表 8-5 愈后防复战略赋分汇总表（针对经济权力安全）

一级指标	权重	二级指标	权重	评语集				
				优秀	良好	中等	较差	极差
U_1	0.4	U_{11}	0.3	0	0.5	0.4	0.1	0
		U_{12}	0.25	0	0.5	0.4	0.1	0
		U_{13}	0.3	0	0.2	0.5	0.2	0.1
		U_{14}	0.15	0	0.1	0.5	0.4	0
U_2	0.6	U_{21}	0.2	0	0.6	0.3	0.1	0
		U_{22}	0.2	0	0.2	0.3	0.4	0.1
		U_{23}	0.2	0	0.2	0.3	0.4	0.1
		U_{24}	0.15	0	0.2	0.3	0.4	0.1
		U_{25}	0.15	0	0.1	0.2	0.6	0.1
		U_{26}	0.1	0	0.1	0.1	0.6	0.2

首先，进行模糊评价：

$$S_1 = W_1 \times X_1 = \begin{bmatrix} 0.3 \\ 0.25 \\ 0.3 \\ 0.15 \end{bmatrix}^T \times \begin{bmatrix} 0 & 0.5 & 0.4 & 0.1 & 0 \\ 0 & 0.5 & 0.4 & 0.1 & 0 \\ 0 & 0.2 & 0.5 & 0.2 & 0.1 \\ 0 & 0.1 & 0.5 & 0.4 & 0 \end{bmatrix} = \begin{bmatrix} 0 \\ 0.35 \\ 0.445 \\ 0.175 \\ 0.003 \end{bmatrix}^T$$

同理:$S_2 = W_2 \times X_2 = \begin{bmatrix} 0.2 \\ 0.2 \\ 0.2 \\ 0.15 \\ 0.15 \\ 0.1 \end{bmatrix}^T \times \begin{bmatrix} 0 & 0.6 & 0.3 & 0.1 & 0 \\ 0 & 0.2 & 0.3 & 0.4 & 0.1 \\ 0 & 0.2 & 0.3 & 0.4 & 0.1 \\ 0 & 0.2 & 0.3 & 0.4 & 0.1 \\ 0 & 0.1 & 0.2 & 0.6 & 0.1 \\ 0 & 0.1 & 0.1 & 0.6 & 0.2 \end{bmatrix} = \begin{bmatrix} 0 \\ 0.255 \\ 0.265 \\ 0.39 \\ 0.09 \end{bmatrix}^T$

然后,进行二级模糊评价:

$$A = W \times S = \begin{bmatrix} 0.4 \\ 0.6 \end{bmatrix}^T \times \begin{bmatrix} 0 & 0.35 & 0.445 & 0.175 & 0.003 \\ 0 & 0.255 & 0.265 & 0.39 & 0.11 \end{bmatrix} = \begin{bmatrix} 0 \\ 0.293 \\ 0.337 \\ 0.304 \\ 0.066 \end{bmatrix}^T$$

为了便于评定分值不妨设:

$v = (v_1, v_2, v_3, v_4, v_5) = \{$优秀,良好,中等,较差,极差$\} = \{95, 85, 75, 65, 30\}$,此处的取分是依据每一分档的中位数给出的,当然也可以有其他的设定方法,但是应该不会影响评价结果的相对大小。二级评价的分值分别为:

$u_1 = S_1 \times V = 0 \times 95 + 0.35 \times 85 + 0.445 \times 75 + 0.175 \times 65 + 0.003 \times 30 = 75.4$

$u_2 = S_2 \times V = 0 \times 95 + 0.255 \times 85 + 0.265 \times 75 + 0.39 \times 65 + 0.09 \times 30 = 69.6$

一级评价的分值为:

第 8 章 保障经济权力安全的经济责任审计制度评价与构建

$$u = 0 \times 95 + 0.293 \times 85 + 0.337 \times 75 + 0.304 \times 65 + 0.066 \times 30 = 71.92$$

愈后防复战略评价得分为 71.92 分，略大于 70 分，处在"中等"的等级阶段。

审计结果利用指数得分 75.4，处在"中等"的等级阶段的上边缘；各个部分的得分以及等级见表 8－6：

表 8－6　审计结果利用评价得分以及对应评价等级

	得分	等级
审计结果价值发现程度	79	中等
审计结果分析程度	79	中等
审计结果传递与沟通程度	70.5	中等
审计结果利用情况监督程度	72	中等

审计问责指数得分 69.6 分，处在"较差"的等级阶段，相对而言，各个部分的得分以及得分比见表 8－7。审计问责得分比更低，需要关注更多。

表 8－7　审计问责战略评价得分以及对应评价等级

	得分	等级
审计问责范围	80	中等
审计问责法规建设	68.5	较差
审计问责主体	68.5	较差
审计责任落实及审计问责反馈	68.5	较差
公示与联合执法情况	65.5	较差
合作平台	61	很差

以上分析说明目前经济权力安全审计方面的制度建设基于第二阶段审计安全的目标要求（一般安全）尚有距离，但是因为

愈后防复战略得分尚可，在经济安全审计制度建设上，可以在第一阶段建设较为完备的基础上，集中力量进行第二阶段的制度建设。

8.3 经济责任审计制度的构建思路

8.3.1 继续巩固愈后防复战略

目前我国财政审计的安全指标正处在基本安全的建设巩固阶段，但是现实对于经济责任审计制度的安全保障性期望是非常高的，因此首先采取的创新战略就是强化愈后防复战略。

审计结果发现总体评价得分情况尚可，属于中等建设水平，审计结果的发现程度、审计结果的分析程度比较乐观，我国的很多大案要案都是基于对审计报告的深入研究。从上述经济责任审计近年来来取得的成绩可见，审计署以及各级监管部门对经济责任审计结果的重视程度非同一般，但是审计结果的传递和沟通程度、审计结果利用的监督一般，处在中等评分的下半部分。

审计问责指数总的得分情况处在"较差"的等级阶段，其中审计问责范围是得分较高的，处在"中等"等级，但是也应该看到这是最近几年"审计风暴"一再刮起的结果，在2003年以前是很难想象的。审计问责范围逐步扩大，现在有全面覆盖的趋势，但是审计问责法规建设并没有被"风暴"唤醒，等级为"较差"，因此审计问责主体虽在，但只是一个建议者和观察者，地位不高，难免人微言轻，等级为"较差"。审计责任落实及审计问责反馈、联合执法情况、监督合作平台建设就难免差强人意了，等级为"较差"，这也与前面问卷调查以及访谈中的情况相吻合。

综上所述，经济责任审计要实现其安全目标首先要强化的是相对较弱的审计问责制度，其中尤其要着重提高审计问责主体的地位，强化审计问责反馈制度，建立经济责任审计资源平台，让经济责任审计与其他类型审计之间、上下级审计之间、审计部门和其他监管部门之间进行评价内容的整合与优化（祝遵宏，2010）[191]，从而提高公共资源的配置效率，坚持大的安全观。另外，应该形成针对不同主体的审计结果沟通方式，充分利用信息化资源，不必完全拘泥于一种形式，甚至直接就将结果变化成普通大众可以分辨的评价形式，比如给出类似这样的评价："某某领导经济责任的审计结果是 5 星级的，去年是 4 星级"，方便让每个人知晓。

8.3.2 未病先防与既病防变制度规划

这两个战略一共有 13 个子战略，着眼于"未病先防"与"既病防变"，总的得分属于"极差"等级。这其中未病先防得分略强于既病防变，未病先防涵盖的 8 个子项目都属于"极差"等级，其中审计扶正要略次于审计预警，都属于"极差"等级。既病防变得分最低，属于"极差"等级，下属的阻断指数和有效治疗战略不相上下，都是"极差"等级，涉及的 5 个子指标都是属于"极差"等级，其中最差的是快速跟进的机制。

综上所述，经济责任审计要初步打造未病先防与既病防变阶段的制度规划，第一，要强化"既病防变"的内容，尤其要筹划制定快速跟进的机制，强化审计阻断判别模型的构建程度。第二，要强化"未病先防"涵盖的内容，优先强化审计预警指标评级制度以及审计预警信息平台整合制度。

8.3.3 具体制度建设策略

除了进行上述有针对性的制度构建以外,还须及时解决部分显性问题。

(1) 构建独立的经济责任审计法规体系

目前的经济责任审计属于政府审计的一种,但是经济责任审计与一般性的政府审计的目的、审计对象、审计程序以及对审计人员的素质要求等方面都有区别,适当的时候应该构建独立的经济责任审计法规体系和操作规范,使经济责任审计更加规范、更具操作性,真正实现顶层设计,参与国家治理,为大政府的构建和健康运行保驾护航。

(2) 培养专门的经济责任审计人才

经济责任审计对审计人员的知识构成要求更高,相关审计人员除了具备一般的审计素质外,还必须对国家政策很熟悉,对领导职能很熟悉,具有更高的专业素质。因为面对的是党政领导一把手,或是国企一把手,接触的很多都是国家机密资料,所以对审计人员的沟通能力、协调能力、职业判断能力、职业道德要求更加严格,要求审计人员的独立性必须非常超脱。审计质量的关键是审计人员的素质(刘家义,2010)[192]。目前政府要求经济责任审计全覆盖、常态化,而现在的经济责任审计主要由政府审计人员完成,但是政府审计人员数量有限,还有一部分的经济责任审计是突击性、临时性、无计划的,使经济责任审计的质量大打折扣。经济责任审计应该贯穿党政领导干部和国企领导的全部领导生涯,任前、任中、离任审计应该有计划地综合开展(张瑜,2003)[193],只有这样,才可能分清楚前任与现任、现任与下任的经济责任,才可能做到离任者走得清楚,接任者接得明白,才能够很好地实现经济责任审计未病先防、既病防变的功能。

（3）构建规范的经济责任审计结果公告制度

强化审计问责机制，重视追踪审计制度，将经济责任审计与干部考核制度、干部任免制度充分结合，尽量推行先审后离、先审后提，而不是先离后审、先提后审，以避免审计走过场、走形式，探索领导干部经济责任异地交叉审计，避免人情障碍、关系障碍、地方保护主义，同时可以增强审计的独立性、公正性，培养审计人员的综合审计能力。提高审计合力，继续推行干部任期轮审制度，强化同步审计，将不良现象扼杀于萌芽状态，维护国家经济管理权力安全（翁世成，2013）[194]。

（4）构建重大经济决策预审制度

随着我国社会主义民主进程的不断深化，人民参政、议政的意愿越来越强烈。人民希望关系国计民生的经济决策可以更加透明化，这既需要决策程序化、规范化，更需要决策科学化、合法化。建立经济决策预审机制，使审计关口前移，可以减少决策失误，避免滥用权力，避免权力寻租，将腐败扼杀在萌芽状态，使经济走向符合国家需求，符合民众期望，从而保障经济决策权力安全。

（5）塑造新型经济责任审计文化

主要举措有：加强审计成果的综合利用，增强经济责任审计透明度，引导民众合法监督，构建健康的全民监督机制；坚持审计结果公告制度，把经济责任审计与民生审计、国家政策审计、环境保护与开发审计、金融审计、国家安全审计等有机融合，促进依法行政和政务公开，与其他社会监督方式共同净化官场风气和社会风气。

第9章 保障产业安全的政府审计制度的评价与构建

9.1 产业安全的内容

产业安全主要是指一国各产业部门能够保持均衡协调发展，整体上能够保持国际竞争力（夏兴园，2001）[195]，能够保障国内产业在国内及国际市场上的利益与可持续发展不受威胁的状态和能力（杨琴，2007）[196]。

产业安全的内容是十分庞杂的，可以将产业安全分为国内产业安全和国际产业安全，当然国内产业安全还可以进一步分为各个区域的产业安全（李孟刚，2006）[197]。而每一部分产业安全，又可以依据产业的不同，细分为农业产业安全、钢铁产业安全甚至棉花产业安全等。当然还可以根据某种活动的类型进行定

第9章 保障产业安全的政府审计制度的评价与构建

义,比如涉外并购活动中的产业安全;还有的是对某特殊类型的产业打包进行归纳和研究,比如对于战略新兴产业安全。

对产业安全既往的研究主要围绕产业竞争力(尤其是产业国际竞争力)与跨国公司对产业安全的影响而展开,知名的研究者包括 Porter（1990）[198]、Burnell（1986）[199]、阿明（1990）[200]、芮明杰等[201]、童志军（1996）[202]、裴长洪与王镭（2002）[203]、黄祖辉与张昱（2002）[204]、雷家骕（2014）[205]等对中国的产业安全以及影响因素、评价方法等进行了研究与讨论。

产业安全涉及的因素非常复杂,可以从产业外部环境因素与产业内部因素两个大的方面进行分析,对应可以称为产业外部环境安全与产业内部安全。

(1) 产业外部环境安全

产业外部环境是影响产业安全的重要因素,产业外部环境安全主要包括产业环境安全、产业政策安全和外资政策安全,以及跨国公司与外企安全等。简要内容见图9-1:

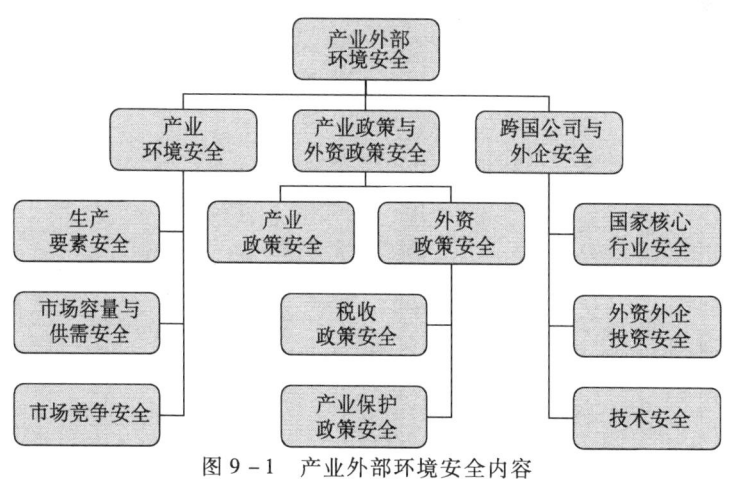

图9-1 产业外部环境安全内容

产业环境安全主要包括生产要素安全（材料、资本、人力资源等）、市场容量与供需安全以及市场竞争安全；产业政策与外资政策安全包括产业政策安全与外资政策安全；跨国公司与外企安全包括国家核心行业安全、外资外企占比安全以及技术安全等内容。

比如，对于外资外企安全要考虑外资投入行业的资金量以及在行业的占比情况。表9-1是2011—2012年外资在不同行业的投资情况，可以看出外商投资2012年相比2011年总体降低3.7%，其中电力、燃气及水的生产和供应业降低22.63%，住宿和餐饮业降低16.77%，降幅最大的公共管理和社会组织，为92.42%。同时有些产业增长迅速，比如教育行业、科学研究、技术服务和地质勘查业、金融行业等。对于各个行业外资投入的资金量以及占比情况的变动，可以监测各个行业外资外企的资金安全问题。如果某个行业占比连续猛增，要注意外资外企对我国该行业的控制力幅度是否在合理区间；对于占比过小、资金量过低而我国又亟待发展的产业，应该考虑给予更多的优惠，降低产业进入门槛。

表9-1　2011—2012年外资在我国不同行业的投资情况

不同产业	2011年合同数（份）	2012年合同数（份）	增长比例	2011年金额（万美元）	2012年金额（万美元）	增长比例
农、林、牧、渔业	865	882	1.97%	200888	206220	2.65%
采矿业	87	53	-39.08%	61279	77046	25.73%
制造业	11114	8970	-19.29%	5210054	4886649	-6.21%

续表

不同产业	2011年合同数（份）	2012年合同数（份）	增长比例	2011年金额（万美元）	2012年金额（万美元）	增长比例
电力、燃气及水的生产和供应业	214	187	-12.62%	211843	163897	-22.63%
建筑业	215	209	-2.79%	91694	118176	28.88%
交通运输、仓储和邮政业	413	397	-3.87%	319079	347376	8.87%
信息传输、计算机服务和软件业	993	926	-6.75%	269918	335809	24.41%
批发和零售业	7259	7029	-3.17%	842455	946187	12.31%
住宿和餐饮业	513	505	-1.56%	84289	70157	-16.77%
金融业	156	282	80.77%	190970	211945	10.98%
房地产业	466	472	1.29%	2688152	2412487	-10.25%
租赁和商务服务业	3518	3229	-8.21%	838247	821105	-2.04%
科学研究、技术服务和地质勘查业	1357	1287	-5.16%	245781	309554	25.95%
水利、环境和公共设施管理业	151	122	-19.21%	86427	85028	-1.62%
居民服务和其他服务业	212	192	-9.43%	188357	116451	-38.18%
教育	15	11	-26.67%	395	3437	770.13%

续表

不同产业	2011年合同数（份）	2012年合同数（份）	增长比例	2011年金额（万美元）	2012年金额（万美元）	增长比例
卫生、社会保障和社会福利业	11	24	118.18%	7751	6430	-17.04%
文化、体育和娱乐业	152	145	-4.61%	63455	53655	-15.44%
公共管理和社会组织	1	3	200.00%	66	5	-92.42%
总计	27712	24925	-10.06%	11601100	11171614	-3.70%

资料来源：《中国统计年鉴2012》《中国统计年鉴2013》。

（2）产业内部安全

从产业内部来看，产业安全的主要内容包括产业集中程度安全和产业的制度结构安全等。

①产业集中程度安全。产业集中程度是反映产业控制力的一个重要指标，可以用规模最大的前几家企业占产业总产量或市场总销量的比重来衡量。如果产业内本国企业的集中度越高，表现为总产量或总销量的比重较大，则本国企业对该产业的控制力就越强，产业就相对越安全。

②产业的制度结构安全。产业的制度结构安全包括某个产业内部的制度安排以及相关的技术与管理标准。如果在一个产业内有相对健全、完善的制度与标准，产业因此对自身的发展就基本具备相应的控制力，即使跨国公司凭借资本优势、技术优势或是管理优势进入该产业，也很难实现对该产业的控制，产业相对安全。反之，产业安全就极易受到威胁。

9.2 产业安全审计现状与国外经验

9.2.1 我国产业安全审计现状分析

政府保障产业安全主要是通过三个路径：第一是制定相关的政策保障现有产业安全的具体内容；第二是设置相关的产业安全保障机构或组织；第三是创建新的产业政策与优惠措施，扶持新型产业。我国尚没有具体负责国家产业安全的部门，尽管关于产业安全的部门在商务部、国家发改委等部门都有设置，但对产业安全都不具体负责（朱建民，2013）[206]。那么政府审计对于产业安全做过哪些工作，有什么样的制度设计呢？从审计署审计结果公告来看，2009年至2013年审计署的审计工作主要集中于财政财务审计[16]，产业审计或是产业安全审计在审计署工作中并未得到充分重视，这五年间形成的149份审计公告中，竟然没有一份是针对产业安全的，就公告的内容而言，基本也没有有关产业安全的审计建议，也就说在我国宏观层面，产业安全审计几乎是空白，制度建设更是滞后。

在省一级地方政府的审计活动中，是否存在有关产业安全的审计活动，或是地方性的审计法规，或是约定俗成的审计惯例呢？以华东六省为例，搜索相关的审计网站可知：大部分省份每年的审计公告数量在2—5份，基本不涉及产业安全问题，但是浙江省2012—2013年有两份审计公告是涉及产业安全的，比较出人意料。这两份公告是：《浙江省文化经费投入情况专项审计调查结果》（2013年2月25日公告），提出的审计建议中有"文化产业扶持政策亟待完善，高端人才资源较为匮乏"的表述；

《2010至2011年粮食生产功能区建设情况专项审计调查结果》（2012年12月31日公告），与区域农业产业安全息息相关，该报告直接促成了2012年10月8日浙江省政府印发了《浙江省粮食生产功能区保护办法》，进一步加强浙江省的功能区建设与保护，以增强粮食综合生产能力。

9.2.2 维护产业安全方面问题分析

随着经济全球化趋势的不断加强，发达国家的垄断优势凸显，主要体现在知识、资本、技术、人才、管理等方面，"垄断优势"将发达国家在国际分工体系中推举到顶端的位置，并且"顶端优势"不断巩固，从而获取高额垄断利润，同时向发展中国家转移那些高投入、高消耗、高污染、高风险和低效益的粗放型产业，而发展中国家只能凭借所谓比较优势，即以低成本的人力资源和透支自然资源等来获取较低的利润（朱建民，2013）[206]，由此造成"发达国家主导→新兴市场承启→发展中国家与最不发达国家垫底"的"舞龙"式国际产业发展格局（江涌，2007）[159]，"龙头"部分把握着某个产业话语权的同时也享受着收益权，而"龙身"与"龙尾"处于被动接受的状态，分享较少份额的收益。同时，发达国家还在不断强化垄断优势，来应对新兴市场的竞争。发达国家利用知识产权进行产业保护，不断制造贸易摩擦，动辄以经济制裁相威胁，严重阻碍了我国产业的发展，威胁了产业安全（黄建军，2001）[207]。在这种情况下，只有把产业安全战略放在国家层面，从顶层设计上进行筹划，才会有效地促进国家经济健康发展、安全运行。而我国却恰恰缺乏维护产业安全的国家战略，没有站在长远发展的角度来制定统一的、具有战略性的规划，没有将经济安全的诸要素与产业安全有效地结合在一起，更没有将国家利益和国家意志注入产业发展中。

根据国家统计局 2011 年统计数据显示，在我国已开放的产业中，外资拥有每个产业排名前 5 位的品牌，在 28 个主要产业中，外资在 21 个产业拥有多数资产控制权（朱建民，2013）[206]。近年来，由于跨国公司并购国有装备制造企业的现象在全国范围内集中出现，使我国的产业安全受到严重危害（许良虎，杨妍春，2011）[208]。国家花费大量资金扶持成长起来的行业龙头企业，如徐工机械、西北轴承、大连电机等我国制造业的龙头企业无一幸免地被外资收购，这严重危害到国家产业安全。

9.3 政府审计需要相应进行的制度设计

9.3.1 产业安全审计制度设计的必要性

政府审计目前虽然没有专门的针对产业安全的制度设计（马文杰，张军，许海晏，2013）[209]，但是因为产业安全是一个广泛的概念，与政府审计的很多相关内容有一定的交叉，比如对于国有资产进行审计的过程中，就能关注到所在产业的安全状况；再比如对于金融行业进行审计，实际上也是有关金融这个产业的安全保障，但是因为金融行业的特殊性，在进行政府审计的过程中，往往关注的是单一的被审计主体的合规性、合法性，而忽略了被审计单位所在产业的安全。那么既然现在其他的保障措施和部门也是缺位的，政府审计进行保障的可能性在哪里呢？其实本书已经论述过政府审计保障国家经济安全的内在特征和外在要求，产业安全保障工作除了符合这些共性的要求以外，还可以发挥政府审计超过其他监管部门的优势：第一是协同作用，在某省审计某个产业可能存在 N 种问题，但是单独来看都不成问题，而如果政府审计能整合各省的资料，"并案"处理，可能会发现意想不到的结果，容易找到产业安全的隐患，并容易将好的做法迅速传播出去；第二是某些外资并购往往是故伎重演，形成一定的行为模式，单独某省、某地的案例，会让人感觉非常棘手，但是在政府审计这个强大的资源平台上，整合应对策略，对重点领域和区域实施实时监控，就可以让他们的"奇袭"落空。

9.3.2 产业安全审计制度设计的策略

产业安全保障强调具有战略眼光和前瞻性，同时因产业风险无处不在，安全保障也注重实时性，产业安全保障基于前述创新战略的要求，应该朝着一般安全的目标进行审计制度设计，但是因为目前产业安全审计制度建设基本属于空白，因此制度评价基本没有价值，建议首先进行基本安全保障制度建设，然后再进行一般安全的制度设计，其策略主要包括：

（1）建立专门的产业审计部门，制定维护产业安全的宏观战略

我国审计署目前直接审计 7 个明确的部分（见表 9-2），外加法律、行政法规规定应由审计署审计的其他事项，并出具审计报告，在法定职权范围内作出审计决定或向有关主管机关提出处理的建议。

建议将产业安全与发展和产业异动列为政府审计的必选项目，提高产业安全的监管程度。可以设计产业监管司，同其他 13 个内设机构并列，或是在企业审计司、外资运用司、农业与资源环保审计司单独或是各自设立与其原有功能相近或容易协同、共享的某大类产业安全处。

第9章 保障产业安全的政府审计制度的评价与构建

表9-2 审计署直接审计事项简表

1	中央预算执行情况和其他财政收支,中央各部门(含直属单位)预算的执行情况、决算和其他财政收支
2	省级人民政府预算的执行情况、决算和其他财政收支,中央财政转移支付资金
3	使用中央财政资金的事业单位和社会团体的财务收支
4	中央投资和以中央投资为主的建设项目的预算执行情况和决算
5	中国人民银行、国家外汇管理局的财务收支,中央国有企业和金融机构、国务院规定的中央国有资本占控股或主导地位的企业和金融机构的资产、负债和损益
6	国务院部门、省级人民政府管理和其他单位受国务院及其部门委托管理的社会保障基金、社会捐赠资金及其他有关基金、资金的财务收支
7	国际组织和外国政府援助、贷款项目的财务收支

(2)界定产业安全审计的含义

要科学界定产业安全审计的含义,必须认真考虑并解决如下问题:

第一,产业安全的概念是相对比较清楚的(张望,2006)[210],但是产业安全审计的定义,尤其是从政府审计的视角,是值得认真考虑的。因为产业安全涉及的内容太多,现在的政府审计几乎对此没有涉及,要开展产业安全审计,也不可能是全面铺开的,必然有优先介入的部分。图9-2显示了产业安全与产业安全审计(政府审计)的关系,产业安全审计的范围应该是整个产业安全的子集,但是与其他子集的关系是动态不确定的。

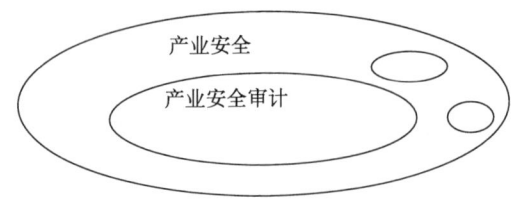

图 9-2　产业安全与产业安全审计的关系图

第二，产业安全审计的内容与注册会计师审计和内部审计的内容是存在很多差异的，产业安全审计着眼的是宏观或是中观的国际、国内产业发展、产业风险，而注册会计师审计和内部审计主要着眼于微观个体，即使有行业的分析，也是基于微观个体的视角，这与政府审计从事的其他审计活动是有差异的。其他很多审计活动，都有和其他两种审计的交叉和重合，容易方便利用前两种审计的知识外溢，而要进行产业安全审计需要投入更多资源进行探索，代价较高，当然收益也非常可观，如何更优地配置审计资源也成为需要解决的问题。

(3)"未病先防"的产业安全审计制度设计

产业安全审计的目标着眼于一般安全，强调控制的前置性，遵循"预警"加"扶正"的思路，可以大胆设想，产业安全审计应该着重进行预警战略，以扶正战略为辅。因为现阶段预警体系几乎没有建立，而扶正需要在实践的基础之上逐步加以培植。

①产业安全审计预警指标评级体系的构建和完善。积极开展预警工作，大力开发和运用预警资源，找到预警观测点、预警指标，并将指标按照容易操作、锚定性强等原则进行设计，因为预警的实际操作者是普通审计人员，而非审计专家。常用的产业安全评价指标如表 9-3 所示，当然也可以结合具体的产业特征设置评价指标。

表9-3　　　　　　　　常用的产业安全评价指标

指标类型	指标名称
国内产业安全指标	资本效率、资本成本、劳动力素质、劳动力成本、相关知识资源状况、供给产业的竞争力、境内需求量、境内需求增长率
国际产业安全指标	产业世界市场份额、产业国内市场份额、产业国际竞争力指数、产业研发费用、价格比、产业集中度、产业国内竞争度
其他产业安全指标	产业进口对外依存度、产业出口对外依存度、产业资本对外依存度、产业技术对外依存度、外资市场控制率、外资品牌拥有率、外资股权控制率、外资核心技术控制率、外资经营决策权控制率、受控制企业外资集中度、重要企业外资国别集中度

②产业安全预警信息平台的整合制度。商务部目前设有产业损害预警调查局,并建有专门的数据库,但是此处的产业安全是从国际视角入手来开展产业竞争力调查、产业安全应对与效果评估工作,发布产业竞争力动态,研究并提出应对措施的建议。政府审计视角的产业安全审计不是商务部工作的重复,它是基于政府审计的工作视角,将发现的产业安全隐患进行归纳和反应,是对于商务部工作的补充,而且更着重于国内的产业安全,一方面可以和商务部协同共享部分数据库,另一方面,可以为从审计的角度提出风险管控的对策和思路。

③产业安全审计预警的人员组织和管理制度。因为产业安全预警的内容涉及专门的知识领域,对于其人员的资质和管理也需要出台相应的规则,而且产业安全的很多数据因为涉及国内外产业竞争,所以很多数据都有不同的密级,因此对于什么样的信息可以公开,要对预警人员应该进行专门的培训与约束。

④扶正战略的基本思路。扶正战略主要包括：从审计文化构建方面，强调产业安全、产业损害与救济对于整个经济的重大影响；从审计人员能力提升方面将有关产业安全、产业损害、反倾销、反补贴等相关的知识逐步作为政府审计人员后续教育培训的重点内容；积极支持高校、科研机构进行相关的项目研究，并编写相关案例库和教材，培养未来审计人员的产业安全意识；采用强化审计署与商务部联动、各级审计厅局以及派出机构与各地商务部门的联动、信息交流制度，营造产业安全审计的"正气"。

（4）"既病防变"的产业安全审计制度设计

"既病防变"强调很多标准设计与细化，从"有效阻断"和"跟进"这两个角度，基于事中控制的原理，采取阻断战略，设定产业安全受到威胁与损害的等级，针对不同等级采取不同策略进行阻断和跟进处理。因为产业安全审计的目标是着眼于一般安全的，而基于原来的工作基础，阻断战略在这个阶段要优于跟进战略。

①阻断战略的应用。

第一级，该产业受到威胁，会对某人或某组织的合法权益造成损害，但不损害国家经济安全以及公共利益。

第二级，该产业受到威胁，会对某人或某组织的合法权益造成损害，或者可能损害公共利益，但尚不威胁国家经济安全。

第三级，该产业受到威胁，会损害公共利益，可能威胁国家经济安全。

第四级，该产业受到威胁，会严重损害公共利益，或者严重威胁国家经济安全。

第五级，该产业受到威胁，会严重损害国家经济安全。

以上等次的危险程度逐级提高，处在第一级次和第二级次的

第9章 保障产业安全的政府审计制度的评价与构建

产业安全问题，对国家经济安全的损害是极小的，但是可能对中观和微观的个体造成损害，另外，如果这种类似的系统安全隐患是普遍现象的话，那么从重要性的角度，应该将其升级为第三级次。处在第一、二级次的产业是相对安全、可控可防的，对此采取的"防变"策略主要是有针对性地进行"简单"的治疗，并将此产业安全的监控分配给商务部或是其他监管部门，政府审计应该保持对此的接口，并保留适时介入的权限。

在第三级次，政府产业安全审计部门要进行监督、检查。这种监督应该是非连续的，并根据检查的情况进行集中的"跟进"和"治疗"，争取将第三级次的问题降到第二或是第一级次。

在第四级次，政府产业安全审计部门对该问题要进行强制监督、检查，这种强制的监督可以是连续的，也可以是非连续的。在这个级次发现的危害应该进行及时的"阻断"，建立防火墙，让其问题在不进一步加剧的情况下，及时得到治疗，待危害程度降低到第三或更低级次时，可以对系统进行"解禁"，但是强制监督要保持2个周期以上。

第五级次，政府产业安全审计部门要进行专门的监督、检查。所谓专门的监督，是连续的强度和要求最严格的审计，对于此级别应该进行严格的"隔离阻断"，并对审计队伍进行专项训练，从而保障审计的及时、专业和有效性。对于尚能修复的产业安全问题，在及时修复的基础上，不断跟进测试，直至级次降低。

②跟进战略的应用。跟进战略是该阶段的次要战略，要跟进的是受损产业、预警级别较高的产业和我国的重点产业，跟进的重点在于协调资源加强受损产业的指导，使其逐步恢复自救能力，达到自我保护、良性发展的目的。

快速跟进还便于防止我国的重点产业被相关当事人为了满足

个人私利或是局部利益，对跨国公司采取的恶意兼并、收购行为去主动迎合，甚至大量转让核心产业的龙头企业给外资。

通过跟进战略，便于对产业结构政策、产业组织政策，提出更深入的建议，对于产业安全问题没有一个包治百病的解决策略，很多问题需要长期细致的观察，才能对症下药，推动我国产业发展方式的转变，由单纯的赶超模式和差别化的政策手段向注重发挥比较优势、强化市场功能、提供信息和具有市场弥补功能的方向转变。

（5）"愈后防复"的产业安全审计制度设计

"愈后防复"强调"找准病因，去除病灶，防其复发"，基于事后控制的思想，在这个阶段，对于产业安全的审计主要着眼于将审计中发现的问题及时纠正，建立公告制度强化审计监督等。此阶段应该逐步强化审计结果利用战略和审计问责战略。鉴于产业安全审计的空白状态，首先应该建立审计结果利用战略，在有效利用的基础上展开问责。产业安全审计结果具有极高的利用价值，要从原因（WHY）、对象（WHAT）、地点（WHERE）、时间（WHEN）、人员（WHO）、方法（HOW）六个方面进行界定。[211]

9.4 农业产业政策审计指标的实证分析

9.4.1 主成分分析法

在理论与实例研究的基础上，可以"经济繁荣，生活提高，生态文明"为方向，构建我国农业产业评价指标体系，见图9-3。"经济繁荣"指的是农业经济的发展，为此选取农用机械总

第9章 保障产业安全的政府审计制度的评价与构建

动力、农业总产值和乡村水电站个数指标。"生活提高"描述农民的生活状况，这里用农村用电量、农民家庭固定资产数和人均粮食拥有量指标。而"生态文明"方面，采取有效灌溉面积、化肥施用量和水资源总量指标。本书选取2000—2012年的数据，形成见表9-4、表9-5，样本数据来源于中国统计局历年《中国统计年鉴》。

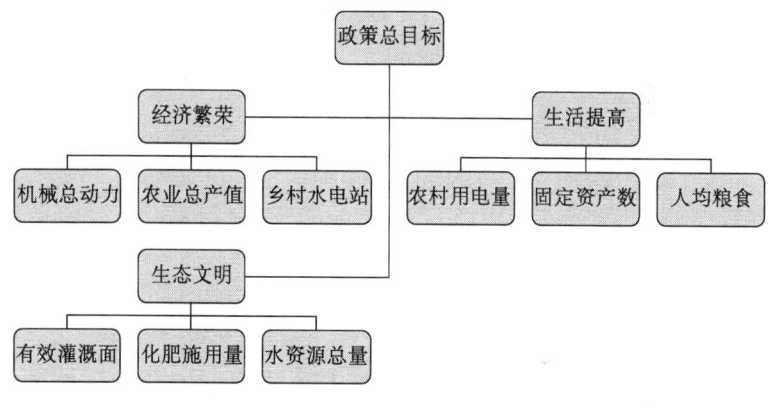

图9-3 我国农业产业评价指标体系

表9-4 选取变量的时间序列数据

N	X_1	X_2	X_3	Y_1	Y_2	Y_3	Z_1	Z_2	Z_3
2000年	52573.6	13873.6	29962	2421.3	4676.98	366	53820.3	4146.4	27700.8
2001年	55172.1	14462.8	29183	2610.8	4883.80	356	54249.4	4253.8	26867.8
2002年	57929.9	14931.5	27633	2993.4	5221.33	357	54354.9	4339.4	28261.3
2003年	60386.5	14870.1	26696	3432.9	5586.34	334	54014.2	4411.6	27460.2
2004年	64027.9	18138.4	27115	3933.0	5956.18	362	54478.4	4636.6	24129.6
2005年	68397.8	19613.4	26726	4375.7	7155.55	371	55029.3	4766.2	28053.1
2006年	72522.1	21522.3	27493	4895.8	7647.09	380	55750.5	4927.7	25330.1
2007年	76589.6	24658.1	27664	5509.9	8389.84	381	56518.3	5107.8	25255.2

续表

N	X_1	X_2	X_3	Y_1	Y_2	Y_3	Z_1	Z_2	Z_3
2008年	82190.4	28044.2	44433	5713.2	9054.92	399	58471.7	5239.0	27434.3
2009年	87496.1	30777.5	44804	6104.4	9970.57	399	59261.4	5404.4	24180.2
2010年	92780.5	36941.1	44815	6632.3	10706.38	409	60347.7	5561.7	30906.4
2011年	97734.7	41988.6	45151	7139.6	16087.52	425	61681.6	5704.2	23256.7
2012年	102559.0	46940.5	45799	7508.5	16974.09	437	63036.4	5838.8	29526.9

注：N代表年份，X_1代表农业总产值，X_2代表农用机械总动力，X_3代表乡村水电站个数；Y_1代表农村用电量，Y_2代表农民家庭固定资产数，Y_3代表人均粮食拥有量；Z_1代表有效灌溉面积，Z_2代表化肥施用量，Z_3代表水资源总量。

表9-5　　　　　　　　　　相关矩阵

	X_1	X_2	X_3	Y_1	Y_2	Y_3	Z_1	Z_2	Z_3
X_1	1.000	0.982	0.860	0.993	0.947	0.940	0.978	0.996	0.012
X_2	0.982	1.000	0.870	0.959	0.977	0.961	0.993	0.966	0.068
X_3	0.860	0.870	1.000	0.810	0.803	0.871	0.915	0.835	0.110
Y_1	0.993	0.959	0.810	1.000	0.924	0.917	0.949	0.998	-0.032
Y_2	0.947	0.977	0.803	0.924	1.000	0.933	0.963	0.927	-0.019
Y_3	0.940	0.961	0.871	0.917	0.933	1.000	0.962	0.931	0.043
Z_1	0.978	0.993	0.915	0.949	0.963	0.962	1.000	0.961	0.076
Z_2	0.996	0.966	0.835	0.998	0.927	0.931	0.961	1.000	-0.024
Z_3	0.012	0.068	0.110	-0.032	-0.019	0.043	0.076	-0.024	1.000

KMO=0.749，大于0.7，处在基本可以用主成分分析求权重的区域。

从表9-6中可以看出，前两个特征值大于1，提取前两个主成分的累计方差贡献率达到95.14%，超过80%，因此前两个主成分基本可以反映全部指标的信息,可以代替原来的9个指标,所以这里用这两个新变量 F_1、F_2 来代替原来的九个变量(详见表9-7)。

表9-6　　　　　　　总方差分解

	初始特征值	方差%	累积%	提取平方和载入合计	方差%	累积%
1	7.539	83.767	83.767	7.539	83.767	83.767
2	1.024	11.373	95.140	1.024	11.373	95.140
3	0.242	2.684	97.824			
4	0.126	1.403	99.227			
5	0.061	0.681	99.908			
6	0.006	0.064	99.972			
7	0.002	0.020	99.992			
8	0.001	0.006	99.998			
9	0.000	0.002	100.000			

表9-7　　　　　　　成分矩阵

	F_1	F_2
Zscore (X_1)	0.995	0.047
Zscore (X_2)	0.994	0.032
Zscore (X_3)	0.992	-0.029
Zscore (Y_1)	0.981	-0.067
Zscore (Y_2)	0.973	-0.079
Zscore (Y_3)	0.968	0.015
Zscore (Z_1)	0.963	-0.058
Zscore (Z_2)	0.895	0.111
Zscore (Z_3)	0.034	0.996

根据表9-6和表9-7计算可得:

$F_1 = 0.362X_1 + 0.362X_2 + 0.361X_3 + + 0.357Y_1 + 0.354Y_2 +$

$0.353Y_3 + 0.351Z_1 + 0.326Z_2 + 0.012Z_3$

$F_2 = 0.046X_1 + 0.032X_2 - 0.028X_3 - 0.066Y_1 - 0.077Y_2 + 0.015Y_3 - 0.057Z_1 + 0.109Z_2 + 0.985Z_3$

设 F 为政策效益总目标，

$F = 0.324X_1 + 0.323X_2 + 0.314X_3 + + 0.306Y_1 + 0.302Y_2 + 0.313Y_3 + 0.302Z_1 + 0.300Z_2 + 0.128Z_3$

经过归一化可得：

$F = 0.124X_1 + 0.123X_2 + 0.120X_3 + + 0.117Y_1 + 0.116Y_2 + 0.120Y_3 + 0.116Z_1 + 0.115Z_2 + 0.049Z_3$

根据以上分析可以看出，当前农业政策的重点应是：第一，加强基础设施建设。农用机械总动力对政策效益的影响最为明显，证明我国的农业机械化水平总体较低，在此方面加大投入，将会获得更大的效益，另外还应该增加灌溉的面积，兴修水利。第二，促进农业总产值提高。农业总产值的提高对政策效益的影响也非常明显，同时也关系着国民经济总产值的提升。政府应从各个方面着手提高农业总产值，不仅要在科技方面扩大投资，还要增加农民实质性的收入。

9.4.2 层次分析法

沿用上面的案例，继续用层次分析法对涉农政策的效果进行审计评估。首先，要构建层次分析模型，其分为目标层、一层评价指标层和二级评价指标层，然后要进行权重的确定，进行判断矩阵的构建。根据九级标度法，构建矩阵如下：

$$A = \begin{bmatrix} 1 & 2 & 6 \\ 1/2 & 1 & 4 \\ 1/6 & 1/4 & 1 \end{bmatrix}$$

对此矩阵要进行一致性检验：经过计算，得出矩阵特征值

第9章 保障产业安全的政府审计制度的评价与构建

$\lambda = 3.009$，其权重 w 为（0.588 0.322 0.090）。

$$CI = \frac{\lambda - n}{n - 1} = 0.0045$$

根据表9-8，CR = CI/RI = 0.0078 < 0.1，所以通过一致性检验。依此类推，对第二指标层进行权重的确定，如表9-9所示。

表9-8　　　　　RI 判断结果表

n	1	2	3	4	5	6	7	8	9
RI	0	0	0.58	0.9	1.12	1.24	1.32	1.41	1.45

表9-9　　　　　评价指标权重

第一层次指标	第一层次指标权重	第二层指标	第二层次指标相对于第一层次指标权重	第二层次指标相对于总目标权重
X_1	0.588	Y_1	0.595	0.350
		Y_2	0.277	0.163
		Y_3	0.129	0.076
X_2	0.322	Y_4	0.082	0.026
		Y_5	0.236	0.076
		Y_6	0.682	0.220
X_3	0.09	Y_7	0.166	0.015
		Y_8	0.166	0.015
		Y_9	0.688	0.062

从表9-10的结果可以看出，影响农业政策最大的因素是Y_1、Y_6，也就是农用机械总动力和人均粮食拥有量，农业总产值和乡村水电紧随其后。就一级指标而言，基本按照经济繁荣、生活提高、生态文明的顺序说明其政策的效益，可见农业资金的

表 9-10　　　　　　　　政策目标评价总表

二层评价指标	指标因子值	第二层次指标相对于总目标权重	评价指数	二层评价排序	一层评价指数指标	评价指数	一层评价排序
Y_1	0.324	0.350	0.113	1			
Y_2	0.323	0.163	0.053	3	X_1	0.190	1
Y_3	0.314	0.076	0.024	4			
Y_4	0.306	0.026	0.008	6			
Y_5	0.302	0.076	0.023	5	X_2	0.100	2
Y_6	0.313	0.220	0.069	2			
Y_7	0.302	0.015	0.005	8			
Y_8	0.300	0.015	0.005	9	X_3	0.017	3
Y_9	0.128	0.062	0.008	7			

投入以及各项惠农政策对于农村经济繁荣的影响较大,但是在生态文明方面影响偏小,因此以后的农业政策应该在保持对前两大类要素持续关注的基础上,加大对生态文明方面的政策构建和资金投入。

第10章 保障经济信息安全的政府审计制度构建

10.1 经济信息安全概述

经济信息安全主要是指与国家的经济发展相关的信息保持不受危害，从而不会威胁到国家经济安全的状态或能力（尹冯强，2013）[212]。经济信息的安全程度，是国家综合实力的集中体现。经济信息安全的重要性，首先在于其承载的经济价值。现代市场经济社会，是讲求效率与效益的，先机往往意味着要快人一步，要领先一步，及时掌握更多的有用信息，因此对经济信息的争夺日益加剧（刘名，2010）[213]。另外，"棱镜门""窃听门"等窃取经济信息的行为伴随着信息技术发展而日益猖獗。但是一提到信息安全，马上让人想到的是信息所依赖的系统的安全,实际上在信息生成、储存、传导的过程中,都可能存在危险因素,这些因素主要是来自于系统本身的、来自于相关人员的以及来自于外部主动侵害的。因此可以把经济信息安全按照其可能存在危害的途径不同,分为经济信息系统的安全、经济信息系统人的安全、外部安全;也可以根据经济信息涉及的范围,分为国家级的经济信息安全、地区级或行业的经济信息安全与特定组织或特定人的经济信息安全(胡延久,果青,武成刚,2006)[214]。

2009年,力拓"间谍门"事件是典型的行业层面的经济信息安全侵害事件,也属于经济信息系统人的安全受到侵害,造成的损失上千亿元(马海波,2013)[215]。2008年7月国家统计局公布2008年上半年宏观经济数据,但是早在此前路透社就在中文网站刊登文章披露数据,与国家统计局的数据完全一致,这是典型的国家层面的经济信息安全侵害事件,因为如果以此数据对我国资本市场进行套利,将给我国的投资者造成极大的损失,且数量很难预计。对于特定组织或特定人的经济信息安全事件更是屡见不鲜,某企业的重要经济数据被竞争对手窃取,某人的账户信息外泄等不一而足。针对这种微观个体的经济信息安全,保障的主要责任名义上在微观主体,但是如果保障环境不好,整体的微观经济信息危险程度高的话,必然就会加大社会整合成本,也增加交易成本,因此,微观个体的经济信息安全也具有宏观性。

信息安全的威胁手段多样,除了现今的窃密技术,监听监视经济情报,非法获取、篡改信息、传播虚假信息造成经济波动,以获取经济乃至政治上的收益(刘名,2010)[213];另一方面,还有花样翻新的各种贿赂,比如资助学术研究、出国考察、设立奖学金等形式,很多披着"合法"的外衣,干着见不得光的勾当,严重威胁我国经济信息安全。

我国的经济信息安全保密意识差也为不怀好意者提供了更多机会。根据调查结果显示，在我国有 62% 的企业承认出现过泄密现象；国有以及国有控股企业中设立专门机构进行商业秘密管理所占比例的不到两成，未建立任何机构的比例高达 1/3；这种情况在民营企业中更加严重。

政府、军队、公司、金融机构、医院、私人企业通过多年的实践，积累了很多有关高科技、新技术、人力资源以及金融数据的信息。绝大多数的信息都是集中、存储在计算机上，并通过互联网传递给别的计算机。[216]如果一家企业的客户信息、政府政策、新产品的开发等机密被竞争对手掌握，那么可能就会造成企业的破产、经济的损失甚至国家的动荡（柳宏坤，吕著红，2002）[217]，这对于一个企业的发展和国家的安定是不利的，所以对于信息的保护是企业、国家甚至道德以及法律的共同需求。对于个人来说，信息安全对于其个人隐私具有重大的影响，但这在不同的文化中的看法差异相当大。

我国经济发展迅猛，而经济信息保密工作却相对滞后（唐踔，2011）[218]，呈现出明显的不协调，我国在经济信息方面所展现的"透明"，已使我国沦为国际商业间谍的"活靶子"（马海波，2010）[215]。2009 年 12 月《南方周末》报道：中国涉外并购案中，几乎每一起都涉及信息失窃，造成的损失高达百亿元，甚至有些损失无法确切统计。

10.2 经济信息安全审计现状与问题

目前对于信息安全审计的规制在国外发展迅速，比如已被一些国家所采纳的由英国标准协会制定的信息安全管理体系标准

(BS7799），是被公认的信息安全管理体系标准，在国际上颇具代表性。BS7799 主要包括 10 个部分：信息安全政策；安全组织；资产分类及控制；人员安全；物理及环境安全；计算机及系统管理；系统访问控制；系统开发与维护；业务连续性规划；符合性。BS7799 涵盖面广、可操作性强，为信息安全管理提供了一个可持续提高的管理环境，其中有两个重要的方面可以影响信息安全管理标准的推广进程，分别是重视程度和制度落实方面。当然对于该制度也存在一定的意见，比如认为其对查看敏感信息等缺少控制；标准中对评审控制和审计没有区分；标准中只在开发和维护中简单涉及密码技术。尽管某些方面可能还存在瑕疵，但是它仍是目前最好的指导标准，可以达到一定预防的目的。

另外，还有美国国防部的 TCSEC（Trusted Computer Systems Evaluation Criteria）；英、法、德、荷四国制定的 ITSEC（Information Technology Security Evaluation Criteria），是欧洲多国安全评价方法的综合产物，应用领域为军队、政府和商业（朱丽娜，2010）[219]。

目前的信息安全审计主要是由内部审计和注册会计师审计完成的，并且很多伴随着对企业会计系统的 IT 审计进行的（陈波，2011；杨建涛，2010）[220,221]，政府审计从国家层面介入信息安全问题，还没有任何公开的规定，但是内部审计或是注册会计师审计主要局限在微观和中观的信息安全，根据对政府审计的特性和使命分析，从国家层面对经济信息安全进行保护的除了安全部门，政府审计部门是重要的免疫窗口（孙婉玮，刘成立，2012）[222]。

10.3　信息安全审计制度评价

我国与信息安全相关的全国性法规政策见表 10-1。

表 10-1　我国与信息安全相关的全国性法规政策

年份	法规内容
1994 年	《中华人民共和国计算机信息系统安全保护条例》
1999 年	强制性．国家标准 GB17859-1999
2003 年	中央办公厅、国务院办公厅转发《国家信息化领导小组关于加强信息安全保障工作的意见》
2004 年	国家公安部、保密局、密码管理局等联合签发《关于信息安全等级保护工作的实施意见》
2007 年	四部委联合签发的《信息安全等级保护管理办法》
2013 年	《信息网络传播权保护条例》

另外还有相关技术标准，如《信息安全等级保护基本要求》《信息安全等级保护定级指南》《信息安全等级保护测评要求》《信息安全等级保护实施指南》等。另外还有一些法规涉及信息安全，如《证券期货业信息安全保障管理暂行办法》《计算机软件保护条例》联网单位安全员管理办法（试行）《网上证券委托暂行管理办法》;《商用密码管理条例》等。

我国目前主要负责进行信息安全保障的部门是公安部，这也是根据 1994 年颁布的《中华人民共和国计算机信息系统安全保护条例》确定的。但是该《条例》已经颁布多年，信息化的手段已经发生巨变，亟待根据不同的信息类型与载体，增加监管机构并进行协同与合作，其中工信部、商务部等部门都有相关的标准与机构，但是对于经济信息的监管的内容并不具体。

那么，政府审计对于信息安全做过哪些工作，有什么样的制度设计呢？从审计署审计结果公告来看，2009年至2013年审计署的审计工作主要集中于财政财务审计，信息审计或是信息安全审计在审计署工作中并未得到充分重视[16]，这五年间形成的149份审计公告中，没有一份是针对信息安全的，就公告的内容而言，基本也没有有关信息安全的审计建议。这也就意味着在我国宏观层面，信息安全审计几乎是空白。

在省一级地方层面的政府审计活动中，是否存在有关信息安全的审计活动，或是地方性的审计法规或是约定俗成的审计惯例呢？以山东省、江苏省等省为例，搜索相关的审计网站，大部分省份每年的审计公告数量在2—5次，基本不涉及信息安全问题，但是进一步搜索这些省份的审计活动，发现涉及的"信息"问题的制度建设与活动很多，详见表10-2，主要是当地审计机关如何利用信息化的手段辅助审计，但也逐步出现对于信息安全的审计，比如青岛市、南京市等开展的信息系统绩效审计等活动，但是应该看到这些审计活动基本是2011年后才开始进行，此前针对信息安全的审计是基本空缺的。

总而言之，我国信息安全审计的制度建设在政府审计层面是几近空白的，几乎失去了制度评价的价值，但是信息安全尤其是经济信息安全的保障目标应该是非常高的，而基于这样高目标的制度设计又是落后的。

表10-2 鲁、苏两省涉及信息安全的审计活动简表

年份	事项	简要内容
2013年	济南市审计局探索用计算机作出审计评价	济南市审计局在对高新区出口加工区开展经济责任审计时，结合出口加工区特点，在审计评价上利用计算机审计方法进行了新的探索

第 10 章　保障经济信息安全的政府审计制度构建

续表

年份	事项	简要内容
2013 年	青岛市审计局创新开展信息系统绩效审计	青岛市审计局以政府投资信息化建设项目为重点，选取琴岛通卡运行管理、市电子政务专项资金管理使用、太原路固体废弃物中转站迁建等 5 个项目，涉及系统建设金额近 4 亿元，创新开展了信息系统绩效审计，促进政府投资建设信息系统绩效的提升
2013 年	莱芜市审计局利用信息化引擎助推审计项目质量提升	莱芜市审计局积极探索审计新方式，在对市劳动就业办公室 2012 年度预算执行审计中，充分利用信息化手段，加强会计数据、业务数据间的分析比对，加大了审计广度和深度，提高了审计项目质量
2013 年	济南市审计局编制《信息化工作手册》指导信息化工作	经过近两个月的收集、整理、加工，济南市审计局编制完成了《信息化工作手册》，并已发放到全市审计人员手中。该手册内容涵盖 OA 的使用、OA 与 AO 的交互、AO 的简要说明、公文办理流程以及计算机审计方法和 AO 应用实例的撰写说明等，内容全面，简明易查，是审计人员开展工作的得力助手
2013 年	青岛首次借助第三方免费公共网络开展审计调查	为提高审计质量和效率，青岛市审计局创新审计手段，结合对特色体育运动进校园活动进行审计调查，首次借助第三方免费公共网络调查系统开展在线调查，效果显著
2013 年	济南市审计局"四个注重"强化财政审计信息化技术应用	济南市审计局在财政预算执行审计中，强化计算机审计，对重点领域、重点资金、重点项目进行数据分析研究，寻找审计突破口，突出"四个注重"，审计工作取得了事半功倍的效果

续表

年份	事项	简要内容
2013 年	临沂市审计局四项措施加强信息化建设	临沂市审计局围绕山东省三年审计信息化发展规划的贯彻落实，着眼于全面提高信息化环境下的审计监督能力，提出了今后两年审计信息化工作要达到的目标任务，采取四项措施进一步加强审计信息化建设
2012 年	烟台市审计局突出"三个关注"做好首例信息系统审计	一是围绕网络信息安全和医疗患者隐私保护，突出关注信息系统的安全隐患与风险。二是围绕系统功能完备和用户操作方便，突出关注信息系统的设计缺陷和漏洞。三是围绕信息系统建设资金投入和产出经济性，突出审查信息系统的效益性
2012 年	山东省审计厅出台了《山东省 2012 年至 2014 年审计信息化发展规划》	对加强审计信息化建设、探索创新审计方式、加强审计队伍信息化能力建设、全面提高信息化环境下的审计监督能力等作了具体规划，积极构建符合信息化发展的电子审计体系
2012 年	济宁市审计局加强电子监察系统建设深化科技防腐工作	济宁市审计局按照市委市政府《关于运用现代科技手段预防腐败的意见》要求，依托全市电子监察系统建设，结合审计信息化建设实际，着力提升审计机关内部监督的管理水平
2013 年	南京市审计局首次在信息系统审计中开展 IT 绩效分析	南京市审计局对建设中的"南京市综合治税平台"实施信息系统审计，并首次尝试开展 IT 绩效分析
2013 年	江苏首次开展省级公立医院信息系统审计	为有效实现审计目标，江苏省审计厅在对省中医院领导干部经济责任审计时，首次对承担医院管理和医疗收费的信息系统开展审计

第 10 章 保障经济信息安全的政府审计制度构建

续表

年份	事项	简要内容
2012 年	江苏以"五项举措"全面推进投资审计信息化建设	一是深化 AO 运用,切实提升审计能力。二是开展联网审计,创新审计方式和组织模式。三是探索信息系统审计,推动投资审计转型升级。四是创新信息技术运用,提升审计技术水平。五是开发投资审计管理系统,强化审计项目管理
2012 年	盐城市审计局强力推进审计信息化	江苏省首个政府投资项目审计管理平台在盐城市研发成功,顺利投入审计运用实践,打破了长期以来制约政府投资审计工作的瓶颈,也实现了审计信息化工作的新突破
2012 年	苏州市审计局加强计算机人才培养夯实审计信息化基础	苏州市审计局把计算机审计人才培养作为审计信息化发展的"基础工程",不断加大计算机审计人才培养力度,形成了目标明确、梯度有序的"三级提升计划",即审计业务人员 100%掌握计算机审计基础应用,50% 成为中级人才,20% 成为专家能手、领军人物等高级人才
2012 年	泰州市审计局五项措施推进审计信息化建设	一是进一步明确目标,强力推进审计信息化工作。二是坚持全市"一盘棋",实现信息化工作"市县一体化"。三是围绕打造精品项目,突出计算机审计技术应用。四是推进审计方式变革,加快联网审计和数据中心建设步伐。五是围绕骨干队伍建设,加强信息化知识培训
2011 年	南京市审计局首次开展独立型非税收入信息系统审计	此次审计重点审查该系统的安全性、有效性和经济性,围绕"单位开票,银行代收,财政统管"的关键控制环节,评价系统运行效能,分析查找系统是否存在安全隐患和控制薄弱点,促进加强系统控制和管理,提高系统的运行效益

续表

年份	事项	简要内容
2011 年	苏州市审计局大力提升信息安全保密防控能力	一是强化安全教育，提升审计人员安全保密意识。二是强化安全检查，确保防护措施到位。三是强化设备监控，发挥现有设施及软件的潜能

10.4 政府审计需要进行的相应制度设计

审计的对象包含的信息有很多涉及经济机密，审计的过程当中审计策略、审计计划、审计结果也是蕴含大量信息的，有的可以公开，有的适合部分公开，而有的不宜公开。可能政府审计在经济信息安全保障工作中不一定承担全覆盖、全过程的任务，但是其工作的对象、工作的过程、工作的结果衍生出的信息，就是重要的需要进行安全识别的信息。当然，现在很多审计面对的是信息化、网络化的审计对象，甚至审计工作本身也部分或全部实现了信息化，那么在这种情况下，审计要关注的经济信息安全，除了信息本身，还必须要对产生、保存、处理、传递信息的系统安全进行检查，否则就无法完成所谓的保障任务。另外，审计结果数据需要有专人负责处理，没有完全自动的审计产品，人的因素非常重要。总之，审计对于经济安全的保障应该至少从信息本身、信息系统、相关人员这三方面入手。

对于经济信息安全这一部分，政府审计的实践与制度建设是几乎要从头开始的。当然，可以借鉴国际上比较成熟的 BS7999 体系，但是如前所述，该体系是基于国外多年实践的发展演变而来的，即使需要借鉴，也应该有自己的思考，更何况该体系本身也受到业界很多质疑。首先，我国亟待解决的首要问题是界定经济信息安全审计的含义；其次，要考虑建立预警+扶正的"未病先防"规制，这一部分，也就解决了我国有关经济信息安全审计的目的和怎样能以适当的有力的姿态进入经济信息安全保障的范围内的问题；再次，是按照"既病防变"的思路建立实施的标准、细则，并对经济信息安全治理结构进行不断的优化和升级；最后，应该是在"病后防复"阶段，加强对出现问题的及时纠正和不断复查，并考虑建立危机处理策略池，当然，这个阶段是在实践不断发展演变的基础之上不断展开的，需要不断试错和纠偏。以下就每个阶段可能存在的问题进行初步的分析与探讨。

10.4.1 界定经济信息安全审计的含义

要科学界定经济信息安全审计的含义，必须认真考虑并解决如下问题：

第一，信息安全的概念是相对比较清楚的，但是经济信息安全能否直接把信息安全定义中的"信息"置换成"经济信息"是值得考虑的。图 10-1 显示了信息安全与经济信息安全的关系，经济信息安全是信息安全的子集，但是与其他子集合的关系是动态不确定的。信息安全的三个主要内容"机密性、完整性、可用性"随着信息安全概念的演进也产生了不同的含义与侧重，而且一般采用的信息安全往往是着眼于微观或是中观个体的，政府审计视角的信息安全应该包括微观、中观和宏观这三个层面，从这三个层面去考虑所谓的"机密性、完整性和可用性"。

第二，目前信息审计的实践在注册会计师审计和内部审计领域发生较多，政府审计视角的信息安全审计和前两者相比，总体的审计对象一定是有区别的，但是对于具体的审计项目，当政府审计和前两种审计面对基本相同的审计对象时，注册会计师审计

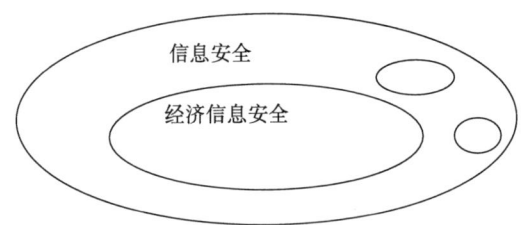

图 10-1 信息安全与经济信息安全关系图

的策略以及内部审计的策略和结果,是否可以被政府审计完全采信或是部分采信,采信的标准又是什么,这些都需要仔细研究。

10.4.2 "未病先防"经济信息安全审计制度设计

信息安全的审计目的究竟是什么,在"未病先防"阶段的信息安全审计是如何产生作用的就以上问题,可以本着"预警"+"扶正"的思路大胆设想,信息安全审计在事前阶段的重要目的包括从信息本身、信息系统、相关人员三个方面制定规则从而达到如下目的:

第一,对有可能产生不安全因素的经济信息、存在安全隐患的信息系统和有不良意图的相关人员进行警示;第二,显示以上三个方面曾经发生的失误,引以为戒;第三,展示审计体系的强大和审计人员的水平,当然前提是审计系统和审计人员的水平确实卓越,让安全隐患望而却步,这是显示审计体系"免疫"作用的重要平台;第四,充分的交流与协作,是内部审计和注册会计师审计在系统、人员和平台等方面的优势,能够变成政府安全审计的"潜在力量"。以上前两点主要着眼于"预警"视角;后两点主要着眼于"扶正"视角。

10.4.3 "既病防变"经济信息安全审计制度设计

"既病防变"强调很多标准设计和细化，从"有效阻断"和"跟进"这两个角度，基于事中控制的原理，可以针对信息系统的安全等级设定，对于不同的安全等级采取相对应的策略：

第一级，该经济信息受到威胁，会对某人或某组织的合法权益造成损害，但不损害国家经济安全以及公共利益。

第二级，该经济信息受到威胁，会对某人或某组织的合法权益造成损害，或者可能损害公共利益，但尚不威胁国家经济安全。

第三级，该经济信息受到威胁，会损害公共利益，可能威胁国家经济安全。

第四级，该经济信息受到威胁，会严重损害公共利益，或者严重威胁国家经济安全。

第五级，该经济信息受到威胁，会严重损害国家经济安全。

以上等次的危险程度逐级提高，处在第一级次和第二级次的经济信息系统，对国家经济安全的损害是极小的，但是可能对中观和微观的个体造成损害，另外，如果这种类似的系统安全隐患是普遍现象的话，那么从重要性出发，应该将其升级为第三级次。处在第一、二级次的信息系统是相对安全、可控可防的，对此采取的"防变"策略主要是有针对性地进行"简单"的治疗，并将此信息系统的监控分配给社会审计或是其他监管部门，政府审计应该保持对此的接口，并保留适时介入的权限。对于第三级次，政府经济信息安全审计部门对该级信息系统安全等级保护工作要进行非连续性的监督、检查，并根据检查的情况进行集中的"跟进"和"治疗"，争取将第三级次的系统降到第二或是第一级次。对于第四级次，保护工作进行强制监督、检查，这种强制的监督可以是连续的，也可以是非连续的。在这个级次发现的危害应该进行及时的"阻断"，建立防火墙，让问题在不进一步加剧的情况下，及时得到治疗，待危害程度降低到第三或更低级次时，可以对系统进行"解禁"，但是强制监督要保持2个周期以上。第五级次需要进行专门监督、检查。所谓专门的监督，是连续的强度和要求最严格的审计，对于次级别应该进行严格的"隔离阻断"，并对审计队伍进行专项训练，从而保障审计的及时、专业和有效性。对于问题特别严重的，在对有用信息进行归档的基础上甚至可以考虑废弃该信息系统。对于尚能修复的系统，应在及时修复的基础上，不断跟进测试，直至级次降低。

10.4.4 "愈后防复"经济信息安全审计制度设计

"愈后防复"强调"找准病因，去除病灶，防其复发"，基于事后控制的思想，在这个阶段对于经济信息安全审计只要着眼于将审计中发现的问题及时加以纠正，建立公告制度强化审计监督等。

（1）大数据库审计。对于银行、电信等拥有大数据的经济信息中心，要设定至少两种数据类型，一种是可以上网，也就是可以访问公网的，称为 IDC；一种是不上网，只用作数据存放，称为 DC。IDC 通常包括高速互联网接入、高性能局域网、安全可靠的机房环境等，拥有完善的设备与应用级服务平台。DC 常被和 DR 放在一起，这种数据中心主要是用作数据备份、恢复之用。对于大数据中心的审计是各种专项审计发现问题以后，甚至是整改完结以后必需的过程。因为大数据中心是经济信息安全的主要载体，是核心资源，而且该中心被多方介入，风险因素众多，对于专项审计发现的问题，很可能是大数据中心的陈疾与病灶所在。另外对于大数据中心的审计，便于对故障和问题进行锁定和事后取证。对这种大数据中心进行审计的可行性在于信息审计往往应用统一的审计平台,且对大数据中心的行为可以有多种监控。

（2）危机恢复,是指将信息系统从灾难造成的故障或瘫痪状态恢复到可正常运行状态,并将其支持的业务功能从灾难造成的不正常状态恢复到可接受状态的活动和流程（侯海波,鞠大鹏,2006)[223]。对设备的主要检查项目包括几个方面：①设备的控制项目：访问控制；防火、防水、防盗、防雷、防磁；告警与监控系统。②系统健壮性：电源；温度、湿度、空调；网络连接。③维护管理操作：策略、计划与操作程序；物理访问控制；系统与设备监控；设备维护；应急处理；角色与分权管理。另外还有硬件冗余的可靠性；异地数据恢复等。

（3）事后检测。及时完整地将网络中所有活动数据的特征记录下来,当发生不可确定的安全事件时,可以将信息全部回放,进行事后检测分析。

（4）建立危机策略库。发现攻击时提供多种备选的应对策略。比如,记录日志在事件发生时,记录到监控主机的攻击检测数据库,可通过攻击检测查询。

第11章

保障环境安全的政府审计制度构建

11.1 环境安全审计的基本内涵

11.1.1 环境安全含义与内容

从可持续发展的角度来看，环境安全是指在现阶段和可预见的未来时期中，环境状况对人民的生产和生活不产生威胁的状态（蔡守秋，2001）[224]。世界范围内对环境安全的关注始于1962年莱切尔·卡森的一部《寂静的春天》（李璐，张龙平，2012）[225]，此后环境问题一直成为各国政府和学者讨论和研究的热点。

从对环境法律法规的不断完善，到把环境保护作为我国的基本国策，党中央一直高度关注资源环境问题。继2003年1月颁布《中国21世纪初可持续发展行动纲要》，我国政府于

第11章 保障环境安全的政府审计制度构建

2005年又提出建设资源节约型社会和环境友好型社会的目标。党的十八大报告指出要从加大自然生态系统和环境保护力度、加强生态文明制度建设等方面大力推进生态文明建设（审计署驻重庆特派办理论研究会课题组，2013）[226]。环境管理事业蓬勃发展，环境审计作为环境管理的重要工具，在发挥经济"免疫系统"和生态保护方面的作用受到越来越多的研究和探讨。最高审计机关国际组织（INTOSAI）在2001年发布的《从环境视角执行审计活动的指南》提出政府环境审计是为了促进政府实施可持续发展战略。根据《审计署2008至2012年审计工作发展规划》对政府环境审计的要求及按照《审计署关于加强资源环境审计工作的意见》，我国进一步明确了政府环境审计的主要任务。

环境问题超越了一国的范围，其影响具有跨国性和全球性。全球环境处于同一个生态体系中，各国的环境受到多种共同因素的作用，如全球变暖、臭氧层空洞等。各国进行资源开发管理和环境保护治理对本国和其他国家甚至全球也具有一定影响。环境的保护和管理成为全球共同的事业，环境审计的合作与发展成为必要和必然的趋势。很多环境审计项目需要各国审计机关的合作才能更好地服务于资源开发管理和环境保护治理（邢剑锋，2013）[227]，为全球创造一个绿色家园，推进全球经济的可持续发展。

我国政府审计机关有责任和义务保障环境安全，应在制度构建层面充分重视环境安全问题（王淡浓，2011）[228]。这种为保障环境安全进行的审计形式在本书中被称为环境安全审计，以便区分于传统的环境审计。环境安全审计的内涵更为丰富，除了保留传统环境审计的内涵和特色，还具有鲜明的特点和时代责任（如表11-1所示）。

表 11-1　　　　　　环境审计与环境安全审计

项目	传统的环境审计	环境安全审计
内涵	对于环境治理及投资项目进行的审计	为保障环境安全进行的审计
时代责任	保障资金利用合理，主要防治环境问题	维护国家经济及社会、生态安全
特点	事后审计，比较零散，财务审计为主	事前、事中、事后审计结合，系统、多类型审计
举例	对水资源审计，关注污染资金使用情况	对水资源审计，关注水资源安全问题

本书基于环境问题日益凸显的社会背景，分析环境安全审计的起源及必要性；通过对环境安全审计的理论及现状研究，剖析环境安全审计存在的问题；最后在对环境安全审计制度评价的基础上，探讨我国环境审计事业的发展前景和努力的方向。

11.1.2　环境安全审计起源

20 世纪 70 年代，环境安全审计最初产生于西方企业内部审计（李明辉，刘笑霞，2012）[229]，主要为了应对国家对资源环境的检查和监督、降低资源与环境方面的风险。而早期的政府环境安全审计可以追溯到 20 世纪七八十年代，美国、加拿大运用资源环境审计在加强环境管理方面取得了积极的成效。1992 年，世界审计组织成立了环境审计委员会，标志着资源环境问题正式进入多数国家最高审计机关的业务范畴。

我国环境安全审计起步得较晚，20 世纪 80 年代逐步进行环境安全审计实践，90 年代相关理论研究才逐渐兴起。环境安全审计具有鲜明的时代背景、坚实的理论基础（唐秋凤，谷爱明）[230]、一定的组织与政治支持，具体如下所述。一是时代背景。据《辞海》中的解释，环境是指围绕人类的外部世界，是人类生存和发展的基础（张英，2005）[231]。传统经济学奉行"牧童经济"，经济发展以牺牲环境为代价，造成了水资源枯竭、土地沙漠化等一系列的环境问题（如表11-2所示）。环境安全审计的监督经济的职能，对于环境保护具有重要的意义。二是理论基础。环境安全审计的理论基础主要是各种有关"可持续发展"理论的论述，例如环境的承载能力理论、公平性理论和环境价值理论等。三是政治及法律支持。环境安全审计的起源离不开坚定的政治支持和法律支持，政府基于公共受托责任有义务解决环境安全问题，实现经济与环境的协调发展。20世纪五六十年代，以美国为首的发达国家率先意识到环境问题，并从制定法律、发起国际环境会议方面不断努力。如荷兰目前已经发布4个国家环境行政规划，为荷兰各政府机关实施环境保护和监督奠定了良好的基础（路广，2011）[232]。我国环境审计真正开始于20世纪80年代，此后随着各级政府的重视获得长足的发展。1979年，《环境保护法》规定在制定国民经济与社会发展计划的时候，必须对环境的保护和改善统筹安排，并认真组织实施（彭彦，2005）[233]。1983年召开的全国环境保护工作会议，把环境保护确立为我国的一项基本国策，为环境安全审计提供了有力的保障。

表11-2　　　　　　　　环境的价值及其问题

环境价值和作用	主要表现	环境问题
物资输入	提供木材、矿产资源等	森林消失，矿产资源枯竭等
废物接纳	处理废弃物，如水资源循环	污染严重，生态失衡
生命支持	光合作用	霾严重，紫外线强烈
美学价值	观赏，陶冶情操	旅游景点人满为患，受到严重破坏

11.2 环境安全审计现状及发展

环境安全审计是在我国不断加大环保投入、促进环保事业发展的背景下产生的一种新的环境管理手段，为社会公众和政府提供系统的、客观的意见，在环境管理方面发挥了重要的监督管理作用。我国环境安全审计现状及发展动向具体如表 11-3 所示：

表 11-3　　　　环境安全审计现状及发展动向

项目	目前状况	发展动向
审计类型	财务收支审计为主	融合经济责任审计、金融审计等
审计内容	环境保护资金、环境保护投资项目	关注政策效果的落实情况
审计范围	侧重于人民生活	充分重视工业企业审计问题
审计主体	政府审计为主	充分发挥民间审计主体作用，促进审计多元化
审计功能	事后评估	充分发挥事前预测作用

(1) 审计类型

各级审计机关在环境安全审计方面不断努力，但所进行的环境安全审计局限于传统的财务审计（李兴，2013）[234]，与环境安全审计主体主要是财会背景的人员是分不开的。为了拓展与发展环境安全审计，必须将环境安全审计贯穿于经济责任审计、金融审计等各方面及全过程，这也是环境安全审计发展的重要方向。

(2) 审计内容

目前，我国政府环境安全审计主要包括对环境保护资金和环境保护投资项目的审计。有关部门曾借鉴发达国家环境安全审计经验,探讨适合我国环境安全审计的内容和方法。例如,北京市环境安全审计研究课题组组织审计局、环保局和大学教授,深入探讨环境安全审计的内容和方法。未来我国环境安全审计将随着环境政策的不断实施而愈加侧重于政策效果的落实,如水污染的治理效果等,而不仅仅是环境审计投入资金的合理性与合法性。

(3)审计范围

我国环境安全审计实践贯彻了"以人为本"的核心准则(张以宽,2003)[235],审计范围侧重于与人民生活质量有关的审计项目,而项目多集中于污染方面的审计,如从上海市近五年的审计结果公告来看,与人民生活有关的审计项目份数是工业企业项目的近两倍(详见表11-4)。在未来,随着经济的不断发展,企业在环境保护中将发挥越来越重要的作用,因此,对工业企业的审计也是未来环境安全审计的重要方面。

表 11-4　　上海市环境安全审计项目比较

项目	工业企业(份)	人民生活(份)	小计(份)
2009 年	0	1	1
2010 年	1	0	1
2011 年	1	3	4
2012 年	0	1	1
2013 年	4	6	10
合计	6	11	17

(4)审计主体

我国目前环境审计主要依靠政府审计职能的发挥,远远达不到环境审计的要求,因此,要充分发挥国家审计、内部审计和注册会计师审计在环境安全审计中各自的作用,充分实现审计主体的多元化,全方位带动环境安全审计的发展。

(5)审计功能

目前环境安全审计的重点基本局限于事后评估,并延伸到环境问题的事前预测。环境安全审计只限于消极的防范,与整合和重新配置有限的环境资源、提供决策依据的目标相距甚远。随着我国环境安全审计的不断探索,审计制度与技术方法日趋完善,环境安全审计将在事前预测中发挥更重要的作用。

11.3 环境安全审计投入与产出

加强环境安全审计工作是审计机关促进国家经济社会全面协调可持续发展的重要举措,也是充分发挥审计"免疫系统"功能的重要体现。环境安全审计究竟有没有发挥好政府审计"免疫系统"的职能?有没有当好"经济的卫士",为人民生活质量的提高发挥有利的作用?下面将运用回归分析方法对环境安全审计的投入与产出作出分析。

环境安全审计的投入包括物质、人力资源等各方面的投入。接下来,本书将2009—2013年环境审计结果公告数占同一时期审计结果公告的总数的比例作为环境安全审计投入衡量指标,并将其分为四类:5%以下,3分;5%—10%,5分;10%—15%以下,7分;15%以上,9分(如表11-5、表11-6所示)。如此分类的原因主要有以下几个方面:一是各省份的环境结果公告的数量反映了审计的透明度。审计公告的透明度如若降低,会降低审计公告质量(耿海斌,2013)[236]。二是各省份由于经济水平、地理空间等各方面的差异导致环境安全审计投入有所不同,而环境安全审计结果公告数占同一时期审计结果公告总数的比例

第11章 保障环境安全的政府审计制度构建

在一定程度上反映了审计机关的重视程度。三是有研究表明审计结果的公告数量与经济的发展水平存在着一定的相关性（张曾莲、高绮鹤，2013）[237]。

表11-5 2009—2013年环境安全审计个数及所占比例

省份	审计公告总数（份）	环境审计（份）	占比（%）	省份	审计公告总数（份）	环境审计（份）	占比（%）
重庆	8	2	25	黑龙江	11	1	9.09
天津	7	1	14.29	云南	76	8	10.53
河北	104	6	5.77	北京	117	14	11.97
新疆	64	7	10.94	吉林	8	1	12.5
山东	26	4	15.38	广东	31	3	9.68
甘肃	18	1	5.56	湖北	52	7	13.46
江西	79	8	10.13	四川	29	4	13.79
辽宁	34	2	5.88	山西	11	1	9.09
海南	82	4	4.88	陕西	32	4	12.5
福建	12	2	16.67	上海	115	17	14.78
宁夏	14	2	14.29	安徽	30	5	16.67
河南	36	3	8.33	内蒙古	10	0	0
湖南	12	2	16.67	浙江	46	11	23.91
广西	32	1	3.13	江苏	11	3	27.27
青海	42	4	9.52	贵州	3	1	33.33

资料来源：各省份审计厅网站。

表 11-6　　各省份环境审计投入得分情况

省份	环境审计投入得分	省份	环境审计投入得分
北京	7	湖北	7
天津	7	湖南	9
河北	5	广东	5
山西	5	广西	3
内蒙古	3	海南	3
辽宁	5	重庆	9
吉林	7	四川	7
黑龙江	5	贵州	9
上海	7	云南	7
浙江	9	陕西	7
安徽	9	甘肃	5
福建	9	青海	5
江西	7	宁夏	7
山东	9	新疆	7
河南	5	江苏	9

对于环境安全审计产出，这里从经济发展和环境安全两个维度进行衡量。经济发展维度，主要使用2008年以来国民生产总值的提高进行反映，而环境安全维度，又主要从空气、绿化和水三方面进行分析。空气质量的改善使用了省会城市在一年中空气质量达到二级以上所占天数的增加为参考依据；而城市绿化的增加使用绿地面积的增加；水环境的改善选择了水资源的重复利用率为标准。主要如图11-1和表11-7所示：

第11章 保障环境安全的政府审计制度构建

图 11-1 环境审计产出分析图

表 11-7　　　　环境审计投入与产出

省份	空气改善	水环境的改善	绿化增加	经济发展	投入得分	省份	空气改善	水环境的改善	绿化增加	经济的发展	投入得分
北京	3.3	15.05	16	5.51	7	湖北	3.3	0.84	36.5	7.37	7
天津	-0.5	9.36	12.6	7.49	7	湖南	3.3	28.79	32.2	7.8	9
河北	5.2	-0.41	30.3	5.351	5	广东	4.1	-1.49	-6.1	5.09	5
山西	1.4	-4.73	31.4	6.06	5	广西	-0.2	20.87	-41.8	6.37	3
内蒙古	1.9	-32.21	36.8	8.87	3	海南	-0.3	3.18	-49	7.21	3
辽宁	2.5	0.83	26	6.56	5	重庆	7.4	27.25	36.2	9.63	9
吉林	0.8	3.99	13.7	6.46	5	四川	0.8	2.08	39.5	6.72	7
黑龙江	2.4	-4.84	10.4	5.19	5	贵州	0.5	14.3	11.1	6.99	9
上海	2.4	-0.42	0	4.09	7	云南	-0.3	28.88	32.4	5.61	7
江苏	-1.4	5.13	110.4	6.4	9	河南	-1.9	4.99	71.8	4.71	5
浙江	9.8	3.05	28.5	5.01	9	陕西	1.1	1.68	1.8	8.19	7
安徽	12.6	1.71	-5.6	7.22	7	甘肃	-6.6	7.05	29.6	6.16	5
福建	1.6	12.1	38	6.16	9	青海	5.5	-1.81	2.6	7.38	5
江西	0.9	-6.5	21	8.07	9	宁夏	0.8	7.42	4.5	9.65	7
山东	6.9	1.36	69.2	4.64	7	新疆	4.1	1.02	12.6	5.91	7

（1）P-P图分析

通过P-P图可以检验数据是否符合指定的分布。如图11-2所示：数据符合线性回归关系时，P-P图中各点近似呈一条直线。

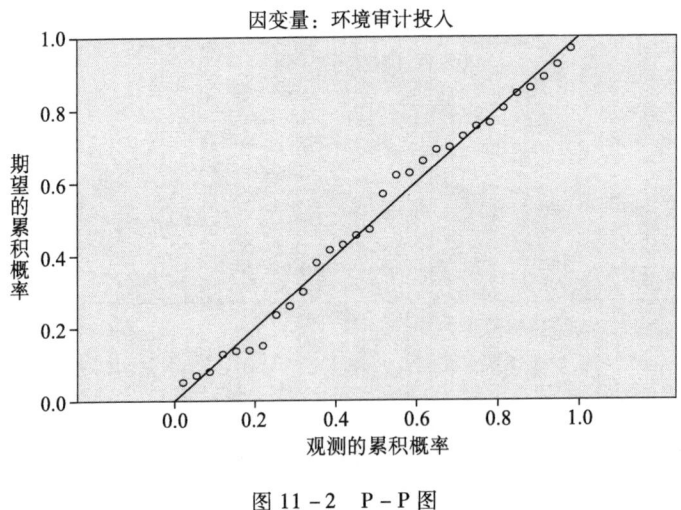

图11-2　P-P图

（2）从相关系数看环境安全审计投入与产出（详见表11-8）

表11-8　环境安全审计投入与产出相关系数表

		环境审计投入
Pearson 相关性	环境安全审计投入	1
	空气质量的改善	0.487
	水环境的改善	0.422
	绿化增加	0.426
	经济的发展	0.053

从结果可以看出：

第 11 章 保障环境安全的政府审计制度构建

第一，环境安全审计和环境安全具有较强的正相关性。环境安全审计投入在促进空气质量改善、水环境的改善及绿化增加方面具有较为有力的促进作用。

第二，环境安全审计的投入与经济发展的相关系数较低，即相关性较弱，这一方面是因为环境审计对经济的影响是长期的、潜移默化的，另一方面也反映了环境安全审计在当好"经济卫士"方面的潜能有待于进一步挖掘。

11.4 环境安全审计制度建设状况

从总体上看，我国环境安全审计工作已经取得了一定成效，但与党的十八大报告对生态文明建设的部署相比，与充分发挥审计的"免疫系统"功能的要求相比，还有很大的差距。当前，我国环境安全审计工作还存在一些亟待解决的问题，主要是行政干预严重，法律依据不足，环境审计投入的力度不够，环境审计的意识还未牢固树立，人才匮乏，技术水平落后等。下面将从中央和地方两个维度，从制度层面介绍环境安全审计依据、审计类型、审计程序与方法、审计报告等方面的内容，分析我国环境审计的制度建设状况。

（1）审计依据

我国环境安全审计主要依据《环境法》实施审计，缺少专业审计法律的要求和规范，《审计法》并未明确政府环境审计的有关内容，严重影响了环境安全审计实践的开展（杨丽萍，2010）[238]。目前，从级别上来说，环境法律法规主要分为国家级和地方级两个层次。从数据上统计，我国国家级的与环境保护相关的法律法规仅有 60 部，在国家级法律法规中所占比例仅为

5%。在环境安全审计工作中,审计机关通常要用到的审计评价标准主要有以下几个方面:

一是国家和地方环境保护政策、方针、战略,如我国近年来颁布的《国务院关于落实科学发展观加强环境保护的决定》《国务院关于加强节能工作的决定》等,上海市近年出台的《关于进一步加强节约能源工作的决定》《关于进一步加强本市节能工作若干意见》等。

二是国家和地方环境保护法律法规,如我国已经颁布的《环境保护法》《大气污染防治法》《土地法》《环境影响评价法》等。地方政府近年来也制定了一些涉及环境的地方性规范,如上海市出台的《上海市节约能源条例》等。

三是国家和地方制定的环境标准。我国已经颁布多项环境标准,并全面推行(赵春涛,1999)[239]。环境标准是判断环境质量和衡量环保工作优劣的准绳、评价环境保护效果的重要参考指标。

四是企业内部制定的环境保护制度和环境保护标准。企业根据自身需要制定的自我约束性的制度和标准也可以作为审计机关资源环境审计工作的评价标准(李欣,2012)[240]。

五是被审计单位制定的年度工作计划和上级下达的考核目标。

从地方大气污染治理情况来看,不少省份从立法方面加强大气污染防治,用硬手段治理硬问题。如表11-9所示,北京市、河南省、陕西省、浙江省、安徽省等皆在2013年末或2014年初出台了相关的大气污染防治法律法规,以立法的形式加强环境污染防治,同时为环境安全审计提供了法律依据。

表 11-9   部分省份与雾霾治理相关的法律法规

省份	法律法规	实施日期
北京市	《北京市大气污染防治条例》	2014-01-22
河南省	《河南省减少污染排放条例》	2013-11-14
陕西省	《陕西省大气污染防治条例》	2013-12-23
浙江省	《浙江省机动车排气污染防治条例》	2013-12-06
安徽省	《合肥市机动车排气污染防治条例》	2013-12-25

(2) 审计形式

与其他领域的审计一样，环境安全审计可以采用多种形式。西方国家不仅有财务审计、合规性审计和绩效审计，还有对所管辖范围内单位的审核稽查、环境咨询服务、对场所的评价、对机器设备进行的全面环境检查乃至对有关活动实际和潜在的环境影响进行衡量的专门技术（李雪，2004）[241]。

我国各级审计机关对环境安全审计进行了不懈的探索，因缺乏理论指导和其他原因，所进行的环境安全审计局限于传统的财务审计，但目前逐步向绩效审计转变，如浙江省对环境污染整治行动建设资金的审计调查，逐步由关注资金使用真实、合法向关注体制、政策等绩效转变。自2008年起，国家审计署率先将节能减排和环境保护等纳入省长任期经济责任审计，2009年以后，我国政府审计围绕环境审计不断增加审计项目，从表11-10可以看到，环境安全审计依然以财务收支审计为主，绩效审计成为环境审计的重要发展方向（浙江省审计学会课题组，2004）[242]。为了拓展与发展环境安全审计，必须将环境安全审计融合于经济责任审计、金融审计等各方面及全过程，这也是环境安全审计发展的重要方向。从地方省份来看，环境安全审计相关的力度亦不断加强,环境安全审计的形式由常规性审计项目向绩效审计项目发展。

表 11 – 10　　　　　中央环境安全审计情况

年份	审计公告总数（份）	环境安全审计（份）	财务审计（份）	合规性审计（份）	绩效审计（份）
2009 年	15	4	2	1	1
2010 年	22	4	2	1	1
2011 年	38	9	4	2	3
2012 年	35	8	4	1	3
2013 年	32	6	3	1	2

（3）审计程序与方法

环境安全审计线索如何搜寻,又应该如何组织实施和开展,这是环境安全审计活动顺利开展的关键问题。环境资源是缺乏实施委托的广泛资源,事实上处于委托者缺位的局面(宋传联,2013)[243]。谁应当承担环境审计的委托者呢？目前,我国政府审计活动难以开展,对于项目的选择就是重要的阻碍因素。仍然按照传统的政府审计人员根据上级要求对重要的项目工程实施审计,已满足不了环境管理的要求。对于审计项目确定后,各地方的联合审计没有建立良好的沟通交流平台,这对环境安全审计的开展产生不利的影响。建立多渠道沟通交流平台,发现环境安全审计线索无疑是最好的出路。另外,环境安全审计程序的科学性与方法的先进性对于环境审计的效果的发挥具有重要作用,而目前我国政府审计机关对于相关的内容并没有严格的和明确的规定。

（4）审计报告

第 11 章　保障环境安全的政府审计制度构建

审计报告是审计结果的反映，对于审计报告的重视和规范直接影响着环境安全审计的质量。目前，我国并没有对环境安全审计报告进行严格的规定（敖廷军，2008）[244]。环境安全审计报告信息质量应满足什么样的要求，政府应如何从制度上保证环境安全审计报告信息的质量？为了满足审计项目及安全需求，审计报告信息至少具备四个特征：一是可靠性。类似于会计信息质量要求，环境安全审计报告信息首先应满足可靠性这一根本原则。这也是审计报告信息有用性的前提，对审计技术与方法、审计人员素质提出了较高要求。二是及时性。每一份审计报告应该具有时效性，及时反映审计出现的问题，这对于审计功能的发挥具有重要的意义。在书面或网络上，审计结果应该及时地向社会公众进行公示。三是重要性，审计报告应反映审计发现的重要问题，并对重要问题进行清晰的梳理。四是可比性。关于审计结果的处理应是环境审计报告的重要组成部分，审计报告应该具有延续性。对于常规的同一项目的审计，不同时间段应进行比较，这样有利于审计的一贯性。在审计报告的形式问题方面，我国环境安全审计报告形式目前并不规范，审计结果公告一般仅包括两部分：基本情况和发现的问题，对于具体的细节缺少规范和规定（详见表 11-11）。

表 11-11　　　　环境安全审计报告现状与方向

项目	现状	方向
内容	不具体、不明确	可靠性
		及时性
		重要性
		可比性
形式	不规范	形式具有明确的规范，具体条目清晰

11.5 环境安全审计制度的评价

11.5.1 未病先防判断模型评价

目前我国环境审计的目标仍然处于一个比较初始的阶段，局限于通过审计调查，从检查资金运用的效果寻找环境安全中存在的主要问题，分析形成的原因，促进有关部门加强资金管理，缺乏从我国环境安全现实状况以及维护国家经济安全的宏观角度来加强对环境安全的监管。环境安全审计的实际目标尚且处在防止错弊阶段到监督目标的过渡阶段，其对应的安全诉求是从基本安全到一般性安全，第二个目标的达到并不代表对第一个层次目标的否定。对应现实的目标，目前的环境安全审计制度是否符合基本安全诉求需要研究。基本安全偏重于事后监督，适用于治未病理念的第三个层次——"愈后防复"，需要研究对应的创新战略的主要审计结果是否得到充分应用以及审计问责制是否完善。

以下的打分过程主要依据第 4 章设定的打分标准和模糊判断模型，通过对审计署、各省审计厅网站（其中新疆和西藏的审计资料未在网上公开，故剔除）2011—2013 年公开资料（新闻、审计公告等）进行挖掘和数据整理而完成（详见表 11-12）。主要的计算过程如下：

第11章 保障环境安全的政府审计制度构建

表 11-12 未病先防战略赋分汇总表（针对环境安全审计）

一级指标	权重	二级指标	权重	评语集				
				优秀	良好	中等	较差	极差
U_1	0.6	U_{11}	0.35	0	0	0.2	0.5	0.3
		U_{12}	0.25	0	0	0.1	0.6	0.3
		U_{13}	0.25	0	0	0.1	0.4	0.5
		U_{14}	0.15	0	0	0.1	0.4	0.5
U_2	0.4	U_{21}	0.30	0	0	0.3	0.4	0.3
		U_{22}	0.25	0	0	0.2	0.6	0.2
		U_{23}	0.25	0	0	0.1	0.4	0.5
		U_{24}	0.20	0	0	0.1	0.3	0.6

首先，进行模糊评价：

$$S_1 = W_1 \times X_1 = \begin{bmatrix} 0.35 \\ 0.25 \\ 0.25 \\ 0.15 \end{bmatrix}^T \times \begin{bmatrix} 0 & 0 & 0.2 & 0.5 & 0.3 \\ 0 & 0 & 0.1 & 0.6 & 0.3 \\ 0 & 0 & 0.1 & 0.4 & 0.5 \\ 0 & 0 & 0.1 & 0.4 & 0.5 \end{bmatrix} = \begin{bmatrix} 0 \\ 0 \\ 0.135 \\ 0.485 \\ 0.38 \end{bmatrix}^T$$

同理：$$S_2 = W_2 \times X_2 = \begin{bmatrix} 0.30 \\ 0.25 \\ 0.25 \\ 0.20 \end{bmatrix}^T \times \begin{bmatrix} 0 & 0 & 0.1 & 0.3 & 0.6 \\ 0 & 0 & 0.2 & 0.5 & 0.3 \\ 0 & 0 & 0.1 & 0.4 & 0.5 \\ 0 & 0 & 0.1 & 0.3 & 0.6 \end{bmatrix} = \begin{bmatrix} 0 \\ 0 \\ 0.185 \\ 0.43 \\ 0.385 \end{bmatrix}^T$$

然后，进行二级模糊评价：

$$A = W \times S = \begin{bmatrix} 0.6 \\ 0.4 \end{bmatrix}^T \times \begin{bmatrix} 0 & 0 & 0.135 & 0.485 & 0.38 \\ 0 & 0 & 0.185 & 0.43 & 0.385 \end{bmatrix} = \begin{bmatrix} 0 \\ 0 \\ 0.155 \\ 0.43 \\ 0.382 \end{bmatrix}^T$$

为了便于评定分值不妨设：

$v = (v_1, v_2, v_3, v_4, v_5) = \{$优秀，良好，中等，较差，极差$\} = \{95, 85, 75, 65, 30\}$，此处的取分是依据每一分档的中位数给出的，当然也可以有其他的设定方法，但是应该不会影响评价结果的相对大小。二级评价的分值分别为：

$u_1 = S_1 \times V = 0 \times 95 + 0 \times 85 + 0.135 \times 75 + 0.485 \times 65 + 0.38 \times 30 = 53.05$

$u_2 = S_2 \times V = 0 \times 95 + 0 \times 85 + 0.185 \times 75 + 0.43 \times 65 + 0.385 \times 30 = 53.375$

一级评价的分值为：

$u = 0 \times 95 + 0 \times 85 + 0.155 \times 75 + 0.463 \times 65 + 0.385 \times 30 = 53.18$

未病先防战略评价得分为 53.18，处在"极差"的评价阶段，其中预警战略得分 53.05，处在"极差"评价阶段；扶正战略得分 53.375，处在"极差"评价阶段。各个子指标的得分、得分比以及对应评价等级详见表 11-13。

表 11-13　　未病先防战略评价得分以及对应评价等级

	得分	等级
审计预警指标评级体系的构建和完善程度	56.5	极差
审计预警信息平台整合程度	55.5	极差
审计预警的人员组织和管理程度	48.5	极差
审计预警报告程度	48.5	极差
审计文化建设	57.5	极差
审计人员能力提升	60	较差
审计教学科研繁荣	48.5	极差
其他措施（外包、社会监督等）	45	极差

11.5.2　既病防变判断模型评价

同理，进行既病防变阶段的模糊评价（详见表 11-14）：

第 11 章 保障环境安全的政府审计制度构建

表 11-14 既病防变战略赋分汇总表（针对环境安全审计）

一级指标	权重	二级指标	权重	评语集				
				优秀	良好	中等	较差	极差
U_1	0.5	U_{11}	0.50	0	0	0.1	0.5	0.4
		U_{12}	0.50	0	0	0.1	0.4	0.5
U_2	0.5	U_{21}	0.40	0	0	0.1	0.4	0.5
		U_{22}	0.30	0	0	0.1	0.6	0.3
		U_{23}	0.30	0	0	0.1	0.6	0.3

首先，进行模糊评价：

$$S_1 = W_1 \times X_1 = \begin{bmatrix} 0.5 \\ 0.5 \end{bmatrix}^T \times \begin{bmatrix} 0 & 0 & 0.1 & 0.5 & 0.4 \\ 0 & 0 & 0.1 & 0.4 & 0.5 \end{bmatrix} = \begin{bmatrix} 0 \\ 0 \\ 0.1 \\ 0.45 \\ 0.45 \end{bmatrix}^T$$

同理：$S_2 = W_2 \times X_2 = \begin{bmatrix} 0.4 \\ 0.3 \\ 0.3 \end{bmatrix}^T \times \begin{bmatrix} 0 & 0 & 0.1 & 0.4 & 0.5 \\ 0 & 0 & 0.1 & 0.6 & 0.3 \\ 0 & 0 & 0.1 & 0.6 & 0.3 \end{bmatrix} = \begin{bmatrix} 0 \\ 0 \\ 0.1 \\ 0.52 \\ 0.38 \end{bmatrix}^T$

然后，进行二级模糊评价：

$$A = W \times S = \begin{bmatrix} 0.5 \\ 0.5 \end{bmatrix}^T \times \begin{bmatrix} 0 & 0 & 0.1 & 0.45 & 0.45 \\ 0 & 0 & 0.1 & 0.52 & 0.38 \end{bmatrix} = \begin{bmatrix} 0 \\ 0 \\ 0.1 \\ 0.485 \\ 0.415 \end{bmatrix}^T$$

为了便于评定分值不妨设：

$v = (v_1, v_2, v_3, v_4, v_5) = \{$优秀,良好,中等,较差,极差$\} = \{95, 85, 75, 65, 30\}$,此处的取分是依据每一分档的中位数给出的,当然也可以有其他的设定方法,但是应该不会影响评价结果的相对大小。二级评价的分值分别为:

$$u_1 = S_1 \times V = 0 \times 95 + 0 \times 85 + 0.1 \times 75 + 0.45 \times 65 + 0.45 \times 30 = 50.25$$

$$u_2 = S_2 \times V = 0 \times 95 + 0 \times 85 + 0.1 \times 75 + 0.52 \times 65 + 0.38 \times 30 = 52.7$$

一级评价的分值为:

$$u = 0 \times 95 + 0 \times 85 + 0.1 \times 75 + 0.485 \times 65 + 0.415 \times 30 = 51.475$$

既病防变战略评价得分为 51.475 分,处在"极差"的评价阶段,其中阻断战略得分 50.25,处在"极差"评价阶段;有效控制战略得分 52.7,也处在"极差"评价阶段。各个子指标的得分以及对应评价等级详见表 11 – 15。

表 11 – 15　既病防变战略评价得分以及对应评价等级

	得分	等级
审计阻断指标的构建和完善程度	52	极差
审计阻断判别模型的构建程度	48.5	极差
快速跟进的机制	48.5	极差
迅捷的反应机制	55.5	极差
有力度的公告处理机制	55.5	极差

11.5.3　愈后防复判断模型评价

同理,进行愈后防复阶段的评价(详见表 11 – 16):

第11章 保障环境安全的政府审计制度构建

表 11-16 愈后防复战略赋分汇总表（针对环境安全审计）

一级指标	权重	二级指标	权重	评语集				
				优秀	良好	中等	较差	极差
U_1	0.4	U_{11}	0.3	0	0.3	0.5	0.2	0
		U_{12}	0.25	0	0.1	0.3	0.6	0
		U_{13}	0.3	0	0	0.4	0.4	0.2
		U_{14}	0.15	0	0	0.4	0.3	0.3
U_2	0.6	U_{21}	0.2	0	0	0.3	0.4	0.3
		U_{22}	0.2	0	0	0.4	0.4	0.2
		U_{23}	0.2	0	0	0.2	0.3	0.5
		U_{24}	0.15	0	0	0.2	0.5	0.3
		U_{25}	0.15	0	0	0.1	0.6	0.3
		U_{26}	0.1	0	0	0.2	0.5	0.3

首先，进行模糊评价：

$$S_1 = W_1 \times X_1 = \begin{bmatrix} 0.3 \\ 0.25 \\ 0.3 \\ 0.15 \end{bmatrix}^T \times \begin{bmatrix} 0 & 0.3 & 0.5 & 0.2 & 0 \\ 0 & 0.1 & 0.3 & 0.6 & 0 \\ 0 & 0 & 0.4 & 0.4 & 0.2 \\ 0 & 0 & 0.4 & 0.3 & 0.3 \end{bmatrix} = \begin{bmatrix} 0 \\ 0.115 \\ 0.405 \\ 0.375 \\ 0.105 \end{bmatrix}^T$$

同理：$S_2 = W_2 \times X_2 = \begin{bmatrix} 0.2 \\ 0.2 \\ 0.2 \\ 0.15 \\ 0.15 \\ 0.1 \end{bmatrix}^T \times \begin{bmatrix} 0 & 0 & 0.3 & 0.4 & 0.3 \\ 0 & 0 & 0.4 & 0.4 & 0.2 \\ 0 & 0 & 0.2 & 0.3 & 0.5 \\ 0 & 0 & 0.2 & 0.5 & 0.3 \\ 0 & 0 & 0.1 & 0.6 & 0.3 \\ 0 & 0 & 0.2 & 0.5 & 0.3 \end{bmatrix} = \begin{bmatrix} 0 \\ 0 \\ 0.245 \\ 0.435 \\ 0.32 \end{bmatrix}^T$

然后进行二级模糊评价：

$$A = W \times S = \begin{bmatrix} 0.4 \\ 0.6 \end{bmatrix}^T \times \begin{bmatrix} 0 & 0.115 & 0.405 & 0.375 & 0.105 \\ 0 & 0 & 0.245 & 0.435 & 0.32 \end{bmatrix} = \begin{bmatrix} 0 \\ 0.046 \\ 0.309 \\ 0.411 \\ 0.234 \end{bmatrix}^T$$

为了便于评定分值不妨设：

$v = (v_1, v_2, v_3, v_4, v_5) = \{$优秀，良好，中等，较差，极差$\} = \{95, 85, 75, 65, 30\}$，此处的取分是依据每一分档的中位数给出的，当然也可以有其他的设定方法，但是应该不会影响评价结果的相对大小。二级评价的分值分别为：

$u_1 = S_1 \times V = 0 \times 95 + 0.115 \times 85 + 0.405 \times 75 + 0.375 \times 65 + 0.1105 \times 30 = 67.675$

$u_2 = S_2 \times V = 0 \times 95 + 0 \times 85 + 0.245 \times 75 + 0.435 \times 65 + 0.32 \times 30 = 56.25$

一级评价的分值为：

$u = 0 \times 95 + 0.046 \times 85 + 0.309 \times 75 + 0.411 \times 65 + 0.234 \times 30 = 60.82$

愈后防复战略评价得分为 60.82 分，小于 70 分，处在"较差"的等级阶段中上段，说明目前环境安全审计方面的制度建设距离第一阶段审计安全的目标要求（基本安全）还有一定距离，亟待强化分数较差领域的制度建设，不具备全面升级到第二阶段的条件。

审计结果利用战略得分 67.675，处在"较差"的等级阶段的上段；各个部分的得分以及得分比见表 11-17。

审计问责战略得分 56.25 分，处在"极差"的等级阶段，相对而言，各个部分的得分见表 11-18。

表 11-17　　审计结果利用战略愈后防复战略评价得分以及对应评价等级

	得分	等级
审计结果价值发现程度	76	中等
审计结果分析程度	70	中等
审计结果传递与沟通程度	62	较差
审计结果利用情况监督程度	58.5	极差

表 11-18　　审计问责战略愈后防复战略评价得分以及对应评价等级

	得分	等级
审计问责范围	57.5	极差
审计问责法规建设	62	较差
审计问责主体	49.5	极差
审计责任落实及审计问责反馈	56.5	极差
公示与联合执法情况	55.5	极差
合作平台	56.5	极差

以上分析说明目前环境安全审计方面的制度建设距离第二阶段审计安全的目标要求（一般安全）还有很大距离。在环境审计制度建设上，以目前的条件来看，只能是在第一阶段建设较为完备的前提下，再集中力量进行第二阶段的制度建设。

11.6　保护环境安全的政府审计制度建议

针对前述指标，目前我国环境审计的安全指标处在基本安全的建设巩固阶段，但由于对于环境安全的总体期望是非常高的，因此采取的创新战略和财政审计类似，首先就是强化愈后防复战略各项指标的建设，其次是初步打造未病先防、既病防变的制度规划，最后是尽快强化对显性问题的解决制度。

11.6.1 强化愈后防复各项指标建设

愈后防复战略包括两个大类，一共10个子项目，总体属于"较差"级别，其中第一大类审计发现总体评价得分情况尚可，接近"中等"水平，其中对于审计结果价值发现程度、审计结果分析程度是得分较高的，达到"中等"水平，但是审计结果的传递和沟通、审计结果利用得分不高。以上情况基本符合我国近年来环境审计制度的现状。

第二大类审计问责指数总的得分情况处在"极差"的等级阶段，其中审计问责法规建设是得分较高的，处在"较差"等级，但是也应该看到这是最近问责法规在各省出台，大气污染治理进一步透明化、公开化，并且在2014年中央纪委机关、中央组织部、中央编办、监察部、人力资源社会保障部、审计署和国资委七部委联合下发《党政主要领导干部和国有企业领导人员经济责任审计规定实施细则》的基础上形成的。审计问责主体、审计责任落实及审计问责反馈、联合执法情况、监督合作平台等级为"极差"，这也与前文中问卷调查以及访谈中的情况吻合。

综上所述，环境审计要完成其安全目标首先要强化的是相对较弱的审计问责制度，其中尤其要着重提高审计问责主体的地位，建立环境审计资源共享平台，让环境审计同其他审计之间、审计部门和其他监管部门之间进行评价内容的整合与优化，从而提高公共资源的配置效率，实现大的安全观。其次，应该强化审计结果分析制度，形成针对不同主体的审计结果沟通方式，充分利用信息化资源，不必完全拘泥于一种形式，甚至直接就将结果变化成普通大众可以分辨的评价形式，这一点与以上提到的财政审计制度建设是相同的。

11.6.2 未病先防与既病防变制度规划

第二阶段主要着眼于"未病先防"与"既病防变"，一共有13个子项目，总的得分属于"极差"等级。这其中未病先防得分略强于既病防变，未病先防涵盖的8个子项目有7个得分属于"极差"等级，"审计人员能力提升"得分稍高。"审计扶正战略"得分要略优于"审计预警战略"得分，"审计人员能力提升"得分稍高，因为近两年审计机关针对环境审计开展了较多的学习与培训，并由此出台了相关的政策。最差的是审计外包、审计预警指标评级体系的构建与预警信息平台的构建，这方面基本处于空白状态。既病防变战略得分最低，包括的5个子指标都是属于"极差"等级，其中最差的是审计阻断判别模型的构建程度和快速跟进的机制的建设。

综上所述，环境审计要初步打造未病先防、既病防变的制度规划，首先要强化"既病防变"的内容，尤其要根据审计阻断判别制度程度，强化国有资产审计快速跟进的机制和相对较弱的国有资产审计问责制度。其次要强化"未病先防"的内容，优先强化审计监督、外包、审计预警指标评级制度以及审计预警信息平台整合制度。

11.6.3 具体制度建设策略

（1）以环境安全审计意识为切入点

按照党的十八大报告对生态文明的总体部署，环境安全审计工作正面临着前所未有的机遇和挑战。为了使环境安全审计得到社会和政府更多的理解、支持和重视，就必须加大宣传力度，为开展环境审计工作营造良好的氛围。而目前从未病先防判断模型的得分来看，我国环境安全审计的文化建设处在极差水平，因此需要给予充分重视和关注。另外还应该促使企业在政府倡导、公众参与和市场压力的氛围中重视环境保护问题，自觉接受环境安全审计。各级审计机关也应进一步提高对环境安全审计工作的认识，将环境安全审计工作摆在重要位置，切实加大措施，加强组织领导，努力开创环境审计新局面。

（2）建立环境安全审计法律保障体系

我国应尽快对环境安全审计立法，使环境安全审计有法可依。通过未病先防判断模型结果可以看到，我国环境安全审计的审计预警指标体系的构建和完善程度处于极差水平，严重阻碍了环境安全审计的建设与发展。依据我国现行的法律法规与制度准则，借鉴西方发达国家的成功做法，应尽快制定与国际标准趋同的、有中国特色的资源环境审计准则（张娟，2014）[245]，使环境审计的标准规定全面、操作性强、应用广泛，目标、范围、内容、程序和方法等制度化、规范化，避免随意性、片面性和局限性，从而提高环境审计工作质量。在环境安全审计制度方面，应尽快制定资源环境审计指南，对环境安全审计类别分别制定相应的基本技术标准和评价指标，使得审计结果更标准化，具有可比性。

（3）环境安全审计资源整合

环境安全审计应加强各部门间的协调和协作，而从未病先防模型结果可以看到，我国环境安全审计预警信息平台整合程度处于极差水平，部门协作能力亟待加强。它不仅应获得财政、国土管理、环境保护等部门的支持，同时要与业务部门加强合作，才能发挥好政府审计在环保方面的监督职能（秦荣生，2010）[246]。另外，为了提高环境安全审计的效率，整合资源、充分利用各部门的信息是环境安全审计的必要程序。例如，上海市在2010年组织的农村生活污水专项审计中，对部分重点街镇，由区审计局和街镇内部审计人员联合审计，并聘请嘉定统计调查队对村民满意度进行专业调查，共发放调查表2000份，调查统计结果为审计报告提供了重要的数据支持。同时，区审计局主动征求区环保局等部门的意见，在评价标准、审计重点等方面得到了很多专业方面的建议，切实提高了审计工作的质量和水平。

(4) 环境安全审计信息建设

先进的信息技术是环境安全审计开展的有力支撑。对于环境安全审计，传统方法在审计分析方面存在一定的局限性，大力发展审计信息系统，创新审计技术方法对于我国环境审计能提供有力的支撑。国外环境安全审计开展得较早，且信息技术发达，为未来环境审计的发展提供了有力的保障。目前，我国环境安全审计面临着审计技术与方法跟不上现实需求的难题。如在2009年开展的"两江一湖"流域水污染防治的审计项目，涉及1355个相关单位，仅靠传统的审计方法难以打开工作局面。因此，从信息技术着手，加强网络培训，建立信息共享平台和环境管理信息体系对于环境审计具有促进作用。

(5) 加强国内外环境安全审计合作

尽管我国积极参与了各种国际会议，努力吸取国外环境治理经验，然而在环境安全审计实践上缺乏合作。全球化的发展为环境安全审计大格局的形成提供了机遇，一方面全球化加剧了我国的生态危机，政府审计需要发挥审计"免疫系统"的作用，促进我国环境治理和维护我国的环境安全，同时，环境安全审计的国际大合作已成为必然的方向。我国政府审计应建立健全环境审计工作制度，推动国内审计的大发展，同时完善环境审计合作机制，促进国际审计大合作。

（6）加大环境安全审计投入

国外环境安全审计主要依托企业的内部审计和会计职业界，相关的资金量比较充足，政府审计的环境审计项目需要国家财政的支持较少。从既病防变模型得分可以看到，我国环境安全审计在跟进机制及反映机制上仍处于极差水平，这和环境安全审计投资不足有重要关系。我国环境安全审计目前依托于政府审计，相关环境资金的支持不足，直接阻碍了我国环境安全审计事业的发展。环境安全审计工程量大且比较复杂，充足的审计资源是环境安全审计开展的物质基础。为此，一方面要通过各级政府积极投入财政资金予以支持，另外一方面成立环境基金委员会，吸引民间资金，促进环境审计的开展。总之，需要通过政府和社会的共同努力，构建出环境审计良好的投入机制，为环保事业提供应有的支持。

（7）加强环境安全审计人才队伍建设

环境安全审计的专业性、技术性很强，因此，环境安全审计人员素质的高低直接影响到环境审计工作的水平和结果。从未病先防判断模型分析结果可以看到，我国环境安全审计人员组织管理水平及人员素质均处于较差水平，应采取以下几种途径建设高水平的环境审计人才队伍：一是要加大环境安全审计业务培训力度，帮助审计人员不断更新知识，优化知识结构，提高素质。二是要加大人才交流力度，审计机关可以选送优秀人才到环境保护主管部门挂职锻炼，也可以从环保部门选调专业人才充实审计队伍。三是要适当招收具有环境专业背景的人员充实审计队伍。只有这样，才能建立起一支适应环境审计要求的专业队伍。

（8）其他方面

促进环境安全审计主体多元化，拓宽环境安全审计内容与范围。从愈合防复判断模型得分看到，我国环境安全审计的问责范围和问责主体均处于极差水平,这和环境安全审计主体的单一和责任的不明确是分不开的。因此要充分发挥政府审计、内部审计和注册会计师在环境安全审计中各自的作用,实现三者的有机结合。我国的环境安全审计要跟上国际发展趋势,必须向绩效审计拓展,要对环保资金分配使用的经济性、效益性、效果性进行审查。同时,要加强环境责任审计,把环境安全审计纳入对政府和企业领导人的经济责任审计中,建立起环境责任追究制,促使环境保护落到实处。

深化理论研究,为环境安全审计提供理论基础。理论研究是实践发展的重要指导,而从未病先防判断模型得分可以看到,我国环境安全审计的教学科研能力处于极差水平,而教学科研质量与环境安全审计的理论研究深度和广度密不可分。因此环境安全审计应该大力发展相关教学及科研内容,不断深化理论发展,拓展审计研究范围。目前基于全球化对于环境的深刻影响,国内审计亟待创新环境审计发展机制,为环境安全管理提供支持。

11.6.4 美国环境安全审计经验

美国审计问责委员会高度重视自然资源与环境问题,并对其进行了细致的划分,从表 11-19 可以看到,美国高度重视环境政策及监控,这为美国建立迅捷的反应机制、维护国家环境安全提供了良好的条件。另外,美国对环境安全问题的关注已经超越了一般安全的需求,把更大的精力投到土地安全、自然资源及垃圾处理上。更值得注意的是,美国环境安全审计还注意处理与各国的关系,加强国际交流与合作,充分提高环境安全审计的质量与效率。

表 11-19　　美国自然资源和环境具体项目

项目	公告数量（份）	所占比例
经济发展	354	6.32%
环境法律	327	5.84%
环境监控	802	14.32%
环境政策	578	10.32%
环境保护	544	9.71%
危险物质	528	9.43%
土地管理	522	9.32%
自然资源	462	8.25%
环境控制	371	6.63%
公用土地	347	6.20%
垃圾处理	301	5.38%
国家关系	464	8.29%
合计	5600	100.00%

资料来源：美国审计问责委员会（GAO）官网。

2014年6月，美国审计署对农药污染问题进行了审计调查。环境保护署（EPA）检查一些农药的规范及合规性，并选择在实验室进行检查。另外，对于2009年以来的财政问题进行了监督和检查。这次审计过程涉及众多部门，但良好的沟通机制大大缩短了审计的时间。

从美国审计署的农业环境审计案例中，可以看出：一是美国环境安全审计技术性和专业性较强，运用了大量的专业与高科技知识，使得审计进程事半功倍。二是审计标准完整、系统，为环境安全审计的开展提供了良好的条件。三是部门合作特色鲜明，部门合作能力及资源整合能力强，为环境安全审计的顺利开展建立了良好的平台。四是审计类型一体化，环境安全审计融合了财政审计、经济责任审计等，丰富了审计的内容，提高了审计效果。

第12章 保障国有资产安全的审计制度评价与构建

12.1 国有资产安全概述

12.1.1 国有资产的含义与主要内容

国有资产是属于国家所有的各种财产、物资、债权和其他权益（范修霖，2009）[247]，包括：国家依法取得的财产；国家通过投资形成的各项资产；各种馈赠所形成的财产等。

国有资产主要包括经营性国有资产、行政事业性国有资产和资源性国有资产三个大类，其中，经营性国有资产是指国家作为出资者在相关组织中依法拥有的资本及其权益（张冉，2009）[248]。可以从中央和地方两个管理层面划分国有资产，中央层面主要分为国资委管理的央企和其他部委管理的央企。截至 2013 年底，国资委管理的央企为 113 家，包括中石油、中石化、国家电网等 47 家入围世界 500 强（根据《财务》杂志 2014 年 7 月公布的世界 500 强名单），所属的 2 万余家国有企业由国务院国资委负责监督管理；79 个中央行政事业单位下属的数千家国有企业则由财政部等不同的部门和单位归口管理[249]，中央金融类国有资产主要是由财政部代表国家对国有控股或参股的金融企业持股，扮演出资人角色。

行政事业单位国有资产是指由行政事业单位占有、使用的，为国家所有的各种经济资源的总和，包括三个大的类别（见图 12-1）。

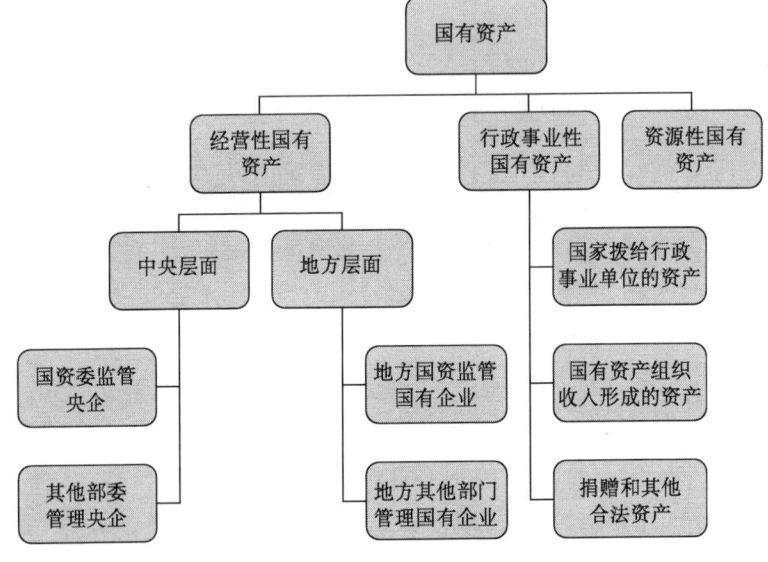

图 12-1　我国国有资产分类示意图

资源性国有资产指国家拥有的土地、森林、矿藏等资源。

12.1.2 国有资产安全的含义和主要内容

国有资产安全主要是指国有资产处在安全、不受侵害的状态，主要包括三个层次的内容：资产的安全完整；针对资产的占有、使用、收益的各项重大决策的科学性和合理性；以及保障国有资产实现保值增值，防止国有资产的损失与浪费（张冉，2009）[248]。因此国有资产安全的主要内容就是经营性国有资产安全、行政事业性国有资产安全和资源性国有资产安全（资源性国有资产安全属于资源安全的部分，本书不再重复讨论）。每一项安全都包括国有资产的完整（或是合理消耗）；使用、收益；科学、合理的保值增值等基本内容。

12.2 国有资产审计制度现状

12.2.1 国有资产审计的国际比较

政府审计是国有资产安全天然的保护者，这是由国内外多年的政府审计实践决定的。

目前，世界上绝大多数国家的审计法对于国有资产（公共资产）要接受国家审计机关的审计监督都有明确规定，详见表12-1。

另外，美国、法国、德国等发达国家，巴西、墨西哥、印度、埃及、马来西亚等多数发展中国家都有相关规定，国家审计机关的审计范围都包括国有资产。

表 12-1　部分国家国有资产要接受国家审计机关的审计监督的规定

国家	规定内容
日本	《会计检查院法》第 22 条（应检查的事项）规定检查范围如下："国家每月的收入和支出；国家所有的现金和物品及国有财产的收付情况；国家投资达二分之一以上的法人会计等。"第 23 条规定："会计检查院认为必要时，或内阁提出要求时，可检查下列会计事项：国有的或国家保管的物品、有价证券或国家保管的现金……有价证券的收付事项等。"
加拿大	《审计法》第 10 条规定："不论何时，审计长如发现有人截留公款，应立即报告财政委员会主席。"第 11 条规定："只要审计长认为不妨碍其基本职责，便可调查同加拿大的财政事务或公共财产有关的任何事项，并就此提出报告。"
澳大利亚	《国家审计法》在"序言"中规定："本法旨在就公款的收入和支出、公共账目的审计、公共财产的保护和赔偿，以及其他方面的问题作出规定。"

12.2.2　国有资产审计制度发展现状

《审计法》第 21 条及《审计法实施条例》第 20 条均明确规定：审计机关既可以审计国有资本绝对控股的企业，也可以审计实际国有资本控制或者占主导的企业或行业（郭江山，2010）[250]。

2008 年 10 月，十一届全国人大常委会第 5 次会议通过了《企业国有资产法》。该法将国有资产监管的行政法规上升到国家法律的层面，规定了国资委的出资人的职能，剥离了其监管人的职能（林裕宏，2013）[251]。

从审计署审计结果公告来看，2009—2013 年审计署形成的

第 12 章 保障国有资产安全的审计制度评价与构建

149 份审计公告中，有 55 份是明确意义上的国有资产审计，占比为 37%，限于篇幅，表 12-2 仅列示了 2013 年相关国有资产审计结果公告的情况，表 12-3 列示了 2009—2013 年审计署国有资产审计公告占比情况，除 2009 年之外，国有资产审计的占比都接近或超过 30%，2012 年还高达 49%。

表 12-2　　2013 年审计署国有资产审计公告情况

公告名称	备注
2013 年第 27 号公告（上）：中央部门单位 2012 年度预算执行情况和其他财政收支情况审计结果	包括供销合作总社、文联等国有资产
2013 年第 12 号公告：国家核电技术有限公司 2011 年度财务收支审计结果	
2013 年第 11 号公告：国家开发投资公司 2011 年度财务收支审计结果	
2013 年第 10 号公告：中国出版集团公司 2011 年度财务收支审计结果	
2013 年第 9 号公告：中国商用飞机有限责任公司 2011 年度财务收支审计结果	
2013 年第 8 号公告：中国储备粮管理总公司 2011 年度财务收支审计结果	
2013 年第 7 号公告：中国航空集团公司 2011 年度财务收支审计结果	
2013 年第 6 号公告：中国移动通信集团公司 2011 年度财务收支审计结果	
2013 年第 5 号公告：中国五矿集团公司 2011 年度财务收支审计结果	
2013 年第 4 号公告：中国国电集团公司 2011 年度财务收支审计结果	
2013 年第 3 号公告：中国华能集团公司 2011 年度财务收支审计结果	

表 12–3　2009 年至 2013 年审计署国有资产审计公告占比情况

年份	国有资产公告数（份）	审计公告数（份）	占比
2009 年	1	17	6%
2010 年	7	24	29%
2011 年	18	39	46%
2012 年	18	37	49%
2013 年	11	32	34%
合计	55	149	37%

在省一级地方层面的政府审计活动中，是否存在同样情况的国有资产审计活动，或形成了地方性的审计法规及约定俗成的审计惯例呢？以华东六省山东省、江苏省、安徽省、浙江省、江西省、福建省为例，通过搜索相关的审计网站、走访审计机关发现：大部分省份每年的审计公告数量在 2—5 份，与中央一级审计署的大比例国有资产审计不同，省级层面几乎没有发布专门国有资产审计公告，但是有相关的审计活动，一般是在年度预算执行与财政收支审计报告中有相应段落的体现，但是具体涉及哪些企业和组织往往不明确。这也说明在地方国资部门和其他部门掌控下的国有资产是缺乏审计监督的（魏宏业，2014）[252]。

国有资产审计虽然有，但也是目前问题出现较多的区域（梁克先，王鑫，1999）[253]。正如尹平在其著作中所述论的那样："国有资产保值增值是一个谈了 30 年却没有很好解决的问题"（尹平，2011）[254]，尽管侵蚀国有资产的形式在 30 年间发生了很大变化，政府审计通过其不懈的工作，也查处了一批大案要案，但是国有资产流失问题依然严重，保值增值的实际效果堪忧。

另外，国有资产作为审计对象的范围偏窄，目前我国国有资产的审计主要集中在对国有企业的审计上（黄乃宽，1997）[255]，而且主要集中在企业国有资产的国内部分，且对国内部分的地方国有资产的监管也非常有限，致使大量地方层面、国外层面的国有资产处在监管真空地带。从审计署公告可以看出，对于境外的国有资产涉及较少，2009—2013年只有一份公告是涉及境外国有资产的。安徽省2014年第3号审计结果公告中，指出："除省国资委和省煤田地质局监管的32户省属企业外，其他企业……如省委宣传部监管的5户企业没有纳入监督范围。"山东省的审计报告也显示："2013年实施范围仅限于省国资委履行出资人职责的23户企业……还有41个省级部门单位所属的438户一级企业尚未纳入国有资本经营预算编制范围。"2013年1月1日起施行的《上海市审计条例》作为上海市审计机关成立以来第一部地方性审计法规，在进行制度创新的基础上，根据上海市的实际情况，通过立法将对国有、国有资本占控股地位或者主导地位的企业和金融机构的境外国有资产经营管理情况的审计纳入审计事项范围，该项制度的出台使上海政府审计受到极大关注，一方面说明上海在此方面开风气之先，另一方面也说明在此方面的审计活动"欠账太多"。对于行政事业单位国有资产的审计包含在财政审计、国有企业领导人的经济责任审计项目的部分内容中（李姝芳，2012）[256]，但是因为财政审计有其明确的指向，这其中的国有资产只不过是"副产品"而已，对于国有资产的第三大部分国家拥有的土地、森林、矿藏等，此部分已经放到本书关于资源审计的章节中，在此不再讨论。

12.3 国有资产审计制度建设评价与创新策略

12.3.1 国有资产审计制度建设评价

根据以上论述的国有资产安全的内容以及国有资产审计的现状和问题，对照第4章中政府审计制度创新战略判别模型，可以识别现有的国有资产审计制度的建设程度，从而找到基于不同安全目标的审计制度创新策略，并有针对性地进行策略选择。

国有资产审计的目标处在从防止错弊目标到监督目标的过渡阶段，其对应的安全诉求是从基本安全到一般性安全，第二个目标的达到并不代表对第一个层次目标的否定。首先要看一下国有资产审计制度是否符合基本安全诉求的要求。基本安全偏重于事后监督，适用于治未病理念的第三个战略——"愈后防复"。对应的创新战略主要是审计结果的充分应用以及审计问责制的完善。

（1）愈后防复战略评价

以下的打分过程主要依据第4章设定的评价标准和模糊判断模型，通过对审计署、各省审计厅网站（其中西藏的审计资料未在网上公开，故剔除）2011—2013年公开资料（新闻、审计公告等）进行挖掘和数据整理的基础上进行的赋分结果（详见表12-4）。主要的计算过程如下：

第12章 保障国有资产安全的审计制度评价与构建

表 12-4 愈后防复战略赋分汇总表（针对国有资产审计）

一级指标	权重	二级指标	权重	评语集				
				优秀	良好	中等	较差	极差
U_1	0.4	U_{11}	0.3	0	0.5	0.3	0.1	0.1
		U_{12}	0.25	0	0.4	0.3	0.2	0.1
		U_{13}	0.3	0	0.3	0.5	0.1	0.1
		U_{14}	0.15	0	0.1	0.4	0.3	0.2
U_2	0.6	U_{21}	0.2	0	0.4	0.3	0.2	0.1
		U_{22}	0.2	0	0.1	0.3	0.4	0.2
		U_{23}	0.2	0	0.2	0.3	0.4	0.1
		U_{24}	0.15	0	0.1	0.3	0.4	0.2
		U_{25}	0.15	0	0.1	0.2	0.5	0.2
		U_{26}	0.1	0	0.2	0.3	0.3	0.2

首先，进行模糊评价：

$$S_1 = W_1 \times X_1 = \begin{bmatrix} 0.3 \\ 0.25 \\ 0.3 \\ 0.15 \end{bmatrix}^T \times \begin{bmatrix} 0 & 0.5 & 0.3 & 0.1 & 0.1 \\ 0 & 0.4 & 0.3 & 0.2 & 0.1 \\ 0 & 0.3 & 0.5 & 0.1 & 0.1 \\ 0 & 0.1 & 0.4 & 0.3 & 0.2 \end{bmatrix}$$

$$= \begin{bmatrix} 0 \\ 0.355 \\ 0.375 \\ 0.155 \\ 0.115 \end{bmatrix}^T$$

同理，$S_2 = W_2 \times X_2 = \begin{bmatrix} 0.2 \\ 0.2 \\ 0.2 \\ 0.15 \\ 0.15 \\ 0.1 \end{bmatrix}^T \times \begin{bmatrix} 0 & 0.5 & 0.3 & 0.1 & 0.1 \\ 0 & 0.1 & 0.4 & 0.3 & 0.2 \\ 0 & 0.2 & 0.4 & 0.3 & 0.1 \\ 0 & 0.2 & 0.3 & 0.4 & 0.1 \\ 0 & 0.2 & 0.2 & 0.5 & 0.1 \\ 0 & 0.2 & 0.2 & 0.2 & 0.2 \end{bmatrix}$

$= \begin{bmatrix} 0 \\ 0.19 \\ 0.285 \\ 0.365 \\ 0.16 \end{bmatrix}^T$

然后，进行二级模糊评价：

$A = W \times S = \begin{bmatrix} 0.4 \\ 0.6 \end{bmatrix}^T \times \begin{bmatrix} 0 & 0.355 & 0.375 & 0.155 & 0.115 \\ 0 & 0.19 & 0.285 & 0.365 & 0.16 \end{bmatrix}$

$= \begin{bmatrix} 0 \\ 0.256 \\ 0.321 \\ 0.281 \\ 0.142 \end{bmatrix}^T$

为了便于评定分值不妨设：

$v = (v_1, v_2, v_3, v_4, v_5) = \{优秀，良好，中等，较差，极差\} = \{95, 85, 75, 65, 30\}$，此处的取分是依据每一分档的中位数给出的，当然也可以有其他的设定方法，但是应该不会影响评价结果的相对大小。二级评价的分值分别为：

$u_1 = S_1 \times V = 0 \times 95 + 0.355 \times 85 + 0.375 \times 75 + 0.155 \times 65 + 0.115 \times 30 = 71.825$

$u_2 = S_2 \times V = 0 \times 95 + 0.19 \times 85 + 0.285 \times 75 + 0.365 \times 65 +$

第 12 章 保障国有资产安全的审计制度评价与构建

$0.16 \times 30 = 66.05$

一级评价的分值为：

$u = 0 \times 95 + 0.256 \times 85 + 0.321 \times 75 + 0.281 \times 65 + 0.142 \times 30 = 68.36$

愈后防复战略得分为 68.36 分，小于 70 分，处在"较差"的等级阶段，证明目前国有资产审计方面的制度建设相对于第一阶段审计安全的目标要求（基本安全）还有一定距离，亟待强化分数较差领域的制度建设，暂不具备全面升级到第二阶段的条件。

审计结果利用指数得分 71.825，处在"中等"的等级阶段的下边缘；各个部分的得分以及得分比见表 12-5：

表 12-5　审计结果利用得分以及对应评价等级表

	得分	等级
审计结果价值发现程度	74.5	中等
审计结果分析程度	72.5	中等
审计结果传递与沟通程度	72.5	中等
审计结果利用情况监督程度	64	较差

审计问责指数得分 65.05 分，处在"较差"的等级阶段，相对而言，各个部分的得分以及得分比见表 12-6：

表 12-6　审计问责得分以及对应评价等级表

	得分	等级
审计问责范围	72.5	中等
审计问责法规建设	63	较差
审计问责主体	68.5	较差
审计责任落实及审计问责反馈	63	较差
公示与联合执法情况	62	较差
合作平台	65	较差

那么对于第二阶段一般性的安全基本我们可以形成一个大概的估计,然后再具体看各项赋分的情况,是否符合已经形成的暂不能升级的条件。

(2) 未病先防战略评价(详见表 12-7)

进行未病先防阶段评价:

表 12-7 未病先防战略赋分汇总表(针对国有资产审计)

一级指标	权重	二级指标	权重	评语集				
				优秀	良好	中等	较差	极差
U_1	0.6	U_{11}	0.35	0	0	0.3	0.3	0.4
		U_{12}	0.25	0	0	0.2	0.4	0.4
		U_{13}	0.25	0	0	0.1	0.4	0.5
		U_{14}	0.15	0	0	0	0.4	0.6
U_2	0.4	U_{21}	0.30	0	0	0.1	0.4	0.5
		U_{22}	0.25	0	0	0.2	0.4	0.4
		U_{23}	0.25	0	0	0.2	0.4	0.4
		U_{24}	0.20	0	0	0.2	0.4	0.4

首先,进行模糊评价。

$$S_1 = W_1 \times X_1 = \begin{bmatrix} 0.35 \\ 0.25 \\ 0.25 \\ 0.15 \end{bmatrix}^T \times \begin{bmatrix} 0 & 0 & 0.3 & 0.3 & 0.4 \\ 0 & 0 & 0.2 & 0.4 & 0.4 \\ 0 & 0 & 0.1 & 0.4 & 0.5 \\ 0 & 0 & 0 & 0.4 & 0.6 \end{bmatrix}$$

$$= \begin{bmatrix} 0 \\ 0 \\ 0.18 \\ 0.365 \\ 0.455 \end{bmatrix}^T$$

同理：$S_2 = W_2 \times X_2 = \begin{bmatrix} 0.30 \\ 0.25 \\ 0.25 \\ 0.20 \end{bmatrix}^T \times \begin{bmatrix} 0 & 0 & 0.1 & 0.4 & 0.5 \\ 0 & 0 & 0.2 & 0.4 & 0.4 \\ 0 & 0 & 0.2 & 0.4 & 0.4 \\ 0 & 0 & 0.2 & 0.4 & 0.4 \end{bmatrix}$

$= \begin{bmatrix} 0 \\ 0 \\ 0.17 \\ 0.4 \\ 0.43 \end{bmatrix}^T$

然后，进行二级模糊评价：

$A = W \times S = \begin{bmatrix} 0.6 \\ 0.4 \end{bmatrix}^T \times \begin{bmatrix} 0 & 0 & 0.18 & 0.365 & 0.455 \\ 0 & 0 & 0.17 & 0.4 & 0.43 \end{bmatrix}$

$= \begin{bmatrix} 0 \\ 0 \\ 0.176 \\ 0.379 \\ 0.445 \end{bmatrix}^T$

为了便于评定分值不妨设：

$v = (v_1, v_2, v_3, v_4, v_5) = \{优秀，良好，中等，较差，极差\} = \{95, 85, 75, 65, 30\}$，此处的取分是依据每一分档的中位数给出的，当然也可以有其他的设定方法，但是应该不会影响评价结果的相对大小。则二级评价的分值分别为：

$u_1 = S_1 \times V = 0 \times 95 + 0 \times 85 + 0.18 \times 75 + 0.365 \times 65 + 0.455 \times 30 = 50.875$

$u_2 = S_2 \times V = 0 \times 95 + 0 \times 85 + 0.17 \times 75 + 0.4 \times 65 + 0.43 \times 30 = 51.65$

一级评价的分值为：

$u = 0 \times 95 + 0 \times 85 + 0.176 \times 75 + 0.379 \times 65 + 0.445 \times 30 = 51.185$

未病先防战略评分为 51.185，处在"极差"的评价阶段，其中预警得分 50.875，处在"极差"评价阶段；扶正得分 51.65，处在"极差"评价阶段。各个子指标的得分、得分比以及对应评价等级详见表 12-8：

表 12-8 未病先防战略评价得分以及对应评价等级

	得分	等级
审计预警指标评级体系的构建和完善程度	54	极差
审计预警信息平台整合程度	53	极差
审计预警的人员组织和管理程度	48.5	极差
审计预警报告程度	44	极差
审计文化建设	48.5	极差
审计人员能力提升	53	较差
审计教学科研繁荣	53	极差
其他措施（外包、社会监督等）	53	极差

（3）既病防变战略评价（详见表 12-9）

进行既病防变阶段评价：

表 12-9 既病防变战略赋分汇总表（针对国有资产审计）

一级指标	权重	二级指标	权重	评语集				
				优秀	良好	中等	较差	极差
U_1	0.5	U_{11}	0.50	0	0	0.2	0.3	0.5
		U_{12}	0.50	0	0	0.1	0.3	0.6
U_2	0.5	U_{21}	0.40	0	0	0	0.4	0.6
		U_{22}	0.30	0	0	0	0.6	0.4
		U_{23}	0.30	0	0	0.1	0.5	0.4

第 12 章　保障国有资产安全的审计制度评价与构建

首先，进行模糊评价：

$$S_1 = W_1 \times X_1 = \begin{bmatrix} 0.5 \\ 0.5 \end{bmatrix}^T \times \begin{bmatrix} 0 & 0 & 0.2 & 0.3 & 0.5 \\ 0 & 0 & 0.1 & 0.3 & 0.6 \end{bmatrix} = \begin{bmatrix} 0 \\ 0 \\ 0.15 \\ 0.3 \\ 0.55 \end{bmatrix}^T$$

同理：
$$S_2 = W_2 \times X_2 = \begin{bmatrix} 0.4 \\ 0.3 \\ 0.3 \end{bmatrix}^T \times \begin{bmatrix} 0 & 0 & 0 & 0.4 & 0.6 \\ 0 & 0 & 0.1 & 0.3 & 0.6 \\ 0 & 0 & 0.1 & 0.5 & 0.4 \end{bmatrix}$$

$$= \begin{bmatrix} 0 \\ 0 \\ 0.03 \\ 0.49 \\ 0.48 \end{bmatrix}^T$$

然后，进行二级模糊评价。

$$A = W \times S = \begin{bmatrix} 0.5 \\ 0.5 \end{bmatrix}^T \times \begin{bmatrix} 0 & 0 & 0.15 & 0.3 & 0.55 \\ 0 & 0 & 0.03 & 0.49 & 0.48 \end{bmatrix} = \begin{bmatrix} 0 \\ 0 \\ 0.09 \\ 0.395 \\ 0.515 \end{bmatrix}^T$$

为了便于评定分值不妨设：

$v = (v_1, v_2, v_3, v_4, v_5) = \{$优秀，良好，中等，较差，极差$\} = \{95, 85, 75, 65, 30\}$，此处的取分是依据每一分档的中位数给出的，当然也可以有其他的设定方法，但是不会影响评价结果的相对大小。二级评价的分值分别为：

$u_1 = S_1 \times V = 0 \times 95 + 0 \times 85 + 0.15 \times 75 + 0.3 \times 65 + 0.55 \times 30$
$= 47.25$

$u_2 = S_2 \times V = 0 \times 95 + 0 \times 85 + 0.03 \times 75 + 0.49 \times 65 + 0.48 \times 30 = 48.5$

一级评价的分值为:

$u = 0 \times 95 + 0 \times 85 + 0.09 \times 75 + 0.395 \times 65 + 0.515 \times 30 = 47.875$

既病防变评价得分为 47.875 分,处在"极差"的评价阶段,其中阻断得分 47.25,处在"极差"评价阶段;有效控制得分 48.5,也处在"极差"评价阶段的下半段。各个子指标的得分以及对应评价等级见表 12–10:

表 12–10 既病防变战略评价得分以及对应评价等级

	得分	等级
审计阻断指标的构建和完善程度	49.5	极差
审计阻断判别模型的构建程度	45	极差
快速跟进的机制	44	极差
迅捷的反应机制	51	极差
有力度的公告处理机制	52	极差

以上分析说明目前国有资产审计方面的制度建设距离第二阶段审计安全的目标要求(一般安全)还有很大距离。确实以目前的条件来看,只能是在第一阶段建设较为完备的前提下,才可能集中力量进行第二阶段的制度建设。

12.3.2 创新策略选择

基于上述评价可知,目前我国国有资产审计的安全指标还处在基本安全的建设巩固阶段,但是现实对于国有资产审计的期望是非常高的,因此,采取的创新战略和财政审计类似,首先采取的创新战略就是强化愈后防复战略各项指标的建设，其次是初步打造未病先防、既病防变的制度规划，最后是尽快强化对显性问题的解决制度。

（1）强化愈后防复各项指标的建设

愈后防复阶段包括两个大类，一共10个子项目。第一大类审计结果发现指数总体评价得分情况尚可，属于"中等"的建设水平，其中国有资产审计结果的得分较高，达到良好的水平，从审计署到各级审计部门对国有资产审计结果的重视程度可见一斑，而且因为目前国有资产审计涉及的主要是大型国企，而对大型国有企业的监督和分析一直是多头并进的，而且这些国有企业的很多下属企业是上市公司，其接受的监管和分析就更严格，政府审计在此处得分比较高，只不过是在占有较多资料的基础上再进行分析，有更大的优势。但是审计结果的传递和沟通程度一般，相较于注册会计师审计的结果传递，及时性、内容丰富性等方面都不可同日而语，对审计结果利用的监督亦较差。

第二大类审计问责指数总的得分情况处在"较差"的等级阶段，其中审计问责范围是得分较高的，处在"中等"等级。但是也应该看到这是最近几年"审计风暴"一再刮起的结果，且这只是针对已经进行审计的对象的问责，几乎被查到的都有相关的问责行为，但是没有被查到的是大多数。以2009—2013年审计署的公告为例，涉及的国有资产审计，很少有在这五年中被重复审计到的单位，也就是对于这些"精心"（仅国资委就下辖113家央企，还有成千上万家企事业单位也在范围内，每年被抽中的概率是小概率事件）挑选出的被审计单位，即使被问责，再次被审计的情况也很少见，这样的问责"威慑力"可想而知。另外审计问责法规建设并没有被风暴唤醒，等级为"较差"，因此审计问责主体虽在，但是只是一个建议者和观察者，地位不高，因此难免人微言轻，等级为"较差"。审计责任落实及审计问责反馈、联合执法情况、监督合作平台等级为"较差"，这也与前面问卷调查以及访谈中的情况吻合。

综上，国有资产审计要完成其安全目标首先要强化的是相对较弱的审计问责制度，其中尤其要着重提高审计问责主体的地位，强化审计问责反馈制度，建立国有资产审计资源平台，让国有资产审计同其他审计之间、上下级审计之间、审计部门和其他监管部门之间进行评价内容的整合与优化，从而提高公共资源的配置效率，实现大的安全观。其次，应该强化审计结果分析制度，形成针对不同主体的审计结果沟通方式，充分利用信息化资源，不必完全拘泥于一种形式，甚至直接就将结果变化成普通大众可以分辨的评价形式，比如给出类似这样的评价："某某单位的审计结果是5星级的，去年是4星。"复杂的数据分析只适合于专家和密切利益相关者，而政府审计是保护国家经济安全的，应该让每个人感觉到。

（2）初步打造未病先防、既病防变的制度规划

第二阶段主要着眼于"未病先防"与"既病防变"，一共13个子项目，总的得分属于"极差"等级。这其中未病先防得分略强于既病防变，未病先防的8个子项目有7个得分属于"极差"等级，审计文化建设得分稍高。审计扶正战略得分要略优于审计预警战略得分，审计文化建设因为最近两年审计机关对于审计文化的逐渐重视，得分最高，最差的是审计预警指标评级体系的构建与预警信息平台的构建，基本属于空白状态。既病防变战略得分最低，5个子指标都属于"极差"等级，其中最差的是审计阻断判别模型的构建程度和快速跟进的机制的建设。

综上所述，国有资产审计要初步打造未病先防、既病防变的制度规划，首先要强化"既病防变"的内容，尤其要筹划制定

第 12 章　保障国有资产安全的审计制度评价与构建

审计阻断判别制度,强化国有资产审计快速跟进的机制和相对较弱的国有资产审计问责制度。其次要强化"未病先防"的内容,优先强化审计预警指标评级制度以及审计预警信息平台整合制度。

(3) 迅速解决国有资产审计显性问题

第一,除了应该将地方管理国有资产、国外国有资产纳入审计覆盖范围,还应该增加事业性国有资产审计覆盖的范围。国有资产安全的主要内容包括三个方面:经营性国有资产安全、行政事业性国有资产安全和资源性国有资产安全,即使把资源性国有资产安全放到资源安全中去讨论,我国国有资产审计涵盖的范围也太小,主要是涉及经营性的国有资产,对于事业性国有资产涉及较少。

比如,目前全国各级政府部门几乎都有所属的所谓不使用财政资金的事业组织。比如,20世纪八九十年代,全国各地修建了很多楼、堂、馆、所,美其名曰"培训中心"的就不少,这些国有资产占据一方地利,随着地产增值,此部分资产应该是大幅升值才对,但是很多都已流失,对于尚存的部分,审计部门应将其纳入审计工作范围。

第二,对于交叉管理和控制的国有资产要纳入审计范围(王瑾,2005)[257]。以上建议多将以前我们较少关注的事业单位涉及的国有资产纳入审计,但是这就出现一个问题,对于某个国企或是医院、学校经营性的国有资产,将其纳入审计范围是相对容易的,但对于类似交叉管理与控制的国有资产,如何纳入,设定什么样的标准是值得讨论的,尤其是在审计资源有限的情况下。比如,对于国企参股形成的"资产",不能仅止于国企账面简单的文件或是会计处理。对于多方交叉国企重组和国资参股经营,是国有资产审计面对的新挑战,尤其是在股权结构复杂且委托-代理链条拉长、多元化且跨地域经营、资产证券化、跨国并购等行为常态化的现在，这些内容要引起政府审计部门的重视，将其逐步分析、归纳，纳入日常的国有资产审计范围，并在程序和方法上设计出与一般的国有资产审计不同的更有效的审计策略。

第三，乡镇级别的国有资产虽单个价值低，但是合并起来是一个占据国有资产很大比例的部分，应该将其纳入国有资产审计的范围。近年来，国家不断加强对"三农"资金的投入，2011年"三农"专项资金近万亿元（顾雅娟，2013）[258]，2012年超过1.2万亿元，增长近20%，这样大的投入加上以往各年的沉淀，形成了乡村国有资产。但是乡镇级别的审计机构掌控的审计资源是相对有限的，而这些部分能被所谓更好级别或是更高水平的审计人员审计的机会基本上是小概率事件，日常的审计监督水平和资源有限，且独立性是相对最差的，乡镇经管办与审计所通常是两块牌子、一套班子，难免让人"浑水摸鱼"。因此，必须将其纳入国有资产审计范围，以避免只管是否符合预算、不管形成的资产和收益"去哪儿"的局面。

第四，提升国有资产审计的目标导向。国有资产是老百姓的"家底"，是我们这个国家"资产"的主要部分，应该将其上升到国家治理的高度。国有资产管理由财政部门、国资、审计等各个部门分工合作（林裕宏，2013）[251]。各部门在职能范围内应互相配合、互相合作。各行业市场环境和特性不同，国有上市公司创新投资强度存在明显差异（徐伟，2016）[259]，有必要在强化国有资产股权管理的基础之上建立全过程监督，即"事前""事中""事后"全方位监管。

12.4 利用 Rough – ANN 模型进行审计指标预警的案例

（1）基本原理

审计指标体系是开放性的，当需要预警、甄别的指标结构相对简单的时候，比较容易处理，但是当面对更加复杂的财务报表以及其他相关数据时，尤其是国有资产审计过程中可能面对复杂的上市公司业务时，需要完善和建立的审计指标系统就会更加复杂，甚至面对有些因素可以度量，有些因素却难以量化，从而难以运用某些模型或是方法进行科学的计算和评价。另外，还可能面对采取一般的专家赋分法，而缺少连续大样本，致使预警的结果也不够理想，影响下一步对于具体审计路径的选择的问题，因此需要应用其他的技术和分析方法来研究审计指标的识别问题，并最好是能充分利用信息技术（徐向真，2012）[260]。下面将 Rough 集和 ANN 相结合，构造了审计对象预警的 Rough—ANN 模型并实证该模型的可行性和有效性。

该模型就是应用一定的方法对审计预警指标进行研究和分析，首先构建预警指标体系，在此，一方面可以借助已经建立的审计指标模型作为基础，另一方面可以对审计指标体系进行延伸和改善，表 12 – 11 选取的样本是石化类上市公司的指标，指标的主要数据来源于上市公司对外公布的报表数据，本着系统性、概括性、可度量性原则，并参考了国内外众多文献，建立如下审计指标体系。

表 12-11　　　　　　　审计预警指标体系

审计预警指标体系			
盈利能力	资产流动性	融资能力	现金能力
净资产收益率 每股收益 每股净资产	速动比率 流动比率 应收账款周转率 存货周转率	资产负债率 负债权益比率 流动负债比率 现金流动负债比率	主营收入 现金含量

根据上表所列示的审计识别的指标很多，这些指标的数据之间可能存在相关性，如果把它们都作为人工神经网络的输入变量，显然会增加网络的复杂度，降低网络性能，大大增加计算运行的时间，影响计算的精度（李晓峰，徐玖平，2004）[261]。此时 Rough 集理论中的知识约简方法为解决这一难题提供了较好的方法指引，从而去掉多余的指标，减少神经网络系统的复杂性和训练时间。

（2）实证研究

以某一家上市公司连续 7 年的财务指标数据进行了汇总（详见表 12-12）。

表 12-12　　　　某上市公司连续 7 年的财务指标

	第1年	第2年	第3年	第4年	第5年	第6年	第7年
净资产收益率（%）	7.527	6.16	2.54	2.78	0.98	4.71	3.14
每股收益（元）	0.181	0.154	0.061	0.0659	0.0235	0.1183	0.08
每股净资产（元）	2.41	2.5	2.4	2.37	2.39	2.51	2.59
速动比率（%）	3.623	1.7535	0.9493	0.6382	0.8767	0.8828	0.6758

第12章 保障国有资产安全的审计制度评价与构建

续表

	第1年	第2年	第3年	第4年	第5年	第6年	第7年
流动比率(%)	4.231	2.1222	1.1315	0.8713	0.994	1.0098	0.7787
存货周转率(%)	5.844	5.5241	6.501	6.5487	3.0878	4.2599	8.4517
资产负债率(%)	54.883	60.1879	54.3858	50.6312	53.8052	53.8249	50.9206
负债权益比率(%)	121.646	151.1802	119.23	102.557	116.4745	116.567	104.9042
流动负债比率(%)	17.547	29.1408	90.1268	100	96.2284	100	99.4982
应收账款周转率(%)	3.776	2.3235	1.7921	2.7245	2.3309	1.847	2.3103
现金流动负债比率(%)	14.35	-39.5179	-4.3618	-15.261	7.9088	-11.7179	6.1256
主营收入现金含量(%)	0.985	0.3828	1.2653	0.2842	0.9727	0.8372	0.8608

使用 Rough 集知识约简方法去掉冗余财务指标。设这 9 组数据形成的集合 U = {第 1 年,第 2 年,…,第 7 年},属性集合 R = {X_1, X_2, …, X_{12}},对每个属性制定一个阈值,1 表示达到或是超过阈值,0 表示没有达到标准。其中:

X_1 = 净资产收益率

X_2 = 每股收益

X_3 = 每股净资产

X_4 = 速动比率

X_5 = 流动比率

X_6 = 应收账款周转率

X_7 = 存货周转率

X_8 = 资产负债率

X_9 = 负债权益比率

X_{10} = 流动负债比率

X_{11} = 现金流动负债比率

X_{12} = 主营收入现金含量

对于 X_1，阈值制为 3.14，大于等于 0.25 的为 1，否则为 0；

对于 X_2，阈值制为 0.11，大于等于 0.11 的为 1，否则为 0；

对于 X_3，阈值制为 2.29，大于等于 2.29 的为 1，否则为 0；

对于 X_4，阈值制为 0.97，大于等于 0.97 的为 1，否则为 0；

对于 X_5，阈值制为 1.44，大于等于 1.44 的为 1，否则为 0；

对于 X_6，阈值制为 35.30，大于等于 35.30 的为 1，否则为 0；

对于 X_7，阈值制为 12.15，大于等于 12.15 的为 1，否则为 0；

对于 X_8，阈值制为 39.36，大于等于 39.36 的为 1，否则为 0；

对于 X_9，阈值制为 71.37，大于等于 71.37 的为 1，否则为 0；

对于 X_{10}，阈值制为 89.37，大于等于 89.37 的为 1，否则为 0；

对于 X_{11}，阈值制为 32.40，大于等于 32.40 的为 1，否则为 0；

对于 X_{12}，阈值制为 1.12，大于等于 1.12 的为 1，否则为 0

阈值的确定方法为：取与该企业同行业的 13 家企业近 7 年来各财务指标数据的平均值。由以上规则，可从表 12-12 生成

第12章 保障国有资产安全的审计制度评价与构建

表12-13。

表12-13　　　　财务指标判断简表

	X_1	X_2	X_3	X_4	X_5	X_6	X_7	X_8	X_9	X_{10}	X_{11}	X_{12}
第1年	1	1	1	1	1	0	0	1	1	0	0	0
第2年	1	1	1	1	1	0	0	1	1	0	0	0
第3年	0	0	0	0	0	0	0	1	1	1	0	1
第4年	0	0	0	0	0	0	0	1	1	1	0	0
第5年	0	0	1	0	0	0	0	1	1	1	0	0
第6年	1	1	1	0	0	1	1	1	1	1	0	0
第7年	0	0	1	0	0	0	0	1	1	1	0	0

注意到属性X_1、X_2对应各个个体的属性值是相同的，这时只保留一个属性，比如随机选择保留X_1，删除X_2列。属性X_3、X_8、X_9对应各个个体的属性值是相同的，这时只保留一个属性，假设为X_3，删除其余列。属性X_4、X_5对应各个个体的属性值是相同的，这时只保留一个属性，假设为X_4，删除X_5对应列。属性X_6、X_7、X_{11}对应各个个体的属性值是相同的，这时只保留一个属性，假设为X_6，删除其余列，得到表12-14（陈黎明，2012）[262]。

表12-14　　　　财务指标简化表

	X_1	X_3	X_4	X_6	X_{10}	X_{12}
第1年	1	1	1	0	0	0
第2年	1	1	1	0	0	0
第3年	0	1	0	0	1	1
第4年	0	1	0	0	1	0
第5年	0	1	0	0	1	0
第6年	1	1	0	1	1	0
第7年	0	1	0	0	1	0

下面寻找表 12-14 可省的属性（表 12-15、表 12-16、表 12-17、表 12-18），其中 U = {第1年, 第2年, …, 第7年}，属性集合 R = {X_1, X_3, X_4, X_6, X_{10}, X_{12}}。

UIND（R）= {{第1年}, {第2年}, {第3年}, {第4年}, {第5年}, {第6年}, {第7年}}。

表 12-15　　　　财务指标简化 1

	X_3	X_4	X_6	X_{10}	X_{12}
第1年	1	1	0	0	0
第2年	1	1	0	0	0
第3年	1	0	0	1	1
第4年	1	0	0	1	0
第5年	1	0	0	1	0
第6年	1	0	0	1	0
第7年	1	0	0	1	0

UIND（R - {X_1}）= {{第1年, 第2年}, {第3年}, {第4年, 第5年}, {第6年, 第7年}} ≠ UIND（R）；

表 12-16　　　　财务指标简化 2

	X_1	X_4	X_6	X_{10}	X_{12}
第1年	1	1	0	0	0
第2年	1	1	0	0	0
第3年	0	0	0	1	1
第4年	0	0	0	1	0
第5年	0	0	0	1	0
第6年	1	0	0	1	0
第7年	0	0	0	1	0

第12章 保障国有资产安全的审计制度评价与构建

UIND（R − {X_3}）= {{第1年，第2年}，{第3年}，{第4年，第5年}，{第6年}，{第7年}} ≠ UIND（R）；

表 12 − 17　　　　财务指标简化 3

	X_1	X_3	X_6	X_{10}	X_{12}
第1年	1	1	0	0	0
第2年	1	1	0	0	0
第3年	0	1	0	1	1
第4年	0	1	0	1	0
第5年	0	1	0	1	0
第6年	1	1	0	1	0
第7年	0	1	0	1	0

UIND（R − {X_4}）= {{第1年，第2年}，{第3年}，{第4年，第5年}，{第6年}，{第7年}} ≠ UIND（R）；

表 12 − 18　　　　财务指标简化 4

	X_1	X_3	X_4	X_{10}	X_{12}
第1年	1	1	1	0	0
第2年	1	1	1	0	0
第3年	0	1	0	1	1
第4年	0	1	0	1	0
第5年	0	1	0	1	0
第6年	1	1	0	1	0
第7年	0	1	0	1	0

UIND（R − {X_6}）= {{第1年，第2年}，{第3年}，{第4年，第5年}，{第6年}，{第7年}} ≠ UIND（R）；

UIND（R − {X_{10}}）= {{第1年，第2年}，{第3年}，

{第 4 年, 第 5 年}, {第 6 年}, {第 7 年}} ≠ UIND (R);

UIND (R − {X_{12}}) = {{第 1 年, 第 2 年}, {第 3 年}, {第 4 年, 第 5 年}, {第 6 年}, {第 7 年}} ≠ UIND (R);

所以，属性 X_1、X_3、X_4、X_6、X_{10} 和 X_{11} 不可省。这样就把原来的 12 个财务指标化简为 6 个指标。

根据属性约简的结果，神经网络采用 6 个输入变量 X_1、X_3、X_4、X_6、X_{10} 和 X_{12}（即输入层取 6 个节点），中间隐层取大一些，这里取 13 个节点，输出层为 4 个节点，则网络结构为 6 - 13 - 4。对网络进行初始化（取误差上限 E = 0.002，学习速率 G = 0.5，惯性参数 a = 0.1），将相应审计指标前 6 年数据作为学习样本数据输入神经网络中，按改进的 BP 算法训练网络，训练好以后的网络结构，同时得到最优化的网络权值矩阵。运用训练好的神经网络，对该企业第 7 年审计指标进行预警。将该企业第 7 年的指标数据输入神经网络中，输出为（0.1661，0.7103，0.0109，0.0002），根据最大隶属度原则，可知结果为指标数值轻微异常。下一步采取的审计步骤比较常规化，对于各层次指标可以依据一般情况进行抽样检查，并可以适当减少样本个数。

第13章
基于成本约束的政府审计制度决策流程

13.1 审计成本的内容

经国务院批准,审计署自 2010 年起,借鉴国外经验,开始编制并发布年度绩效报告,向公众报告审计署每年的经费规模是多少,具体的支出情况如何,用这些经费干了哪些事情,结果如何……已经连续发布了 4 期报告。报告显示 2011 年,全国审计机关共对已投入资金 2.7 万亿元的 6 万个投资项目实施了审计或审计调查,审计基本支出 4.6 亿元。2012 年审计署共支出 11.06 亿元,审计了 765 个单位,取得审计成果 1282 亿元,平均每花 1 元财政资金,可为国家带来增收节支等直接经济效益 116 元。[263] 除上述可用货币计量的审计成果外，还有诸如移送重大案件线索和事项、提交各类审计报告和信息简报、提出审计建议、促进有关部门制定整改措施等不易直接定量分析的贡献。

由此可见上一章相关论述实际上是隐含了一个政府审计制度变更、实施或是创新所需的费用成本是不受限制的假设，但这在实际中是不存在的。审计作为一项社会活动，必然要考虑投入与产出，审计实践中存在审计主体——审计者（Auditor）计较审计成本高低的潜规则，因而成本问题不可避免。

从理论上讲，广义的审计成本应该包括一切与审计活动相关的费用和支出（范开诚，金光彩，2005）[264]，是站在社会的角度概括出来的成本总额，但在现有的研究中，人们关注的主要是狭义的审计成本，即从社会个体的角度分析的审计成本，这种审计成本可以审计活动为汇集点，也可以审计者或是涉及的组织为汇集点，主要涵盖的是审计过程中投入的人力、物力、财力（杨小霞，2014；车桂娟，2007）[265,266]。从分类上讲，狭义的审计成本仅仅包括了审计执行成本，没有包括被审计单位配合审计部门时的成本以及一些社会成本，而广义的审计成本概念是指一切与审计活动相关的，为发挥审计作用、取得审计效益而发生的各项费用和支出（刘洪波，2007）[267]。从内容上看，还应该包括审计时间成本和机会成本。另外，广义成本在狭义的基础上还拓展出审计理论研究、审计人才培养、审计立法和制度设立等涉及全局的成本性支出。

经过以上的分析，广义的审计成本概念较之狭义的概念有更多的优越性，但是基于其内容广泛性和很多内容的难以计量性，在很多审计活动中，主要考虑的还是审计成本的狭义概念，引入审计成本的广义概念是为了解释更多的现象、指导决策，下面将分别按照审计个体角度的审计成本（狭义）和审计社会角度的审计成本（广义）来论述审计成本的具体构成和其在政府审计制度变更决策中的意义和影响。

13.1.1 审计个体角度的审计成本

审计个体角度的审计成本主要在开展审计活动时，审计主客体履行各自责任和义务的过程中产生，是指审计人员或审计项目组在审计过程中发生的与审计项目有关的各种支出的总称，包括审计直接成本和审计风险成本。

（1）审计直接成本与审计制度的复杂程度

审计直接成本是指执行审计活动过程中的人、财、物的耗费，比如支付给审计人员的工资、差旅费、补贴等，审计过程中耗费的材料费，与审计项目有关的固定资产的折旧等（刘占稳等，2005）[268]。审计直接成本与审计制度的复杂程度有如下关系：

第一，审计直接成本与审计制度的复杂程度正相关。审计制度的复杂程度主要体现在审计涉及的层次、审计关键点、审计范围、审计频度等方向。审计制度的复杂程度越高，审计人员确定的审计层次越多，检查的审计关键点也就越多，审计范围越大，审计的频次越高，因而耗费的审计实施成本越大（徐向真，2010）[269]。

第二，审计直接成本随审计制度的复杂程度的增大而边际递减。如果审计制度的复杂程度较低，审计人员只须对被审计单位主要的审计层次、关键点进行审计就能够实现审计制度约定的保障任务。但如果估计审计制度的复杂程度提高，审计人员则必须增加审计层次、审计关键点、审计范围和频次。随着审计制度的复杂程度增大，审计成本将会包括更多的小额支出，增加的每单位审计直接成本越来越高，即审计直接成本随审计制度的复杂程度的增大而边际递减。

第三，审计制度的复杂程度趋于最大时，审计直接成本趋于无穷大。也就是说如果不计审计成本的话，可以查出每一个细小的问题，做到秋毫无犯，这时对经济安全的保障效果将达到该资源下的最高点，但是审计实践中又不允许这样的事情出现，因此，实际确定的政府审计制度的复杂程度必然只能在一定的范围内取值，随着审计制度的复杂程度减小到一定程度，审计直接成本等于一个较小的值 C_0。审计力度必然大于 0，但不可能超过设定的审计层次、审计关键点的约束 D_0。当审计制度的复杂程度趋于 D_0，审计人员必须花费接近极值点的成本实施审计。如果审计制度的复杂程度接近 0，审计人员无须执行任何审计程序，就直接出具审计报告，这时审计直接成本趋近于 C_0。审计直接成本 C_1 与审计制度的复杂程度 D 的关系如图 13-1 所示。

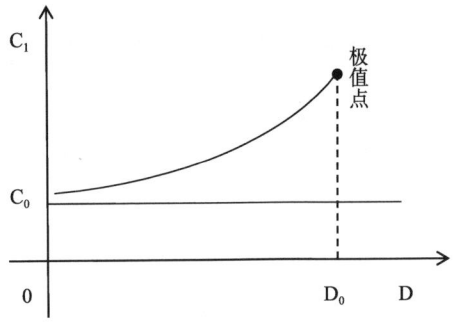

图 13-1 审计实施成本和审计制度的关系

（2）审计风险成本与审计制度的复杂程度

审计风险成本是指由于审计人员发表了错误的审计意见而给审计人员、审计组织带来的直接和间接的支出或损失，比如遭受有关部门的处罚支出，相关的法律诉讼损失等。审计风险成本与

第13章 基于成本约束的政府审计制度决策流程

审计制度的复杂程度有如下关系：

第一，审计风险成本与审计制度的复杂程度负相关。审计风险成本与审计风险成正比例关系。从理论上看，审计制度的复杂程度越高，审计风险越小，审计风险成本越小；审计制度的复杂程度越小，审计风险越大，则审计风险成本越高。

第二，随审计制度复杂程度的增大，审计风险成本减少，但是最初是边际递增的减少，而后是边际递减的减少，审计制度的复杂程度 D_0 为变化趋势的分界点。

第三，审计制度的复杂程度趋于 0 时，审计风险成本趋于无穷大；也就是说随着审计制度的复杂程度的加大，审计风险成本下降，当审计制度的复杂程度由趋于 0 开始增加时，带给审计风险成本的变化是逐步加大的，而当审计制度的复杂程度增加到一定程度以后，其对于审计风险成本的削弱作用就逐渐不明显了。另外，审计制度的复杂程度虽然理论上可以趋于最大，但实际上还是要受审计层次、审计关键点、审计资源等因素的影响，因此也存在 D_0 点的约束。综上所述，审计风险成本 C_2 与审计制度复杂程度的关系如图 13-2 所示。

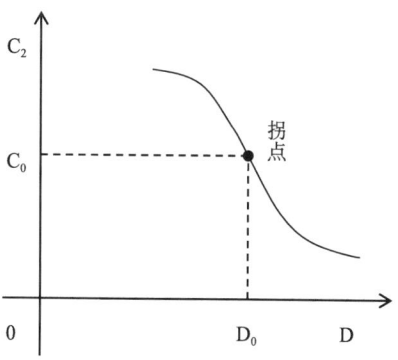

图 13-2　审计风险成本与审计制度复杂程度的关系

(3) 审计成本与审计制度复杂程度

依据以上的分析可知，审计成本无论是站在单个审计人员或是组织的角度，都可以将审计成本分为直接成本和风险成本两个部分，假定审计个人成本为 C，则 $C = C_1 + C_2$，基于上面分别对审计直接成本和风险成本与审计制度的关系，可以较为方便地分析出审计成本与审计制度的复杂程度的关系，详见图 13 - 3 所示。

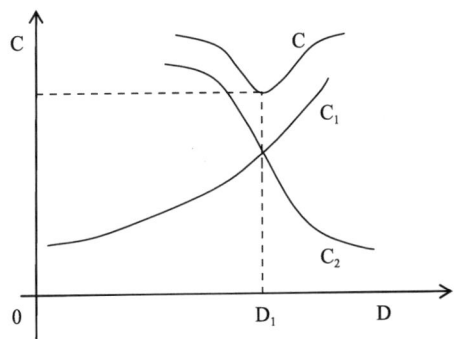

图 13 - 3　审计个体成本与审计制度的复杂程度的关系

13.1.2　审计社会角度的审计成本

审计社会角度的审计成本是指除审计个人成本以外，与审计活动相关的一切支付的总称。如果把审计社会成本设为 TC，则 $TC = \sum CN + \alpha f(x, y, z, \cdots)$，该表达式的含义是审计的社会成本包括各个审计个体成本的加总，还包括审计理论研究、审计法规建设、审计人才培养、审计技术进步等发生的支出。审计个体成本往往成为审计人员或是审计组织进行决策、确立审计力度，划分审计层次和寻找审计路径的重要决策参考，但通过对审计社会成本的初步分析，发现支持整个审计活动的审计成本中并不等于每个单个审计个体的审计成本,有一部分成本 αf(x, y, z, …)无法获得补偿,但是这一部分成本确实发生,需要对它进一步了解,长期回避这一部分社会成本,会造成一系列问题,其中最重要的问题就是政府审计保障作用的下降甚至失效。

(1) 审计社会成本与政府审计经济安全保障作用

审计社会成本与政府审计保障作用是息息相关的,两者的关系可以概括为以下三点:

第一,审计社会成本与政府审计保障作用正相关。审计社会成本越高,政府审计保障作用越高,反之亦然。

第二,政府审计保障作用随审计社会成本的增大先边际递增地增加,然后边际递减地增加。如果审计社会成本处在较低水平上,则每增加单位审计社会成本就会带来对于政府审计保障作用较大的影响。比如,对于审计制度建设的投入,可能在最初的阶段,收到的效果较好。随着审计社会成本的加大,政府审计保障作用会到达一个较高的水平,在此以后,审计社会成本的增加带来的政府审计保障作用的变化就会越来越微弱,即审计社会成本使会计诚信先边际递增地增加,然后边际递减地增加。

第三,审计社会成本趋于最大时,政府审计保障作用也趋于最大,也就是说如果社会不吝惜审计成本的支出的话,政府审计保障作用是不存在问题的。但在实践中,审计社会成本的资源是并不丰富的,也就是说能投入的审计资源是有限的,在某一特定的经济环境下,只能在一定的范围内取值。因此,我们希望在一定范围内让政府审计保障作用达到相对最大。另外,审计社会成本不可能为零,至少应该等于所有个体成本的加总,因此,政府审计保障经济安全的作用即使没有外部投入,也会维持在一定水平,但问题在于很难了解这个水平是多少。综上所述,审计社会成本 TC 与政府审计保障作用 H 的关系如图 13-4 所示:

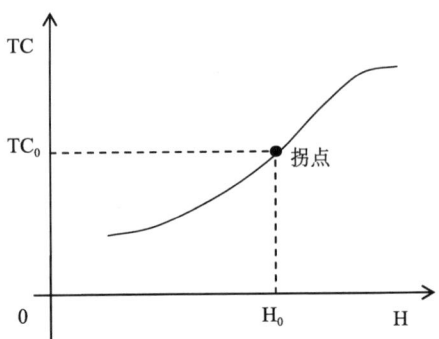

图 13-4 审计社会成本与政府审计保障作用的关系

13.2 审计成本与审计收益

分析审计收益并求出最佳的收益点,以及找出其对应的政府审计制度复杂程度和政府审计保障作用是本节的目标所在。上文已经简单分析了审计的个体成本和社会成本,审计实践告诉大家审计的社会成本是很难统计的,但是难于统计并不代表没有经济意义。如果没有审计社会成本的概念,很难解释为什么审计组织对于审计研发的投入没有热情,为什么对于员工培训没有动力等问题,这个概念也会督促整个社会重新审视政府审计保障作用亟待提高的根源,也许我们这个社会只是对审计所带来的经济上的安全感抱有更多的期望,而缺乏对其的投入或是投入的路径不顺畅。

下面的讨论主要围绕审计的个体成本展开。审计效益应该是审计收入与成本对照的结果,那么,什么是政府审计的收益或是价值呢?当前政府审计的收益主要来自于以下几个方面:第一,审计的监督、服务、参考价值。第二，提供准公共产品，减少民众信息不对称。第三，充分发挥保障经济安全作用，构建优良的经济发展服务环境。第四，"反腐"的价值。第五，政府审计的存在本身就是社会保障与社会服务体系的重要部分。以上五个方面的审计收入是广义的政府审计的收益来源，如果从狭义上看主要指的是通过政府审计活动直接避免的损失、降低的风险和相关的法规规定的审计违法、违纪的罚款收入等更适合用绝对指标进行量化的内容，当然这个狭义的收入可以与某次审计活动相关，可以称为单次收益。而广义的审计收益的很多子项目是不容易用绝对指标进行量化的，很多价值需要多年、多次才能体现出来。不妨先来研究有关狭义的政府审计成本与审计收入的配比问题。

我们可以将狭义的收益分析情况简化为两类：一类是收入固定；另一类是收入是审计资源（人力、时间、物力等）的相关函数。

在收入一定的情况下，使审计总成本最小的审计制度复杂程度就是使审计活动效益最大的保障所在，也就是在此种情况下能达到的最好的保障水平。如图 13-5 所示，D 为审计制度复杂程度，C_1 为审计直接成本，C_2 为审计风险成本，TC 为审计总成本。在 D_1 处审计总成本最小，审计收益最大，D_1 即固定收入形式下的审计制度复杂程度。这个复杂程度在实践中，是审计人员或是审计组织进行决策的重要依据。那么，在这种决策体系下，能不能保证达到政府审计保障作用的合理水平呢？因为收入水平一定，如果保障要求提高，很可能发现要实现我们期望的政府审计保障作用，仅这一部分成本是不能保证的，必须追加一部分社会成本。

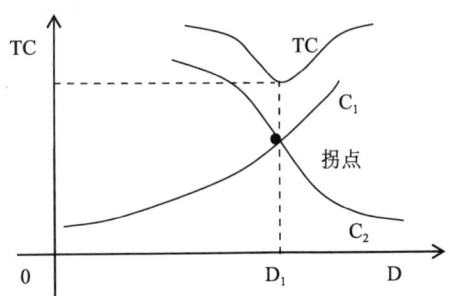

图 13-5　固定收入

在审计收入是审计资源投入的直线函数的情况下，审计人员或是审计组织可以根据审计时间向被审计单位收取审计费用。审计时间长短（或是人员水平高低，或是审计工具的先进性）决定审计收入的高低，而审计资源的配置受到政府审计复杂程度的影响。其随政府审计制度复杂程度的变化规律同审计实施成本随审计制度复杂程度变化规律基本相同，如图 13-6 所示，D 为审计制度复杂程度，C_1 为审计直接成本，C_2 为审计风险成本，TC 为审计总成本，R 为审计收益，T 为审计资源。假设在 D_2 处的收益最大，D_2 即形式上对应的最优保障效果政府审计复杂程度需要的成本。从以上分析中可以得出如下结论：

第一，最优审计效益是客观存在的。对应的政府审计保障影响审计直接成本和风险成本，审计机构或审计人员在审计实践中应采用合理的方法确定审计制度复杂程度，从而使对应的审计效益达到最优水平。

第二，最优审计效益水平不一定等于实际审计效益性水平，还要受到审计成本、审计收费等因素的约束，因此理论上的最优审计效益可能比实际上要大，所以在审计实践中，审计人员关心的应该是怎样使审计效益更加接近最优水平，而非达到最优水平。

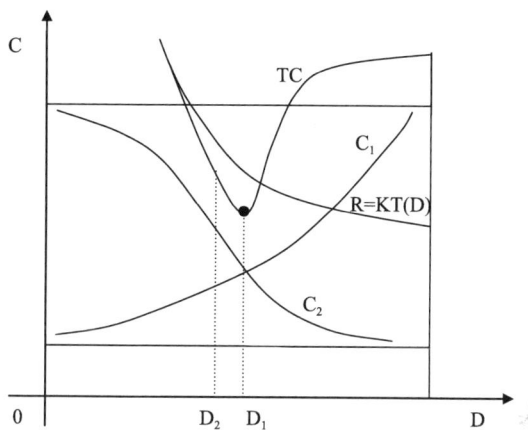

图 13-6　随政府审计制度复杂程度的变化成本

第三，最优审计效益对应的是在这个资源下的可能最高的保障水平，但是审计制度的复杂程度应该是一种策略组合，同一复杂程度可能对应多种政策组合。比如选择预后防复的制度多一些，未病先防的少一些，是否和相反的组合是代表同样的保障水平。但是具体的定量分析需要更多的实践调查和数据库支持，也许大数据时代可以提供这种支持。

13.3　审计制度最优效益决策流程

在上一节建立的审计框架基础上，本节提出审计制度复杂程度这个概念，并力图用审计制度体系包括的审计节点、审计层次、审计频次等概念来描述它；通过对审计成本进行初步讨论，探求审计成本与审计制度复杂程度的关系，并试图找到最优的审计收益点。如果能找到这样的最优点，就可以找到对应的审计制度复杂程度,而审计复杂程度的确定将有助于进行对审计层次、审计节点和审计频次、审计平台的界定,当然实际上就决定了审计制度层次上应该达到什么层次,审计节点的数目和抽查的力度多大,才有可能实现保障目标,而这样的组合可能会有多个,结合"治未病"理念,可能存在对于不同制度组合,在不同的环境下,投入产出不同的情况,有利于对审计制度复杂程度的把握,作出相对最优的选择,这样的决策可以用下面的流程图13-7来表示。

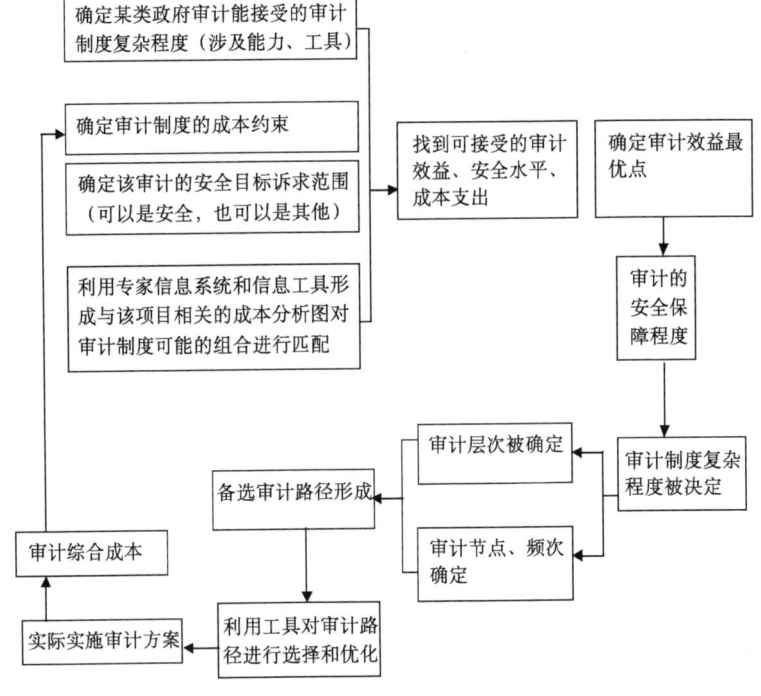

图13-7 审计最优效益点决策流程

第13章 基于成本约束的政府审计制度决策流程

这一决策过程包括如下步骤：首先是确定某类政府审计能接受的审计制度复杂程度，给出区间，当然这个确定的过程涉及当时的审计能力、审计工具等因素。其次是确定审计成本的约束。最后是考虑审计的目标，其中安全性的诉求程度达到多少，当然也可以协同其他目标，利用专家系统、信息资源等，尝试给出在给定制度复杂度区间内，能达到安全诉求的审计制度的组合，从而找到可以接受的审计效益、安全水平与成本支出。如果存在多种组合，从中优选出审计效益最优点，由此确定审计可以实现的安全保障水平，并对应找到审计制度建设的复杂程度，不同的审计层次、审计节点和频次的组合可能会有多种，如何在这些对应的审计制度复杂程度都相同的方案中选择最合适的也会是一个问题。比如，显示可以选择的审计指标有三个层次，我们应该充分考虑查哪些层次，顺序应该是什么。又比如在同一层次确定要查多个节点，要搞清楚应该先查哪一个，可以利用上一章的成果，利用判别方法，建立模型，并将其系统化，对可能出现的层次和节点，设置优先级别，分别进行。

第14章

研究结论与展望

14.1 研究结论

本书在借鉴国内外有关政府审计、审计制度建设、国家经济安全、"治未病"等理论的基础上,通过系统地研究保障国家经济安全的政府审计制度建设问题,完成如下工作:

第一,对政府审计制度的概念从三个维度作出进一步界定。第一个维度:政府审计制度就是政府审计组织和政府审计机构。第二个维度:政府审计制度是一系列被制定出来的用于政府审计活动的规则、程序和道德规范,它旨在约束追求主体福利或效用最大化的政府审计活动相关各方(可以从政府审计活动涉及的内部各个主体和政府审计利益相关者两方面来考虑)的行为(显性规则)。第三个维度:政府审计活动相关各方处在一种重复博弈状态时，其各方所有成员的行为具有一定的规律性，只有这种规律性是真实的并且是各方共享的情况下，它就是政府审计制度（显性规则和隐形规则）。

第二，深入研究政府审计保障国家经济安全的内在特性与外在需求。内在特性主要从政府审计的发展历史、政府审计的支持理论、政府审计的时间与政府人员的特质等方面展开论述；外在需求主要是从利益相关方的需求以及政府审计信息的经济特质等方面加以说明。

第三，通过较大规模的问卷调查与专家访谈，总结出政府审计保障国家经济安全的主要问题在于制度建设、人员组织和执行力等方面，其中制度建设最为迫切，以往的制度建设偏重事后监督、忽略事前介入与事中的跟踪，而且针对国家经济安全的不同层面，其制度建设程度也不一样，保障财政安全的政府审计制度建设要优于其他安全方面的制度建设。因此为优化政府审计保障作用，有必要进行制度构建工作，而制度构建不能简单地搞"一刀切"，应该针对国家经济安全的不同方面与不同的安全要求来进行。

第四，将"治未病"理念引入保障国家经济安全的政府审计制度建设中，"治未病"理念是拥有中国传统思想渊源的战略，彰显了中国智慧的风险管理理念，其"未病先防、既病防变、愈后防复"正好暗合了政府审计各个阶段的工作和现实要求。将审计目标的不同阶段：防止错弊—监督—监督服务—复合目标，对应不同级别的安全诉求，定义为基本安全、一般性安全、安全驱动和系统安全。主要讨论前两个阶段使用的制度建设策略，在防止错弊阶段，主要的建设战略是完善事后审计制度，在一般性安全阶段，需要进行事前、事中、事后的制度建设。

第五，提出具体制度构建战略，包括未病先防战略、既病防变战略与愈后防复战略。其中未病先防战略包含预警与扶正两个子战略；既病防变包含阻断战略与有效控制战略；愈后防复战略包含结果利用与问责战略，并且每个子战略又包括3—5个层面的关键点。同时，利用模糊评价的方法建立评价模型，判断某种类型审计制度已经达到的程度，以及未来基于不同的审计目标与安全诉求应该努力的方向。

第六，应用战略框架与指标判断模型，从国家经济安全的八个重要方面，包括财政安全、战略资源安全、金融安全、产业安全等，研究其涵盖的具体内容及对应的政府审计建设策略。分别归纳这八个方面安全的现状，找到对应的政府审计制度建设与审计实践的发展策略。对政府审计保障国家经济安全中表现相对较好的财政安全、国有资产安全等方面，和相对滞后的又有制度建设迫切性的战略资源安全、信息安全方面的审计制度建设程度进行评价。对我国政府审计制度已经涉及的部分，如财政审计、金融审计等，根据已经建立的判别模型对政府审计制度进行经济安全保障评价，判定出审计制度建设所处的阶段，并提出相应的对策。对我国政府审计制度较少涉及的部分，如信息安全审计提出未来的制度建设思路。比如，财政审计制度在满足基本经济安全诉求方面做得尚可，但是审计结果利用要优于审计问责，尚未达到满足一般安全诉求的制度水平，因此，要在强化愈后防复战略的基础上，初步进行未病先防与既病防变制度规划，并及时解决财政审计的显性问题，诸如增加财政审计覆盖的范围，延长审计链条，进行财政审计评价内容的整合与优化以及提升财政审计的目标导向等制度建设。而战略资源审计制度建设要滞后很多，即使是基本安全要求都达不到，因此，对应要初步进行预后防复战略规划，并及时解决战略资源审计的显性问题，如以动态的联系的视角重点把握影响国家安全的战略资源，运用系统优化的方法整合审计资源，提高审计效率等。具体的评价结果以及主要的制度建设建议汇总见表 14 – 1。

表 14 – 1　　　　评价结果以及主要制度建设建议

项目	未病先防战略得分	既病防变战略得分	愈后防复战略得分	主要建议
财政安全	52.03	50.125	69.95	完善愈后防复战略得分薄弱指标，巩固基本安全，谋求升级为一般安全
战略资源安全	—	—	58.7	进一步巩固愈后防复战略各项指标，初步打造未病先防、既病防变的制度规划
金融安全	—	—	46.525	尚未达到基本安全，需要尽快建设愈后防复战略体系
经济权力安全	50.4	48.875	71.92	完善愈后防复战略得分薄弱指标，巩固基本安全，谋求升级为一般安全
产业安全	—	—	—	制度建设很薄弱，亟待整体建立基本安全保障体系
经济信息安全	—	—	—	制度建设很薄弱，亟待整体建立基本安全保障体系
环境安全	53.18	51.475	60.82	进一步巩固愈后防复战略各项指标，初步打造未病先防、既病防变的制度规划
国有资产安全	51.185	47.875	68.36	完善愈后防复战略得分薄弱指标，巩固基本安全，谋求升级为一般安全

14.2 研究的局限性

第一,把安全,尤其是宏观层面的国家经济安全,与中观的政府审计联系起来,难度很大。国家安全抑或是其中的经济安全一定是要从整个国家治理层面来进行制度设计的,政府审计可以作为一种应对手段的原因未得到充分探讨,本书只从政府审计的理论基础进行了论证,这是偏重于充分性的一个证明,距离必要性有一定差距。后续的研究应该加强探讨有关保障国家经济安全的重任为什么会必然涉及政府审计,当然这个后续的研究应从国家治理、安全保障的视角去解析政府审计与其他部门在安全保障中的相互作用与协同效应的产生机制。

第二,本书对于政府审计保障经济安全的效果评价进行了较大规模的调查问卷和访谈,规模较大是相对而言的,因为从事政府审计的工作者,全国只有数万人,而审计研究学者更少,都是异常忙碌的专业精英,因此调查问卷的规模很难像一般的社会调查那样巨大。基于被调查对象的局限性,问卷的设计题目力求简明,但是也失去很多细节的追究。有专家曾建议进行电话调查,但是基于同样的原因而没有选择。更大的样本或是更多层面的题目设计会收获更好的效果,这也是需要在日后的研究中进行补充的部分。

第三,本书从政府审计的角度将国家经济安全的内容分为了八个大类,而这种分类在内容上具有一定的重合性。比如从审计的实际工作出发,这八个大类都拥有财政审计的部分。另外,如经济权力安全是从事情去反推人行为的合规性,落脚点还是"财"和"事",这种先天的缺陷很难有所突破,致使实际的审计活动浪费很多资源。

第四，本书引入的制度建设逻辑可能存在一定争议。政府审计正在主动或是被动地保障着国家经济安全，因此，安全性可以提升为政府审计的一个重要目标。而这个目标的实现应该分步骤，需要建立一个制度创新框架，引入一些理念。本书引入我国古老的风险理念"治未病"，这个理念给人的第一印象是要提前治疗，但实际上包含三个层面的含义。本书可能的争议点是：制度建设围绕安全性，政府审计的其他目标与诉求如何进行协调和处理？政府审计制度建设是否强调好"预警"就已经足够？

第五，本书主要通过建立很多定性模型，对有关政府审计制度的安全保障水平进行模糊综合评价，这需要一个非常敬业的专家团队在大量阅读相关资料的基础上开展工作。但有关专家小组的培训和选拔是在资源非常有限的条件下进行的，但由于定性指标评价难度大，所以专家需要充分学习与交流才能保证结论的客观性。在以后的研究中，应该加强专家团队的培训与选拔。对于每一次评价工作，项目组均应组织学生广泛搜集了大量资料供专家阅读、查询，使得专家在有限的时间内结合自己的经验作出最优选择。

14.3 进一步研究的展望

第一，政府审计制度分为三个层次，本书主要讨论第二个层次，未来研究中应该将第三个层次，包括显性规则与隐性规则，以及保障经济安全的目标因素涵盖进来。

第二，进一步研究安全驱动和系统安全目标阶段的政府审计制度总体战略与具体策略。

第三，保障经济安全是政府审计的主要目标，但并不是唯一目标，其他目标与安全目标的关系以及如何进行协调与取舍，有待于探讨。

第四，虽然制定出政府制度建设的策略，但具体实施路径在考虑审计经济效益和社会效益的前提下，能否形成目标锁定—审计制度组合—审计制度优化选择—审计制度综合绩效评价的体系，也是未来研究的着力点之一。

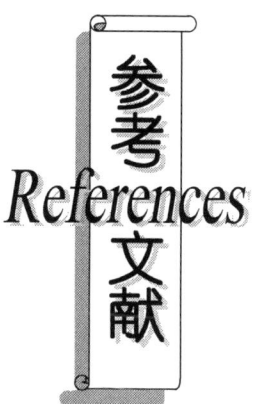
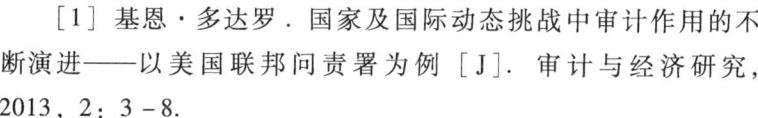

[1] 基恩·多达罗. 国家及国际动态挑战中审计作用的不断演进——以美国联邦问责署为例 [J]. 审计与经济研究, 2013, 2: 3-8.

[2] 徐向真. 保障国家经济安全的"治未病"式政府审计制度探讨 [J]. 南京财经大学学报, 2013, 2: 91-94.

[3] 徐向真. 基于经济周期发展的审计制度研究综述 [J]. 兰州商学院学报, 2010（6）, 3: 106-109.

[4] 徐向真. 审计的产生和审计的本质 [J]. 会计师, 2008, 10: 50-52.

[5] 徐向真, 吴娜. 政府审计保障国家经济安全: 内在特性与外在需求 [J]. 西北农林科技大学学报（社会科学版）, 2013, 3: 111-115.

[6] 严汉平. 西部经济发展中制度因素分析与制度创新主体角色定位及转换 [D]. 西北大学, 2004.

［7］赵达君．我国农村税费制度变迁研究［D］．新疆农业大学，2006．

［8］李东光．基于经济安全的政府审计预警系统设计研究［D］．东北石油大学，2012．

［9］BARRY B, OLE W, JAAP D. Security: A new framework for Analysis［M］. Lynne Reiner Publishers Inc., 1997.

［10］Ja En Franco Pozzi. The state: its stature, development and prospects［M］. Polity Press, 1990.

［11］SAMUEL. P. The clash of civilization sand there making of world order［M］. Simon & Schuster, 1996.

［12］JOHN H, JEAN W. The less—developed countries and international monetary mechanism［M］. Pleadings of the American EconomicAssociation, 1972.

［13］BAMABY K. The political economy of national security: a global perspective［M］. University of South Carolina Press, 1992.

［14］VINCENT C. The world's new fissures: identities in crisis［M］. Demos, 1995.

［15］MAX G. Strategic effects of the conflict with Iraq: Latin America［M］. Strategic Studies Institute, U. S. Army War College, 2003.

［16］徐向真，陈文慧．战略资源审计：一个安全的视角［J］．青海社会科学，2013，6：43－46．

［17］谢志华．走向制衡的审计制度［J］．审计与经济研究，2008，1：5－8．

［18］逄翼，陈林．我国国家审计制度改革的思考［J］．科技与管理，2008（3），2：72－74．

［19］杨涛．独立审计制度的经济学分析：实施机制的重构

[J]. 财会通讯（学术版），2008，8：123-125.

[20] 张娜. 试论我国政府审计制度的改革 [J]. 山西经济管理干部学院学报，2008，3：45-48.

[21] 于玉林. 全球化与审计法体系建设研究 [J]. 审计研究，2004，1：25-29.

[22] 孙永军. 基于博弈基础的独立审计责权利制度安排 [J]. 当代经济研究，2009，2：66-71.

[23] 龙小海，余怒涛，黄登仕，蒋朝哲. 制度变迁、注册会计师选聘权配置与独立审计制度演变 [J]. 会计研究，2007 (11)，15：82-96.

[24] 朱建红，石绍炳. 资本市场、独立审计与诚信奖励——基于三方博弈的模型分析 [J]. 技术经济，2006，9：90-94.

[25] 王善平，朱青. 独立审计的产权绩效与机制改进 [J]. 当代财经，2007，6：97-100.

[26] 刘峰，许菲. 风险导向型审计·法律风险·审计质量——兼论"五大"在我国审计市场的行为 [J]. 会计研究，2002，2：21-27，65.

[27] 谢志华，张庆龙. 宪政价值与政府审计良治启示 [J]. 北京工商大学学报（社会科学版），2008，6：87-92.

[28] BORIO C. Towards a macroprudential framework for financial supervision and regulation？[J]. CESifo Economic Studies，2003.

[29] Patra B. Value at risk（VaR）methodology：an analysis of Indian banking scenario [J]. The IUP Journal of Financial Risk Management，2012.

[30] KODRES L，PRITSKER. A rational expectations model of financial contagion [J]. The Journal of Finance，2002.

[31] GALLEGATI M, GREENWALD. The asymmetric effect of diffusion processes: risk sharing and contagion [J]. Global Economy Journal, 2008.

[32] ABIAD A. Early-warning systems: a survey and a regime switching approach [R]. IMF Working Paper. 2003.

[33] FUNNELL W. Keeping secrets? Or what government performance auditors might not need to know [J]. Critical Perspectives on Accounting, 2011.

[34] HAYES. A. Thoughts on possible reconsiderations of the application of professional skepticism to government audits [J]. Journal of Government Financial Management, 2009.

[35] LIMA, L, MAGRINI. The Brazilian Audit Tribunal's role inimproving the federal environmental licensing process [J]. Environmental Impact Assessment Review, 2010.

[36] 陈英姿. 以安全性为主要目标 进一步加强审计监督——政府审计与国家经济安全专题研讨会综述 [J]. 审计研究, 2009, 4: 3-6.

[37] 蔡春, 李江涛. 经济权力审计监控研究——审计理论研究的一个新领域 [J]. 审计与经济研究, 2009, 5: 3-8.

[38] 张庆龙, 谢志华. 论政府审计与国家经济安全 [J]. 审计研究, 2009, 4: 12-16.

[39] 蔡利. 政府审计维护金融安全的作用机理及实现方式研究 [D]. 西南财经大学, 2013.

[40] 蔡利, 何雨, 王瑜. 连续审计在政府审计维护金融安全中的运用研究——基于系统性风险监控的视角 [J]. 审计研究, 2013, 6: 45-51.

[41] 李健, 冯均科, 侯兴国, 等. 政府审计监督与国家经

济安全 [J]. 现代审计与经济, 2009, 5: 7-9.

[42] 田冠军, 葛继远. 基于国家经济安全视角下的政府审计体制改革 [J]. 重庆理工大学学报（社会科学）, 2013, 27: 45-48.

[43] 周兰, 李惠. 维护国家经济安全的政府审计路径选择研究 [J]. 会计之友, 2013, 9: 37-40.

[44] 张勇. 论政府审计在维护国家经济安全中的作用——基于国家经济安全的内涵角度 [J]. 财会通讯, 2013, 3: 102-104.

[45] 左敏. 国家审计如何更好地维护国家经济安全 [J]. 审计研究, 2011, 4: 8-13.

[46] 叶笃鳌. 基于公共财政安全的政府财政审计研究 [J]. 经济监督, 2011, 7: 49-52.

[47] 韦德洪, 覃智勇, 唐松庆. 政府审计效能与财政资金运行安全性关系研究 [J]. 审计研究, 2010, 3: 9-14.

[48] 蒲丹琳, 王善平. 政府审计、媒体监督与财政安全 [J]. 当代财经, 2011, 3: 48-54.

[49] 刘雷, 崔云, 张筱. 政府审计维护财政安全的实证研究——基于省级面板数据的经验证据 [J]. 审计研究, 2004, 1: 35-52.

[50] 王会金. 协同视角下的政府审计管理研究 [J]. 审计与经济研究, 2013, 6: 12-19.

[51] 张立民. 国家治理框架下的政府审计创新性研究——《政府审计协同治理研究》评介 [J]. 审计与经济研究, 2014, 2: 112-113.

[52] 戚振东, 王会金. 国家审计"免疫系统"功能实现研究: 基于社会协同的视角 [J]. 南京社会科学, 2011, 12:

80-85.

[53] DAVID S. Ethics and the auditing culture: rethinking the foundation of accounting and auditing [J]. Journal of Business Ethics, 2006, 64: 271-284.

[54] ANDRE'S G. Ethical dilemmas in auditing: dishonesty or unintentional bias? [J]. Journal of Business Ethics, 2010, 91: 151-166.

[55] CLAUDIO, FERRAZ, FREDERICO, et al. Exposing corrupt policiticans: the effect of brazil's publicly released audits on electoral outcomes [J]. California Center for Population Research On-Line Working Paper Series. 2006.

[56] 杨时展. 我国制度基础审计的第一部专著——评《制度基础审计学》[J]. 财会通讯, 1990, 7: 63.

[57] 邢文龙, 袁建. 基于受托责任的政府绩效审计问题研究 [J]. 审计监督, 2011, 1: 17-20.

[58] 杨时展. 国家审计的本质 [C]. 北京: 企业管理出版社, 1997.

[59] 时现, 李善波, 徐印. 审计的本质、职能与政府审计责任研究——基于"免疫系统"功能视角的分析 [J]. 审计与经济研究, 2009. 5.

[60] 徐向真. 审计准则变迁的驱动因素分析 [J]. 财会学习, 2013, 10.

[61] 谢晓燕. 内部控制审计制度安排动因的理论研究 [J]. 内蒙古大学学报 (哲学社会科学版), 2009, 11 (6): 85-89.

[62] 马曙光. 博弈均衡与中国政府审计制度变迁 [J]. 审计研究, 2005, 5: 11-19.

[63] 赵彩霞,张立民,曹丽梅.制度环境对政府绩效审计发展的影响研究[J].审计研究,2010,4:22-27.

[64] 秦荣生.公共受托经济责任理论与我国政府审计改革[J].审计研究,2004,6:16-20.

[65] 蔡春,蔡利.国家审计理论研究的新发展[J].审计与经济研究,2012,3:3-10.

[66] 吴联生.利益协调与审计制度安排[J].审计研究,2003,2:16-21.

[67] 李齐辉.国家治理视角的制度审计探讨[J].审计研究,2013,5:29-34,105.

[68] 陈宋生,余新培.世界各国政府绩效审计变迁理论和来自各国的经验证据[J].当代财经,2005,5:111-115.

[69] 陈宋生,郭颖.美国政府绩效审计变迁:自愿安排[J].价格月刊,2006,10:33-35.

[70] 许莉,郑石桥.制度环境、制度变迁与国家审计体制改革[J].当代财经,2012,12:112-119.

[71] 樊纲.渐进改革的政治经济学分析[M].上海:上海远东出版社,1996.

[72] 欧阳华生,余宇新.政府绩效审计制度变迁需求影响因素效应实证分析——证据与中国符合性检验[J].财经论丛,2009.7(4):82-89.

[73] 熊未平.审计准则变迁的制度经济学分析[J].合作经济与科技,2009,1:101-102.

[74] 彭洁流.审计准则变迁分析[J].合作经济与科技,2012,1:85-86.

[75] 李齐辉.试论我国审计制度的构建与创新[J].审计研究,2001,2:35-41.

[76] 王羚. 乜辩国家审计——与杨肃昌教授商榷 [J]. 审计研究, 2012, 4: 43-47.

[77] 胡蓓蓓. 澳洲归来审计 [J]. 审计与理财, 2013.5: 13-15.

[78] 傅世春. 日本政府审计制度及其对中国的启示 [J]. 审计研究, 2008, 4: 25-29.

[79] 闫菲. 各国审计长法的比较研究 [J]. 现代审计与经济, 2009, 9: 8-10.

[80] 范颖. 政府审计制度特性浅析 [J]. 当代经济, 2010, 6: 52-53.

[81] EDWARD R. Political control of the Economy [M]. Princeton University Press, 1978.

[82] 魏凤春. 政府生命周期模型——对公共政策理论基础的重新阐释 [J]. 财经研究, 2005, 31 (11): 69-78.

[83] 牛爱丽. 浅析公共财政与政府审计一体化 [J]. 现代商业, 2005, 11: 114.

[84] 温美琴, 胡贵安. 基于政府绩效评估视角的政府绩效审计研究 [J]. 审计研究, 2007, 6: 27-30.

[85] 卓晓宁, 周海生. 西方公共政策理论模型及方法论演进述评 [J]. 南京社会科学, 2010, 7: 68-72.

[86] 查尔斯·蓝伯, 郁建兴, 徐越倩. 公共政策研究的新进展 [J]. 公共管理学报, 2006, 2: 60-69, 110-111.

[87] 蔡英辉. 我国政策网络兼容性研究 [J]. 学术交流, 2012, 215 (2): 26-30.

[88] 蔡英辉, 周义程. 地方府际争端的多维考量与地方政府间的良性互动 [J]. 内蒙古农业大学学报, 2007, 1: 149-151.

[89] 周雪光. 基层政府间的"共谋现象"——一个政府行为的制度逻辑 [J]. 开放时代, 2009 (12): 40-55.

[90] 付俊文, 赵红. 利益相关者理论综述 [J]. 首都经济贸易大学学报, 2006 (2): 16-20.

[91] 詹海明. 审计利益相关者内涵探讨 [J]. 广东科技, 2008, 1: 172-173.

[92] 李德文. 论审计本质与国家审计定位 [J]. 江汉大学学报, 2002, 4: 29-31.

[93] 黄波. 利益相关者理论对政府审计的影响 [J]. 审计与经济研究, 2008, 4: 15-17.

[94] 赵华, 贾丽娜. 审计利益相关者: 互动关系与治理机制 [J]. 审计与经济研究, 2007, 5: 16-22.

[95] 申瑞华.《内经》"治未病"思想防治"亚健康"的策略探索 [D]. 广州中医药大学, 2005.

[96] 庞国明. "治未病"理论内涵与临床应用浅识 [A]. 北京中医药大学, 中华中医药学会体质分会. 中华中医药学会第六届中医体质学术研讨会暨2008国际传统医药创新与发展态势论坛论文集 [C]. 北京中医药大学, 中华中医药学会体质分会, 2008: 5.

[97] 文佳, 马才妮. 中医保健发展迎来春天 [J]. 健康大视野, 2009, 5: 30-39.

[98] 秦荣生. 对我国国家审计发展战略的思考 [J]. 审计研究, 2008 (03): 20-25.

[99] 刘家义. 把握审计发展规律, 开创审计事业更加辉煌的明天——在审计博物馆开馆仪式上的讲话 (节选) [J]. 中国审计, 2008, 8.

[100] 姚世忠. 论国家审计的起源及发展规律 [J]. 中央

财政金融学院学报,1990,4:89-92.

[101] 刘家义.认真履行审计监督职责 促进经济发展方式转变[J].审计研究,2010,5:3-5.

[102] 徐向真.我国政府审计制度建设研究[J].西安财经学院学报,2013,4:41-44.

[103] 阎金锷.我国审计事业的里程碑——学习《审计法》,宣传贯彻《审计法》[J].审计理论与实践,1994,10:10-12.

[104] 刘家义.树立科学审计理念发挥审计监督"免疫系统"功能[J].求是,2009,10:28-30.

[105] 赵彦明.第二讲《审计法》的基本内容[J].审计理论与实践,1994,11:53-56.

[106] 郭振乾.关于《中华人民共和国审计法(草案)》的说明[J].审计理论与实践,1994,9:11-13.

[107] 陈邦柱.确保社会主义市场经济健康发展[J].中国审计,1994,11:4-5.

[108] 财政部、监察部和审计署:12项禁令约束高管职务消费.法律与生活,2013-01-01.

[109] 钟审.新修订《审计法》之详解[N].中国财经报,2006-06-02(6).

[110] 高志明.《条例》的修订对政府投资审计的影响[J].审计月刊,2010,9:25-27.

[111] 徐向真.审计制度评价方法与维护的相关问题探讨[A].中国会计学会审计专业委员会.中国会计学会审计专业委员会2010年学术年会论文集[C].中国会计学会审计专业委员会,2010:5.

[112] 李佩.水利水电工程施工现场危险源管理研究[D].

河北农业大学，2013.

　　[113] 陕西省审计厅课题组．财政审计免疫系统风险预警职能研究［J］．现代审计与经济，2010，2：4-6.

　　[114] 徐向真，陈振凤，吴兰飞．我国大学审计学教学实践与教学研究改革措施［J］．中国注册会计师，2013，1：80-82.

　　[115] 田钊平．注册会计师执业准则的新特点对高校审计教学的影响及对策［J］．产业与科技论坛，2008，2：206-208.

　　[116] 张晓蕾．发挥特约审计员作用促进审计事业发展［J］．审计理论与实践，1996，2：19-20.

　　[117] 周竟．浙江聘任一批民主党派特约审计员［N］．团结报，2014-05-13（2）．

　　[118] 徐向真．政府审计业务外包相关问题探讨［J］．审计月刊，2014，7：15-16.

　　[119] 李一硕．要逐步扩大政府购买社会审计服务范围［N］．中国会计报，2011-07-08（4）．

　　[120] 杨惠敏，付萍．基于熵权的多级模糊综合评价的应用［J］．华北电力大学学报，2005，5：106-109.

　　[121] 付克华．早期预警体系的理论回顾及其评价［J］．世界经济，2003，3：77-80.

　　[122] 宋常，周长信，黄蕾．我国地方审计机关审计结果公告研究——以我国省级审计机关2003-2009年审计结果公告信息为样本［J］．当代财经，2009，9：121-126.

　　[123] 马海瑞．政府审计走向常态化制度化［N］．财会信报，2009-06-29（A01）．

　　[124] 王彩．关于经济责任审计结果运用的几点思考［J］．科技信息，2009，3：368.

［125］张恩．经济责任审计成果运用的主要途径探析［J］．工业审计与会计，2007，6：27-28．

［126］张文祥，王羚，马绪忠．国家审计在宏观经济管理中的地位和作用研究［J］．审计研究，2006，6：31-36．

［127］杨桂花，刘翠英，马彦玲．审计问责制制度创新研究——以河北省为例［J］．财会通讯，2011，9：148-150．

［128］雷俊生，马志娟．国家治理视角下的审计问责［J］．会计之友，2012，14：12-16．

［129］李星吾．"屡审屡犯"深层次原因分析——兼谈深化预算执行审计的途径［J］．审计月刊，2007，10：20-21．

［130］姜彦福，雷家骕．目前影响我国财政安全的主要问题［J］．科技导报，1999，6：40-43．

［131］赵晓儒．简论国家财政安全战略的目标与实施步骤［J］．中国财政，2001，3：51-52．

［132］项文卫．关于财政审计如何维护财政安全问题的思考［J］．审计月刊，2009，12：7-8．

［133］孙玉栋，刘喆，常春．我国财政审计中财政风险管理预警指标体系的构建［J］．南京审计学院学报，2013，5：16-26．

［134］刘志广．我国地方政府财政收入来源及其规模［J］．地方财政研究，2010，4：14-19．

［135］李进江．中国财政收入与GDP的因果关系检验［J］．科技广场，2008，6：196-197．

［136］屈皓．我国公立高校校友捐赠行为影响因素研究［D］．华中科技大学，2010．

［137］董志学．美国基础教育对我国的几点启示——基础教育是创建和谐社会和国家持续发展的长远动力［J］．基础教

育参考,2006,9:58-59.

[138] 马骁,范凤山.我国财政支出制度的缺陷及修正[J].财经科学,2004,4:117-120.

[139] 张墨宁.《预算法》修订,试验先行[N].民主与法制时报,2014-06-12(5).

[140] 王子萌.地方债务之法律风险控制[J].知识经济,2012,13:22,24.

[141] 宋迪.济南市财政审计存在的问题与对策研究[D].山东大学,2012.

[142] 李宝震.中国审计的特色和社会主义审计的原则[J].现代财经(天津财经学院学报),1984,4:17-20.

[143] 山东省人民政府关于印发《山东省实施〈中华人民共和国村民委员会组织法〉办法》等法规的通知[N].山东省人民政府公报,2013-01-31.

[144] 赵巍.我国国家经济安全面临的挑战及对策研究[J].内蒙古农业大学学报(社会科学版),2012,6:60-61,67.

[145] 李晓勇.经济全球化与我国国家经济安全[D].中共中央党校,2003.

[146] 刘阳,柯佑鹏.21世纪全球主要物质战略资源研究[J].热带农业科学.2010.6,30(6):45-51.

[147] 刘瑾.中美贸易结构走势及其对我国经济安全的影响[D].国防科学技术大学,2006.

[148] 范妃妃,程久苗,彭敏,等.土地资源安全研究进展[J].广东土地科学,2011,6:43-48.

[149] 王炳春,论中国农地资源安全[D].东北农业大学,2007.

[150] 谷树忠,姚予龙,沈镭,等. 资源安全及其基本属性与研究框架 [J]. 自然资源学报,2002,3:280-285.

[151] 赵洋,鞠美庭,沈镭. 我国矿产资源安全现状及对策 [J]. 资源与产业,2011,6:79-83.

[152] 罗辉,宦吉娥. 矿产资源安全研究述评 [J]. 中国地质大学学报(社会科学版),2010,3:43-46.

[153] 2013 中国国土资源公报(摘登)[J]. 青海国土经略,2014,2:35-39.

[154] 林彬. 基于水安全格局的城市土地利用研究——以杭州市为例 [D]. 浙江工业大学.2012.

[155] 黄小锋. 水资源系统安全分析理论研究 [D]. 武汉大学,2005.

[156] 陈静. 浅析我国环境审计的局限及其改进措施 [J]. 经营管理者,2010,16:253.

[157] 李运亮. 资源环境审计对象研究 [J]. 广西财经学院学报,2012,6:112-120,124.

[158] 张晓松,聂妍婧. 关注资源浪费 揭露环境污染——解读《审计署关于加强资源环境审计工作的意见》[J]. 资源与人居环境,2009,10:54-55.

[159] 江涌. 经济全球化背景下的国家经济安全 [J]. 求是,2007,6:60-62.

[160] 王元龙. 关于金融安全的若干理论问题 [J]. 国际金融研究,2004,5:11-18.

[161] 崔学军. 当前影响我国金融安全的主要风险因素及对策 [J]. 哈尔滨市委党校学报,2008,6:33-35.

[162] 傅力勇. 恒丰银行杭州分行信贷风险管理研究 [D]. 中南大学,2011.

[163] 赵圣伟,赵文发. 深化金融审计研讨会综述 [J]. 审计研究,2013,1:49-53.

[164] 黎仁华. 政府审计维护国家金融安全的实现机制 [J]. 管理世界,2010,2:175-176.

[165] 杨茁,黄祖烨. 金融危机下的政府审计"免疫系统"分析 [J]. 商业经济,2010,3:26-28,39.

[166] 曹建新,李琴. 浅析金融审计维护国家金融安全的依据与路径 [J]. 商业会计,2011,29:47-48.

[167] 徐权. 金融创新与审计监督——兼论政府审计在维护国家金融安全中的作用 [J]. 审计研究,2010,4:14-17.

[168] 陈岚. 国家治理视角下的金融审计 [J]. 金融实务,2012,6:54-76.

[169] 李春涛. 论金融审计信息化与国家治理功能的优化 [J]. 上海金融,2012,11:94-99.

[170] 刘洪波,崔颖. 论金融审计目标的重新定位 [J]. 审计月刊,2008,7:14-15.

[171] 王素梅,郭道扬. 国家治理框架下金融审计的发展研究 [J]. 财政研究,2013,3:53-56.

[172] 陈文夏. 金融审计预警体系构建研究 [J]. 审计研究,2011,2:33-38.

[173] 王永海,徐纯. 《多德·弗兰克法案》与美国联邦政府金融审计制度创新 [J]. 审计研究,2014(2):27-32.

[174] 徐向真,陈振凤. 政府审计应对金融风险:问题与对策 [J]. 西南金融,2014,10:73-76.

[175] 郑靖. 中国特色金融审计及其发展战略研究 [J]. 金融实务,2013,4:75-78.

[176] 刘志红. 防范系统性金融风险的审计视角 [J]. 审

计研究，2011，6：16-20.

[177] ROBERT O, KEOHANE, JOSEPH S, et al. Power and interdependence, 4th Edition [M]. Peking University Press, 2012.

[178] JOSEPH S, NYE J. The future of power [M]. China Citic Press, 2012.

[179] JEAN-JACQUES L. Public economics yesterday, today and tomorrow [J]. Journal of Public Economics, 2002, 3：87-92.

[180] MAUTZ, SHARAF. The philosophy of auditing [M]. American Accounting Association, 1961.

[181] 曾照富. 试论内审中的经济责任审计 [J]. 科技信息（科学教研），2007，26：537，485.

[182] 傅作栋，杨燕. 注重八个环节 搞好离任审计 [J]. 党风通讯，2002，5：41-42.

[183] 刘家义. 论国家治理与国家审计 [J]. 中国社会科学，2012，6：60-72.

[184] 李江涛，苗连琦，梁耀辉. 经济责任审计运行效果实证研究 [J]. 审计研究，2011，3：24-30.

[185] 刘家义. 探索规律，勇于创新，推动新时期经济责任审计工作深化发展 [J]. 人民论坛，2013，3：14-16.

[186] 服务干部监督管理 促进党风廉政建设 [N]. 德州日报，2014-08-07（B03）.

[187] 崔孟修. 经济责任审计对国家审计的丰富和发展 [J]. 审计研究，2007，6：21-26.

[188] 李克强划定审计整改时间表，以改革治屡审屡犯顽疾 [EB/OL]. http：//www.chinanews.com/gn/2014/07-02/6344570.shtml.

[189] 赵玲亚. 萧山区探索经责审计计划管理新模式 [N].

中国审计报,2008-05-12(2).

[190] 双阳区人民政府[EB/OL]. http://www.shuangyang.gov.cn/detail.jsp?id=13413.

[191] 祝遵宏. 国家审计职能新论[D]. 西南财经大学,2010.

[192] 刘家义. 加强审计队伍建设推进审计事业科学发展[J]. 求是,2010,2:6-8.

[193] 张瑜. 谈谈开展国有企业领导干部经济责任审计的几点体会[J]. 审计理论与实践,2003,4:40-41.

[194] 翁世成. 建立"三大机制"提高经济责任审计成果利用水平[J]. 审计月刊,2013,10:48-49.

[195] 夏兴园,王瑛. 国际投资自由化对我国产业安全的影响[J]. 中南财经政法大学学报,2001,2:37.

[196] 杨琴. 外资并购对中国经济安全影响分析[D]. 对外经济贸易大学,2007.

[197] 李孟刚. 产业安全的分类法研究[J]. 生产力研究,2006,3:190-192.

[198] MICHAEL E. Porter. Competitive Strategy[J]. The Free Press,1990:33-45.

[199] PETER J,BURNELL. Economic nationalism in the third world[J]. Harvester Press,1986.

[200] 萨米尔·阿明. 不平等的发展[M]. 高铦,译. 北京:商务印书馆,1990.

[201] 芮明杰. 产业经济学[M]. 上海:上海财经大学出版社,2005.

[202] 童志军. 利用外资和国家产业安全[J]. 中国投资与建设,1996,8:27-29,32.

[203] 裴长洪, 王镭. 试论国际竞争力的理论概念与分析方法 [J]. 中国工业经济, 2002, 4: 41-45.

[204] 黄祖辉, 张昱. 产业竞争力的测评方法: 指标与模型 [J]. 浙江大学学报 (人文社会科学版), 2002, 4: 147-153.

[205] 雷家骕, 林苞. 中国追赶发达国家应特别关注基于科学的创新及其产业 [J]. 理论探讨, 2014, 2: 76-79.

[206] 朱建民. 一些国家维护产业安全的做法及启示 [J]. 经济纵横, 2013, 4: 116-120.

[207] 黄建军. 中国的产业安全问题 [J]. 财经科学, 2001, 6: 1-6.

[208] 许良虎, 杨妍春. 浅议政府审计与外资并购中的产业安全 [J]. 商业会计. 2011, 10 (29): 13-14.

[209] 马文杰, 张军, 许海晏. 国家审计服务文化产业规划落实的若干思考 [J]. 会计之友, 2013, 8 (上): 88-90.

[210] 张望. 产业安全的内涵 [J]. 广西财经学院学报, 2006, 19 (12): 102-106.

[211] 徐向真, 陈文慧. 公共政策与我国农业政策审计研究 [J]. 华南农业大学学报 (社会科学版), 2014, 2: 78-84.

[212] 尹冯强. 浅谈政府审计在维护国家经济安全中的作用 [J]. 中国证券期货, 2013, 5: 303.

[213] 刘名. 经济信息安全的法律保护问题与对策 [J]. 生产力研究, 2010, 1: 172-175.

[214] 胡延久, 果青, 武成刚. 关于经济信息战的几点思考 [J]. 军事经济研究, 2006, 9: 13-15.

[215] 马海波. 力拓间谍案与我国的经济信息安全 [J]. 学理论, 2010, 35: 175-177.

[216] 以安全保发展 在发展中求安——工业和信息化部信息安全协调司赵泽良司长讲话摘要 [J]. 信息网络安全, 2011, 5: 175-177.

[217] 柳宏坤, 吕著红. "入世"与企业经济信息的安全 [J]. 现代情报, 2002, 10: 119-121.

[218] 唐踔. 后危机时期中国经济安全面临的风险与挑战 [J]. 现代财经, 2011, 2: 10-15.

[219] 朱丽娜. 大规模网络安全态势评估与防卫技术研究 [D]. 哈尔滨工程大学, 2010.

[220] 陈波. 基于国家信息安全注册会计师行业监管制度研究 [J]. 财政监督, 2011, 6: 17-20.

[221] 杨建涛. 努力为国家经济信息安全和行业发展做出贡献 [J]. 中国注册会计师, 2010, 3: 40-42.

[222] 孙婉玮, 刘成立. 国家审计"免疫"功能保障经济信息安全 [J]. 会计之友, 2012, 1: 92-94.

[223] 清华大学-威视数据安全研究所, 侯海波, 鞠大鹏. 灾难恢复: 守护你的数据家园 [N]. 计算机世界, 2006-02-13 (B09).

[224] 蔡守秋. 论环境安全问题 [J]. 安全与环境学报, 2001, 10: 28-32.

[225] 李璐, 张龙平. WGEA 的全球性环境审计调查结果: 分析与借鉴 [J]. 审计研究, 2012, 1: 33-39.

[226] 审计署驻重庆特派办理论研究会课题组. 区域环境审计研究 [J]. 审计研究, 2013, 2: 40-45.

[227] 邢剑锋. 2012 亚洲审计组织环境审计第四次研讨会综述 [J]. 审计研究, 2013, 3: 11-15.

[228] 王淡浓. 加强政府资源环境审计促进转变经济发展

方式[J]. 审计研究, 2011, 5: 18-23.

[229] 李明辉, 刘笑霞. 我国环境审计研究回顾与展望[J]. 学海, 2012, 1: 55-62.

[230] 唐秋凤, 谷爱明. 政府环境保护责任理论基础与环境审计实施路径[J]. 中国内部审计, 2012, 3: 84-86.

[231] 张英. 构建我国环境会计体系的研究[D]. 东北林业大学, 2005.

[232] 路广. 荷兰环境审计法律制度的经验与启示[J]. 南京审计学院学报, 2011, 8 (1): 86-91.

[233] 彭彦. 对我国环境法中的"协调发展"原则的认识与反思[J]. 湖北大学成人教育学院学报, 2005, 5: 51-53, 63.

[234] 李兴. 我国政府环境审计问题及对策探讨[J]. 财经界（学术版）, 2013, 21: 242-243.

[235] 张以宽. 论可持续发展战略与中国环境审计制度——实行环境审计制度是贯彻以德治国方针的重要举措[J]. 审计研究, 2003, 1: 4-8.

[236] 耿海斌. 政府审计结果公告质量评价模型构建研究——基于ISM方法的思考[J]. 财会通讯, 2013, 11: 20-23.

[237] 张曾莲, 高绮鹤. 政府审计公告质量、影响因素与经济后果研究[J]. 山西财经大学报, 2013, 35 (12): 17-29.

[238] 杨丽萍. 改进和加强政府环境审计的思考[J]. 环境污染与防治, 2010, 2, 32 (2): 92-94.

[239] 赵春涛. 浅议环境审计[J]. 甘肃广播电视大学学报, 1999, 2: 51-53.

[240] 李欣. 环境政策研究[D]. 财政部财政科学研究

所, 2012.

[241] 李雪, 邵金鹏. 发挥注册会计师在环境审计中的作用 [J]. 中国人口·资源与环境, 2004, 14 (4): 134-136.

[242] 浙江省审计学会课题组. 太湖流域水污染综合治理环境审计实证研究 [J]. 审计研究, 2004, 1: 57-62.

[243] 宋传联, 齐晓安. 独立性视阈下我国环境审计监督主体的定位 [J]. 生态经济, 2013, 6: 46-49.

[244] 敖廷军. 公告制下政府审计风险控制的现实问题研究 [D]. 湖南大学, 2008.

[245] 张娟. 国外环境审计法律制度对我国的启示 [J]. 法制与社会, 2014, 2 (上): 47-48.

[246] 秦荣生. 无影灯效应原理与我国政府审计监督 [J]. 审计研究, 2010, 5: 16-20.

[247] 范修霖. 市场化条件下国有资产监管模式的创新研究 [D]. 重庆大学, 2009.

[248] 张冉. 事业单位国有资产管理研究 [D]. 安徽农业大学, 2009.

[249] "大国资"监管: 一个可能的框架 [J]. 现代国企研究, 2013, 3: 18-21.

[250] 郭江山, 朱岫芹. 政府审计维护国有资产安全的博弈分析 [J]. 河北北方学院学报 (社会科学版), 2010, 6: 47-49, 73.

[251] 林裕宏. 国有资产监管的国别比较和经验借鉴 [J]. 福建商业高等专科学校学报, 2013, 4: 38-42.

[252] 魏宏业. 国有资产审计监督存在的问题及对策分析 [J]. 中国管理信息化, 2014, 17 (7): 22-23.

[253] 梁克先, 王鑫, 等. 强化国有企业财务监督确保国

有资产安全运营［J］．煤炭经济研究，1999，1：23－26．

［254］尹平．政府审计维护国家经济安全的体制寻优与机制构建［J］．学海，2011，3：206－211．

［255］黄乃宽．关于强化企业国有资产审计的思考［J］．广西审计，1997，6：24－26．

［256］李姝芳．浅议行政单位国有资产审计［J］．中国乡镇企业会计，2012，3：136－137．

［257］王瑾．加强国有资产审计 防止国有资产流失［J］．浙江金融，2005，6：54－55．

［258］顾雅娟．简论乡镇审计［J］．中国集体经济，2013，3：148－150．

［259］徐伟．国有控股公司控股方行为及其治理绩效实证研究［M］．北京：经济科学出版社，2016：191．

［260］徐向真．审计指标评价识别的 Rough－ANN 模型［J］．上海管理科学，2012，2：44－47．

［261］李晓峰，徐玖平．企业财务危机预警 Rough－ANN 模型的建立及其应用［J］．系统工程理论与实践，2004，10：8－14．

［262］陈黎明．大型工程建设项目多目标集成管理研究［D］．青岛理工大学，2012．

［263］审计署去年每花1元为国家增收节支116元［EB/OL］．http：//news．sznews．com/content/2013－08/28/content_8465976．htm．2013－12－8．

［264］范开诚，金光彩．审计成本问题初探［J］．审计月刊，2005，12：8－9．

［265］杨小霞．新时期我国审计成本控制思考［J］．财经界（学术版），2014，14：248．

[266] 车桂娟. 政府审计成本管理探析 [J]. 财会通讯（学术版），2007，2：13-15.

[267] 刘洪波. 政府审计成本的确认与考量 [J]. 审计月刊，2007，12：7-8.

[268] 刘占稳，郑皓，李国俊. 独立审计重要性水平估计的经济学分析 [J]. 杭州电子科技大学学报，2005，2：81-84.

[269] 徐向真. 从审计成本与审计力度的视角看审计效益与会计诚信 [A]. 中国会计学会审计专业委员会. 中国会计学会审计专业委员会2010年学术年会论文集 [C]. 中国会计学会审计专业委员会，2010：9.

感谢本书参考文献的各位专家学者，是你们让我有信心与基础展开我的研究工作。感谢参与本人国家社科基金项目的所有成员的辛勤付出。感谢我可爱的学生陈文慧、宋舜玲、任莉娜、王雅慧、董琰。还要感谢盖地教授、叶陈刚教授、王爱国教授对我的悉心指教，感谢徐伟教授、张守凤教授对我的无私帮助。我也要感谢我的父母、我的家人对我的帮助与爱护。感谢出版社老师兢兢业业的工作！